南海子史话

张友才　编著

NAN HAI ZI
SHI HUA

中国文史出版社

倒"了。我参与编辑的《北京日报》的文艺副刊《工农兵文艺》，主要靠一大批业余文艺作者来支撑着。当时大兴县红星公社（北京市南郊农场）的文化站，聚集、团结了胡天培、陈长兴、姜连明、周墨华、冯广海、杨成文、郝葵、红焰等一大批能写作的人才。我常常去那里，和大家都渐渐认识、熟悉。张友才那时是文化站的书记和站长。他没有一点儿架子，人们都叫他友才，我也叫他友才。不过，当时他很少写东西。

6月中旬的一天，陈长兴陪着友才来到寒舍，送来了书稿。从聊天中得知，这是一部有关南苑（即南海子）历史的书稿。我笑着说："你找我看书稿，算是找对人了。我是北京史地民俗学会的副会长。"长兴立刻接过话茬儿，说："那好，你是专家。"其实，我只不过是开玩笑而已。我是北京史地民俗学会的副会长不假，但我绝不是专家。1980年2月15日《北京晚报》复刊以后，很长一段时间，我负责编辑的"五色土"副刊上的栏目之一是"谈北京"。为了编好这个栏目，我被逼着看了不少有关北京史地民俗方面的书籍。那时，老友赵洛同志是北京出版社古籍室的负责人，他们每出版一部有关北京史的古籍，他都赠我一部。于是，我手头有了《日下旧闻考》《长安客话》《宸垣识略》《帝京景物略》《天府广记》《光绪顺天府记》等不少有关北京史的书。同时，我还向给我写稿的朋友们学习，这使我多多少少有了一点有关北京史地民俗方面的知识。北京史地民俗学会1988年成立以来，我之所以一直被推选当副会长，只不过是过去我的那些朋友们捧我而已。他们才是真正的专家。长兴、友才走后，我立即开始认真审读起了书稿。一边看，一边帮助做一些技术上的处理，做一些文字上的梳理。这一读，我对友才和这部书稿才有了进一步的了解。

我认为，张友才同志的这部《南海子史话》极有价值。可以说，这部书稿填补了北京史研究中的一项空白。过去，关于南海子（南苑）的记载，散见于《日下旧闻考》《养吉斋丛录》等一些古籍之中，见之于散落在南海子（南苑）各地的古代石碑之上。友才把这些记载集中到了一起，加以整理、归类，从而使我们看到了南海子（南苑）形成、发展的脉络、历史，看到了古代南海子（南苑）这皇家园林方方面面的记载，使我们了解了整个的南海子（南苑）。尤其可贵的是，友才出生在南海子（南苑），几十年来一直生活、工作在南海子，从小耳濡目染，知道了南海子许许多多轶闻、故事。他又访问了不少南海子中的老人，这使他占有了大量第一手的资料。如果没有他的访问和发掘，许多珍贵的史料将随着一些当地老人的故去而从地球上消失。这使他的工作带有了抢救的性质，这使他比许多专家更有优势。从这一点上说，许多专家学者是比不上他的。

当然，由于友才不是学历史的，不是专门搞研究的专家学者，这使他与专家学者们比起来，又有一定的不足。我在审阅友才同志的书稿时，虽然帮助做了一些弥补、修正的工作，但我本人毕竟不是这方面真正的专家，因而，书中仍难免存在一些疏漏和不足。

尽管此书中仍然可能存在着某些疏漏或不足，但我仍然坚定地认为：这是一部填补北京史研究空白的好书，它是开启人们认识南海子（南苑）、了解南海子（南苑）的一把钥匙。我向友才老弟表示祝贺，衷心祝贺此书的出版。

2010 年暑伏天

目录

Contents

南海子变迁（概述） | 001

南海子由来 | 015

帝王猎场 | 019

明朝上林苑 | 023

皇家苑囿南海子 | 027

海子墙 | 031

海子苑门 | 035

（1）北大红门 | 037

（2）南大红门 | 040

（3）西红门 | 042

（4）东红门 | 043

（5）双桥门 | 045

（6）回城门 | 047

（7）小红门 | 048

（8）南海子角门儿 | 051

凉水河 | 055

一亩泉与小龙河 | 059

团泊与凤河 | 062

南海子的桥 | 065

元代晾鹰台 | 069

明代晾鹰台 | 072

清代晾鹰台 | 075

（1）阅武之典 | 075

（2）"走马"与"殪虎" | 079

三台子 | 083

庑殿行宫 | 086

旧衙门行宫 | 089

新衙门行宫 | 094

南红门行宫 | 099

团河行宫 | 103

（1）团河行宫之营建 | 103

（2）团河行宫之秀丽 | 106

（3）团河行宫之文饰 | 110

（4）团河行宫之八景 | 113

Contents

（5）团河行宫之宫苑 | 119

（6）团河行宫之水域 | 126

（7）团河行宫之村落 | 129

（8）团河行宫之变迁 | 131

（9）团河行宫之传说 | 135

元灵宫 | 139

德寿寺 | 146

（1）德寿寺之营建 | 146

（2）德寿寺之题记 | 150

（3）德寿寺之见证 | 153

（4）德寿寺之宝鼎 | 157

永佑庙 | 162

永慕寺 | 166

宁佑庙 | 172

关帝庙 | 176

虎城 | 179

望围楼 | 182

白马坟 | 186

饮鹿池·双柳树·昆仑石 | 189

蚂蚁坟 | 194

海户屯 | 196

鹿圈 | 200

神机营 | 204

皇封的"南胜庄" | 208

皇家牧马场 | 211

浮开地亩 | 215

水灾人患 | 218

招佃垦荒 | 221

（1）招佃垦荒之龙票 | 221

（2）招佃垦荒之庄园 | 225

营市街 | 230

南苑机场 | 233

南苑保卫战 | 238

闹土匪 | 242

南海子解放 | 246

南海子行政区域的沿革与变迁 | 250

编后语 | 258

南海子变迁（概述）

南海子，清代称南苑，曾是辽、金、元三代帝王狩猎场，明、清两代皇家苑囿，曾与北京紫禁城和西郊三山五园并称北京三大皇权中心，有着深厚的历史文化底蕴。

南海子位于北京城南约 10 公里，大兴区东北隅。东西长约 17 公里，南北长约 12 公里，总面积约 210 平方公里，相当于三个北京老城的面积。因地处北京小平原南部，地势为西北高、东南低，海拔约 30 米。其形成与永定河的冲积、变迁紧密相关。经过永定河的千年摆动，其残留余脉构成了一条条的地下水溢出带，地表形成了一处处涌泉湖沼，被称为海子。所以，古形容南海子"地势沮洳"，"潴似碧海"，是永定河的冲积变迁，孕育了南海子这片广衍膏腴、天润地泽的湿地。正如明代翰林侍读李时勉《北都赋》中所记："又有上林苑，种植畜牧，连郊逾畿，缘丘弥谷，泽渚川汇，若大湖瀛海，渺弥而相属。其中则有奇花异果，嘉树甘木，禽兽鱼鳖，丰殖繁育。飑飑籍籍，不可得

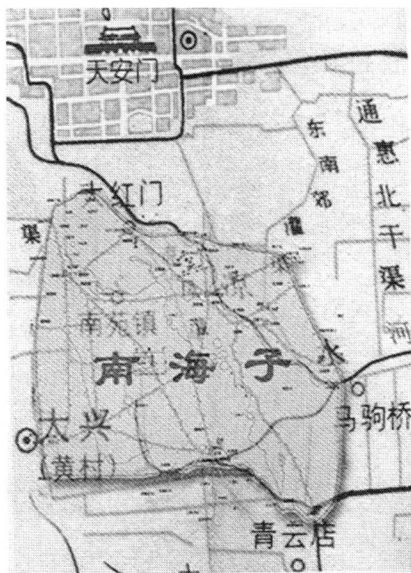

南海子地理位置示意图

而尽录。故可以因农隙而校畋猎选车徒以讲武事。"

南海子之所以成为辽、金、元、明、清五代皇家猎场、苑囿，与其所处的汉族农耕文化和北方少数民族的游猎、游牧文化交汇的地理位置密不可分。特别是北京成为封建王朝国都后，为了满足各代帝王狩猎游幸的需要，这座位于京郭郊外的皇家苑囿也就应运而生了。

辽会同元年（938 年），辽得中原燕云十六州后，即升幽州（今北京）为幽都府，称南京，成为辽陪都。辽代帝王常到陪都城南郊，时称方圆数百里的"延芳淀"举行"放鹘禽鹅"狩猎活动，称为"春捺钵"。明代徐昌祚在《燕上丛录》中这样记述辽国帝胄在延芳淀狩猎景况："辽时每季春必来此弋猎。打鼓惊天鹅飞起，纵海东青擒之。得一头鹅，左右皆呼万岁。海东青大仅如鹊，既纵，直上青冥，几不可见，俟天鹅至半空，欻自上而下以爪攫其首。天鹅惊鸣，相持殒地。"而南海子正处在延芳淀西北侧陆淀交汇的上游地带，因此亦成为辽代帝王赴延芳淀春捺钵的路经临驾之地。

金灭辽后，金海陵王于贞元元年（1153 年）自上京迁都燕京（今北京）为中都，定名中都大兴府。

女真族与契丹人同为游猎民族，因此，金代帝王也很自然地喜欢上了包括南海子在内的京城南郊这片狩猎场地。经常率近侍猎于南郊，时称"春水"，实与辽"春捺钵"一脉相承。金章宗还把这里划分出若干小猎场分拨给各王爷狩猎，并"遣谕诸王，凡出猎毋越本境"。并下令严禁百姓在猎场附近捕射獐兔。

与辽代帝王的"春捺钵"相比，金代帝王"春水"的行在之所，不再是驻跸在临时搭建的帐幄里，而是开始在狩猎场附近，择址建起了供帝王驻跸固定性的离宫。史料记载，金章宗于明昌年间就在中都城南大兴辖区南海子南部靠近延芳淀地带，营造了一座与当时的"大宁宫"（今北海公园）齐名的"建春宫"行宫。金章宗曾于明昌年间至泰和年间先后至少七次"如城南建春宫春水"。还曾写有一首《建春宫》诗：

五云金碧拱朝霞，楼阁峥嵘帝子家。

三十六宫帘卷尽，东风无处不扬花。

由此可见，金代中都城南郊，包括南海子区域在内的水淀沼泽地区，已成为金代帝王游幸狩猎的主要场所。

成吉思汗十年（1215 年），蒙古骑兵攻克金中都。元至元四年（1267 年），元世祖忽必烈在金中都旧城东北建元大都（今北京）。由于蒙古族本是生活在马背上的民族，他们逐水草而迁徙，喜鹰猎而善骑射，游牧狩猎是他们生活的重要组成部分。因此，元代帝王亦看中大都城南这片陂隰广衍、禽兽翔集的湖沼之地。不过，当时这里受气候、地理环境的影响，已不再是水漫连天，而是形成了一处处大大小小的水泊，元人称之为"海子"。元代帝王在此开辟了多处飞放泊举行游猎活动。据《元史·兵志》记载："冬春之交，天子或亲幸近郊，纵鹰隼搏击，以为游豫之度，谓之飞放。"另据元《析津志辑佚》载："每岁，大兴县管南柳中飞放之所，彼中县官每岁差役乡民，广于湖中多种茨菰，以诱之来游食。其湖面甚宽，所种延蔓，天鹅来千万群。俟大驾飞放海青，鸦鹊，所获甚厚，乃大张筵会以为庆也。必数宿而返。"在大都城南所辟多处飞放泊中，距大都最近的一处为"下马飞放泊"。据《大元混一方舆胜览》记载："下马飞放泊在大兴县正南，广四十顷。"另据清《钦定日下旧闻考》记载："按下马飞放泊，即今南苑之地。曰下马者，盖言其近也。"据考证，元代下马飞放泊即在南海子居中地域的小海子一带。元代帝王把下马飞放泊辟为飞放游猎的主要场所，并在此堆筑起一座"高六丈，径十九丈，周径一百二十七丈"的晾鹰台。据明《帝京景物略》记载："城南二十里有囿，曰南海子。方一百六十里。海中殿，瓦为之。曰幄殿者，猎而幄焉，不可以数至而宿处也。殿旁晾鹰台，鹰扑逐以汗，而劳之。犯霜雨露以濡，而煦之也。台临三海子，水泱泱，雨而潦，则旁四淫，筑七十二桥以渡，元旧也。"另外，元代皇家还

南海子史话

在晾鹰台设置驯养猎鹰的"鹰坊"和举行"诈马宴"的"仁虞院"。据《元史·武宗纪》记载：晾鹰台于"至大四年二月癸巳，立鹰坊为仁虞院"，"四年二月，罢仁虞院，改置鹰坊"。另据《钦定日下旧闻考》记载："据此则明之晾鹰台，元之鹰坊，及仁虞院皆一地也。"

经过元代帝王的一番营建，"下马飞放泊"已初具规模，成为大都城南一处皇家御用的狩猎场。为以后的明代兴建南海子皇家苑囿奠定了基础。

明洪武元年（1368 年），元朝灭亡。洪武三年（1370 年），四皇子朱棣受封燕王，于十三年（1380 年）开始就藩于北平（燕京）二十余年。北平成了燕王朱棣的第二故乡。

朱元璋去世后，建文帝朱允炆继位。燕王朱棣以"清君侧"为名发动了靖难之役。四年后，攻克南京夺取了帝位，改元永乐。不久，朱棣从战略和心理角度出发，毅然决定迁都并营建北京城。从此奠定了北京此后五百余年的京都地位。而北京城南郊的南海子也随着新都城的大规模建设，得到了同时期发展的历史机遇。

永乐十二年（1414 年），根据北京新都城建设的总体规划布局，效仿秦汉设苑置囿形制，以元代"下马飞放泊"为基础，"增扩其地"。以城南凉水河为北界；以团泊凤河为南界；以高梁河故道为东界；古幽州南大道为西界，围建起长约一百二十里的土墙。同时，"辟四门缭以崇墉"，开辟了北红门、南红门、东红门和西红门四座苑门，建起了南海子皇家苑囿。据《大明一统志》记载："南海子在京城南二十里。旧为下马飞放泊，内有晾鹰台。永乐十二年（1414 年）增扩其地，周围凡一万八千六百六十丈，乃域养禽兽，种植蔬果之所。中有海子，大小凡三，其水四时不竭，汪洋若海，以禁城北有海子故别名南海子。"另据现存《上林苑海子碑记》中记载："迨我天朝建都幽燕。文皇初年，于南郭外仍元制，并立上林海子一区。延十八，百六十里。草木荟郁，珍异充并于中。"自永乐帝迁都北京后，每年都要在南海子举行巡幸狩猎和演武活动。《可斋笔记》亦载："每猎则海户合围，纵骑士驰射于中，所以训武也。"

其后的一百多年间，明历代帝王亦经常"逐猎于南海子"，并开始在南海子内大兴土木，在修建苑囿御道、桥梁的同时，还修造了关帝庙、灵通庙、镇国观音寺等皇家庙宇。并按二十四节气修建了"二十四园"。正如明末著名诗人吴伟业在《海户曲》诗中所写："芳林别馆百花残，廿四园中烂熳看。"此外，为了帝王游幸南海子驻跸之需，还在北大红门内营造了一座"庑殿行宫"。《养吉斋丛录》记载：南海子"明有庑殿，为行宫，今俗称吴殿。"据史料记载，庑殿行宫至清初尚存，康熙皇帝还曾于康熙十三年十月两次驻跸庑殿行宫。不过，到了乾隆年间，这里已经是残墙断壁，成为御马厩。总之，在明中期前的几位帝王营建下，南海子皇家苑囿内，已是嘉树甘木，群卉芳菲，禽兽鱼鳖，丰殖繁育。特别是每到金秋季节，这里更是层林尽染，波光粼粼，百兽追逐，万禽翔集。被明代大学士李东阳赞誉为"南囿秋风"，跻身于燕京十景之一。

明中期以后，因阉党宦官当道，政治日趋腐败。朝廷所设管辖南海子的提督官署，也掌控在太监手中。宦官们在南海子修建了奢华的提督署官衙旧衙门和新衙门，供自己享乐。《养吉斋丛录》记载："其时设东、西、南、北四提督，以内珰为之，分建衙门，今称新衙门、旧衙门者是也。"清高宗乾隆也在《旧衙门行宫作》诗注中写道："前朝纪纲废弛，貂珰弄权，乃于南苑置提督，太监一员，关防一员，又分置东、西、南、北提督四员，是以有新旧衙门之称。"到明隆庆年间，南海子因管理不善，年久失修，日渐衰落。已是一派凄凉景象。正如明万历年间著名诗人戴九玄在《南海子》诗中所写：

> 城南海子四十里，大狩禽物此中是。
>
> 树木环植周以垣，日获雉兔奉至尊。
>
> 内官监守但坐看，四垣崩圮禽物散。
>
> 树木斫卖雉兔空，白日劫盗藏其中。

南海子史话

明崇祯十七年（1644年），历经二百七十六年的大明王朝走到尽头宣告灭亡。清帝入主中原，历史进入了清帝国统治时期。

入主中原后的第一位皇帝顺治，冲龄即位少年亲政。史料中记载，为了避免染上致命的"天花"，他远离紫禁城，常驻跸在南海子由旧衙门和新衙门改建的行宫里"避痘"。顺治皇帝每年都要在南海子行宫里驻跸一段时间，有时长达几个月甚至一年，许多政务在此办理，堪称紫禁城外又一皇权中心。

顺治二年（1645年）十月，顺治皇帝在南海子（南苑）举行"郊劳礼"，迎接率师南征胜利归来的和硕亲王多铎。

顺治八年（1651年），顺治皇帝于南海子（南苑）旧衙门行宫制定诸陵初增庙祀典礼，加定皇后、皇太后仪仗，用乐制度。

顺治九年（1652年）五月，顺治皇帝于南海子（南苑）旧衙门行宫定皇后、皇妃纳彩礼制度。同年十二月，顺治皇帝于南海子（南苑）旧衙门行宫前场地，举行迎接西藏五世达赖喇嘛觐见仪式，当晚并盛宴款待五世达赖于旧衙门行宫。

顺治十三年（1656年）十二月，在南海子（南苑）旧衙门行宫举行皇贵妃董鄂氏的册封典礼。

顺治十四年（1657年）十月，顺治皇帝始行阅武南海子（南苑）晾鹰台，并"定三岁一举，著为令"的阅武典制。并于同年在南海子（南苑）旧衙门行宫定置盛京奉天府。封济度为和硕简纯亲王。

顺治十五年（1658年），顺治皇帝于南海子（南苑）旧衙门行宫初选庶吉士，并授马晋允、富鸿业等十人为编修、检讨。

除此之外，随着政局趋于稳定，顺治皇帝开始了南海子（南苑）内的土木建设。除对旧衙门行宫和新衙门行宫进行必要的重加修葺外，还于顺治十四年（1657年）在南海子（南苑）东北隅修建了一座道教庙宇元灵宫；于顺治十五年（1658年）在旧衙门行宫东侧修建起一座佛教寺院德寿寺。

清康熙时期，自铲除鳌拜擅权，平定三藩之乱和收复台湾以后，社会形势更趋稳定，经济形势走向繁荣。但康熙皇帝是一位头脑十分清醒的帝王，他居安思危，时刻不忘武备。因此，南海子（南苑）历经几代形成的狩猎、演武功能，在康熙时期被更加突出地显现出来。据《清圣祖实录》记载，从康熙四年（1665 年）至康熙六十一年（1722 年）的 57 年中，康熙驾临南海子 159 次，其中举行围猎 127 次，并 12 次在晾鹰台举行阅武之典。把南海子（南苑）的行围演武功能发挥到了极致。

康熙皇帝对南海子（南苑）的重视还表现在对其加强管理和加大建设上。即位不久，即设立了掌管景山、三海、南苑（南海子）及天坛斋官等事务的奉宸苑，统归内务府辖管。制定了"卿掌苑囿禁令""时修葺备临幸""分理苑囿河道""负责陈设氾埽""掌供内庭米粟""征收田地赋税"等职责。同时，对南海子（南苑）也相应制定了包括"岁修工程""更换桥板及屯墙""芟锯树林""放牧马牛""交送鹿皮鹿肉""安放庄头""添放苑户""统理海户"等职责。使南海子（南苑）的管理步入正轨。与此同时，康熙皇帝还对南海子（南苑）进行了必要的修葺和营建。于康熙二十四年（1685 年）对长达一百二十里的南海子土墙进行了大规模修缮。并在已有的四门基础上，又新开辟了镇国寺门、黄村门、回城门、双桥门和小红门五座苑门，形成了九门之尊。此外，康熙皇帝为了报孝对他恩重如山的两位女性，于康熙十七年（1678 年）在旧衙门行宫东南二里许，为其生母慈和皇太后祝釐敕建起了一座仁佑庙；于康熙三十年（1691 年）在旧衙门行宫西北侧二里许，为其祖母孝庄太皇太后祝釐敕建了一座永慕寺。特别是为了适应在晾鹰台频繁举行的行围阅武驻跸的需要，康熙皇帝于五十二年（1713 年）在南红门内里许，新建了一座南红门行宫。据《日下旧闻考》记载："南宫宫门二重。前殿五楹，再后西正室三楹。南宫，南红门内里许，门对苑墙，康熙五十二年建。"康熙皇帝晚年每来南海子（南苑）行围阅武，大都驻跸于此。直到康熙皇帝临辞世六天前（康熙六十一年十月二十一日至十一月七日），还在南红门行宫驻跸了半月余，并在此完成了其执政六十一年的最后一件朝政工作。

南海子史话

到清雍正时期，在短暂的十三年里，雍正皇帝虽政务繁忙，深居简出，但在南海子仍留下了他不可磨灭的宸迹。

雍正四年（1726年），雍正皇帝为治理凉水河水患，亲临凉水河实地勘察。令挑挖了一条由高各庄至埝上村的凉水新河。使包括南海子在内的京东南郊的水患得到了有效的治理。直到现在，仍在发挥着有效的防洪作用。

雍正七年（1729年），"因西北用兵，誓师南海子"，雍正皇帝于南海子"阅车骑营于晾鹰台"。头天晚上，雍正皇帝驻跸在南红门行宫，想起七年前于此与皇考康熙皇帝议政的情景，非常感怀。即写了一首七言律诗以示追思。他在诗序中写道："朕御极七载，宵旰万几，未遑他出。乙酉夏，因命将远讨，誓师于南海子，缅怀曩日，侍奉皇考，巡幸此地，色笑俨在目前。而龙驭杳然，邈不可攀。俯仰徘徊，曷胜今昔之感。爰成一律，以述追思。"

雍正八年（1730年），雍正皇帝为了向臣民昭示"农为邦本"的政策，在南海子居中地域修建了一座皇家最大的土地祠"宁佑庙"。供奉南苑安禧司土地神，求风调雨顺，报五谷丰登。据《日下旧闻考》记载："宁佑庙在晾鹰台北六里许，雍正八年建，大殿奉安禧司土地神像。""山门三楹，大殿三楹，后殿五楹，东西御书房各三楹。"

到乾隆时期，乾隆皇帝以康乾盛世的充盈财力和乐于建苑造囿的偏爱，大兴土木，建造了为数众多的皇家园林，成为中国园林艺术史上一颗颗璀璨明珠。而鲜为人知的是，乾隆皇帝还对南海子（南苑）皇家苑囿进行了大规模的修葺与兴建：

乾隆三年（1738年），兴建北大红门内更衣殿、重修元灵宫和关帝庙；

乾隆五年（1740年），修挖饮鹿池，矗立昆仑石，使之成为苑中园；

乾隆十九年（1754年），重建德寿寺；

乾隆二十七年（1762年），重修旧衙门行宫和新衙门行宫；

乾隆二十九年（1764年），再一次修葺元灵宫和重修永慕寺；

乾隆三十二年（1767年），治理凉水河；

乾隆三十七年（1772 年），疏浚治理团河；

乾隆三十八年（1773 年），兴建团河行宫；

乾隆四十年（1775 年），修葺宁佑庙，恭立瞻礼碑；

乾隆四十五年（1780 年），改建德寿寺，增建东西配房及御书房；

乾隆五十四年（1789 年），将南海子苑墙由土墙改砌砖墙，并新开辟了马家堡、栅子口、马道、羊坊、毕家湾、辛屯、房辛店、大屯、北店、三间房、刘村、高米店、潘家庙十三处角门。

在乾隆皇帝的兴建、修葺和精心治理下，南海子被推到了历史鼎盛时期。同时，把"行围狩猎""演武阅兵""别苑理政"和"驻跸临憩"等皇家苑囿的主要功能发挥到了极致。与北京"紫禁城"和西郊"三山五园"一并构成皇家文化的三大核心。

乾隆时期，行围狩猎已成为一种典制，名曰"春蒐之典"。每到开春，乾隆皇帝都会来南海子行围狩猎，有时还利用谒陵回跸取于此，举行春蒐狩猎活动。在一幅由清廷画师郎世宁绘制的《弘历射猎图》上，生动逼真地再现了当时乾隆皇帝在一次南苑春蒐时的情景。正如他在《仲春幸南苑即事杂咏》诗注中所写："盖我朝家法最重骑射，无不自幼习劳，今每岁春，仍命皇子、皇孙、皇曾孙辈于此学习行围，所宜万年遵守也。"此外，乾隆皇帝还利用南海子陂隰广衍，鹅雁翔集的地理环境，在此举行"水围"活动。据《乾隆起居注》记载，乾隆十五年（1750 年）三月初二日"驾至南红门内水围，晚刻宁佑庙行围。"

乾隆皇帝一生临幸南海子多少次，已难计算。单从他专为南海子御制诗文就多达四百余首来看，对南海子的钟爱程度可见一斑。他亲自考察了南海子苑墙的实际长度；验证了南海子内涌泉的实际数量；纠正了自己对麋鹿解角于冬至而非夏至之误；曾多次游幸饮鹿池畔并七次赋诗咏南苑双柳树；还常走出南红门到海子之外的青云店、采育一带体恤民情……总之，在方圆四十里的南海子皇家苑囿内外，几乎到处都留下了乾隆皇帝的宸迹。现南海子遗址上仅存的

南海子
史话

"宁佑庙瞻礼碑""团河行宫御制碑""德寿寺双碑"和"南苑昆仑石"上，均分别镌刻有乾隆皇帝御制《海子行》诗、《团河行宫作》诗、《题德寿寺》诗及《南苑双柳树》诗等十余首诗文。成为研究南海子历史文化弥足珍贵的文物史料。

康乾盛世，嘉道中衰。嘉庆皇帝即位之时，正处在大清帝国由盛而衰的转折点上。自此，从嘉庆至道光，从咸丰至同治，一直到光绪、宣统，面对不断发生的天灾人祸、内忧外患和纷繁动荡的国内局势，大清国的落败颓势已不可逆转。与此同时，与国家命运相连的南海子皇家苑囿也随之无可奈何花落去，一步步地走向衰败。正像清末诗人宜泉在《南苑即景》诗中所写"三宫冷落宸游少，惟见长杨引路频。"尽管为承祖制，嘉庆皇帝曾先后九次，道光皇帝先后十二次到南海子行围；同治皇帝还曾到南海子晾鹰台阅过神机营兵操练，但那已是强弩之末，做做样子而已。特别是嘉、道年间，永定河屡屡泛滥，殃及南海子，致海墙倒塌，麋鹿逃窜。更为严重的是，苑中官吏，内外勾结，盗伐树木变卖。还有胆大苑户乘管理松懈之机，在苑内私自开荒种田。尽管道光皇帝为此革去了主管南海子奉宸苑卿禧恩的职务，但仍未能扭转南海子走向衰败的颓势。到咸丰四年（1854年），大臣嵩龄和侍读德奎持本上奏，建言"废弃南苑（南海子）、屯田垦荒、兴办团练"。被咸丰皇帝以"八旗乃天下之本，占其练武之地，万万不可。贸然垦荒，绝难允准"为由而驳回。使南海子皇家苑囿又勉勉强强地维持到光绪二十八年（1902年）。

光绪二十六年（1900年），西方列强组成八国联军，发动了瓜分中国的侵略战争。很快，天津失守，北京沦陷。驻守南海子的清军精锐部队神机营已被慈禧太后调走护驾西逃，等于把北京城拱手让给了侵略者。侵略者在抢掠紫禁城的同时，也洗劫了南海子皇家苑囿。他们放火焚毁了行宫寺庙，射杀苑中禽兽。也就是这时，在南海子中放养的我国最后一群珍贵麋鹿（俗称四不像）也被抢掠一空，它们像战俘一样被押上战船，从此流落异国他乡。

光绪二十七年（1901年），清政府在西方列强枪炮威逼下，签订了丧权辱国的《辛丑条约》。条约中规定的巨额赔款，使清政府国库空虚、国运日衰。自顾不暇的清政府再也无力顾及南海子皇家苑囿了。为了广开财源，于光绪二十八年（1902年）成立了"南苑督办垦务局"，以出售"垦荒执照"（俗称龙票）的形式，将南海子内的闲旷地亩招佃垦荒。于是达官显贵、上层太监像饿虎扑食一样蜂拥而至，乘机圈占南海子内的大片土地，建起了百余座地主庄园。由于庄园的主人大都身份显贵，因此，庄园的名称也都起得高贵典雅。多以"兴旺茂盛""吉庆富余""仁义贤德""广恩礼敬"为主题。如德茂庄、天恩庄、富源庄、吉庆庄、集贤庄、怡乐庄、济德堂、裕德庄、隆盛庄、广德庄、太和庄……这些雅化地名占南海子自然村落的多一半，这在北京乃至全国殊为罕见，成为最具地域特色的雅化地名群。

据《光绪实录》记载，光绪皇帝曾于光绪二十八年（1902年）和光绪二十九年（1903年）连续两年"奉慈禧皇太后幸南海子"，一次驻跸八天，一次驻跸五天。这是史料记载清代帝王在南海子留下的最后宸迹。虽然清末代皇帝爱新觉罗·溥仪于20世纪60年代初在南海子旧宫地区参观过当地农民的生产和生活，但当时他的身份已经是被人民政府特赦后的一名普通公民了。

辛亥革命推翻了清王朝，但革命成果又被袁世凯窃得。为了实现其恢复帝制当皇帝的野心，把南苑（南海子）打造成了自己势力范围的军事要地。除将自己的嫡系部队北洋第六镇驻守南苑外，还购置了法国高德隆双翼教练飞机十二架，并开办了航空教练所（南苑航空学校），又将练兵场扩大，建起了南苑机场。

1916年，袁世凯仅做了八十三天的"洪宪皇帝"，便在全国人民的讨伐声中死去。北洋军开始形成直、皖、奉为主的不同派系的北洋军阀，为争夺北京政权，开始了军阀混战。因南苑（南海子）是北京南大门，具有重要的军事战略地位，所以三系军阀纷纷在南苑争抢地盘。使海子里的无辜百姓遭受战火涂炭不说，苑囿内的行宫、庙宇经过八国联军洗劫后，又一次遭到军阀部队的严重毁坏。也就在这一时期，军阀政权以"旗地变民产"为名，把南海子内一座

南海子史话

座地主庄园又转手到大大小小的北洋军阀手中。当时共有六十多位军阀相继在南海子购置了庄园田产。1921 年，国民政府下令将南海子内各行宫所有陈设全部移至故宫。从此，南海子被彻底遗弃，成为任人宰割之地，就连海子墙的残砖也被附近村民拆走盖房垒猪圈了。

1937 年"七七卢沟桥事变"之时，国民二十九军司令部即驻南苑。全军共有四个步兵团、一个骑兵团及军官教导团三个大队，统归副军长佟麟阁指挥。与向南苑发动猛烈进攻的日本侵略军展开了殊死的南苑保卫战。时任二十九军一三二师师长的赵登禹急率所部赶至南苑，与佟麟阁将军会合，英勇杀敌。终因力量悬殊、寡不敌众，使南苑失守。佟麟阁、赵登禹两位将军战死沙场，殉国于南苑。经过惨烈的战火，南苑（南海子）内的行宫、寺庙再一次遭到严重毁坏。南海子人民在日本侵略军占领下，挣扎在死亡线上。他们被强迫为日本人修碉堡、建飞机窝，饱受摧残和蹂躏。

抗战胜利后，国民党政府派兵进驻南海子，接管了南苑机场，建立了国民党大兴县政府机构。并由国民政府河北省第五区专署接管了南苑官地，成立了"南苑农场"。1948 年底，中国人民解放军大部队开进了南海子，攻占了南苑机场。1949 年 1 月 31 日，北京和平解放。刚刚获得翻身解放的南海子人民兴高采烈地欢送解放军大部队从南苑机场大营门出发，浩浩荡荡地开进了北京城。从此，南海子进入了社会主义建设新时期。

新中国成立后，南海子地区的广大农民当家做了主人，在党和政府的领导下，带头办起了互助组、初级社，成为北京郊区的模范试点。1952 年，南海子中心地域的姜场、三槐堂等四村，组建成立了一个大的农业合作社——红星集体农庄。当时，正是制定和落实国民经济第一个五年计划时期。毛泽东主席对红星集体农庄的发展给予充分肯定，于 1955 年 10 月 30 日，为《红星集体农庄的远景规划》亲笔撰写了按语："这是一个全乡一千多户建成的大合作社（他们叫作集体农庄，即是合作社）的七年远景计划，可作各地参考。为什么要有这样的长远计划，人们看一看它的内容就知道了。人类的发展有了几十万年，在中国这个地方，直到现在才取得了按照计划发展自己的经济和文化的条件。自从取得了这个条件，我国的面目就将一年一年地起变化。每一个五年将有一个较大的变化，积几个五年将有一个更大的变化。"在毛主席按语鼓舞下，南海子地区掀起了社会主义建设热潮，先后组建成立了红星农庄（瀛海乡）、金乡社（金星乡）、曙光社（西红门乡）、晨光社（鹿圈乡）、旧宫社（旧宫乡）五大合作社组织。1958 年，又与国营南郊农场合并，组建成红星人民公社，农、林、牧、渔得到全面发展。昔日的苦海子，变成了首都人民重要的副食品基地，曾被誉为北京最大的"菜篮子"。

1958 年，占地 100 余公顷的航天部一院在南海子东高地地区兴建。如今，已是我国国防重器弹道导弹及运载火箭的研发基地，昔日的皇家神机营盘所在地，今天是国家运载火箭研究院。

1985 年，占地约 1000 亩的南海子麋鹿苑在麋鹿故乡——鹿圈村南三海子建成。英国乌邦寺庄园的主人将 38 头青年麋鹿赠还给中国人民，放养在这里。三十年来，这些重返家乡的麋鹿在麋鹿苑里繁衍生息、茁壮成长。麋鹿苑已成为我国麋鹿研究中心和自然保护区。

1992 年，北京经济技术开发区在南海子东部的亦庄地区破土动工截至 2012 年，开发区占地面积已达约 60 平方公里，聚集了来自 30 多个国家和地区的 4800 多家企业，其中包括 77 家世界 500 强企业投资的 108 个项目。成功地打造了以诺基亚为龙头的移动通信产业集群；以京东方为龙头的显示器产业集群；以中芯国际为龙头的集成电路产业集群；以北京奔驰为龙头的汽车制造产业集群；以拜尔为代表的生物制药产业集群；以 SMC、ABB 为龙头的装备制造产业集群；以 GE 为龙头的医疗设备产业集群和以国富安为龙头的信息产业集群等。现在这里，厂房林立建，高楼拔地而起。昔日五代皇家狩猎场，如今一座新城落人间。

2010 年 1 月，南海子公园在南海子中心区域三海子破土动工兴建。公园规划建设范围东起三海子东路西至凉凤灌渠；北起南五环路南至黄亦路，占地面积 8.01 平方公里。

公园鸟瞰图（从黄亦路由南向北）

　　南海子公园的规划建设是落实北京市委、市政府建设世界城市，加快南城及南部地区发展战略的重要举措之一，是"城南行动计划"的重点工程。经过三年多的紧张施工，对原有废弃地、垃圾场及水体、土壤进行整体生态整治，采用挖湖堆山、引水入园、植树种草、再现皇家文化等手法进行造景布园与生态更新。本着"展风情郊野、融天人和谐、汇灵魂神韵、秉历史传承"的建园理念，精心建设南海子公园。现已开挖水域面积约 1140 公顷，种植乔灌木约 60 万株，种植地被约 400 万平方米，初步建成 5 大景区、16 个景点。与1985 年就已建成的南海子麋鹿苑连为一体，形成九台环碧水、丛林簇锦绣；麋鹿相为友，再现苑囿貌的特色生态与文化景观。公园一期已于 2010 年 9 月开园接待游客，公园二期于 2019 年 7 月开园。每年有百余万游客来公园休闲游览。南海子公园将建成为北京城南的生态绿洲；京城百姓的休闲乐园；传承历史文化的平台；京、津、冀地区的旅游胜地。

南海子由来

乍一听南海子仨字儿，立马儿就会有人往中国的南海那边去想。其实，这里所说的南海子与中国的南海一点儿关系也没有，甚至与海都沾不上边儿。

这里所说的南海子在北京的南郊，曾是辽、金、元三代的帝王狩猎场，明、清两代的皇家苑囿。

那么既然不靠海，为什么叫了个南海子的名呢？原来，"海子"这一名称不是源于中原地区，而是从蒙古地区的称呼而来。大家知道，蒙古位于内陆，蒙古人自古很少有人见过海，他们只听说海是水汇很多的地方。所以，他们只要见到面积较大的水汇之处，便称为海子。正像清代诗人王廷鼎所说："北人不识江与湖，潴水为潭便称海。"元世祖忽必烈建元大都后，也就把海子这一称呼带到了中原的北方地区，北京地区也才有了海子的名称。如北海、中海、南海、什刹海等，现在的积水潭元代就曾称为北海子，这样，南、北相对而称，这

明代南海子图

才有了南海子这个名称。（"南海子在京城南二十里。……中有海子，大小凡三，其水四时不竭，汪洋若海，以禁城北有海子故别名曰南海子。"《大明一统志》）

那时的南海子，用现代的词儿来说，就是一片自然湿地。（"台临三海子，水泱泱，雨而潦，则旁四泾，筑七十二桥以渡，元旧也。"《帝京景物略》）（"南海子非川也，以其为水所聚而擅海子之名。"《大兴县志》）正因为这里水美草丰，飞禽走兽才在这里繁衍生息，这才为后来各代帝王到此行围狩猎创造了条件。

那么，南海子是怎么形成的呢？这在当地有各种各样的民间传说。其中流传最广的是"九缸十八窨"的传说。

传说燕王朱棣发动"靖难之役"，攻下了都城南京，从侄子朱允炆手中夺得了大明江山，成为永乐皇帝。可由于名不正言不顺和结怨太深，不愿在南京坐朝廷，就想把都城迁到燕京，也就是现在的北京。而迁都可不是轻而易举的事，别的不说，这得花费多少银两呀。所以，为迁都的事儿，把朱棣愁的是寝食难安。

这天夜半三更，朱棣好不容易入了睡。朦胧中飘然走进一个人来。朱棣微睁双眼一看，来者竟是已经死去多年的老丈人徐达。

这徐达可不是一般人物，曾被明太祖朱元璋誉为明朝第一开国元勋，就是他当年率大军二十五万一举攻下了元大都，为创建大明朝立下了汗马功劳。因此，朱元璋非常仰重徐达，曾屈尊枉驾亲自登门求亲，要求徐达将女儿许配给皇四子燕王朱棣为妃。朱棣当了皇帝后，徐妃即被册封为皇后。不过这时候，徐达已经病逝多年了。

再说永乐皇帝朱棣，忽见岳父飘然而至，就要起身相迎，徐达已到了龙榻前，说道："皇上勿动，老臣说几句话便走。"朱棣只好躺着静听。只听徐达接着说："南京非久踞之地，北迁实为上策，知道你现正为迁都的银两着急，特来告你一事。"朱棣赶紧竖起了耳朵。徐达接着说："老臣当年攻下元大都时，逮着了元监国帖木儿，他为保命，交代元顺帝临逃跑时，曾在城南二十里的地方，埋藏了'九缸十八窨'的金银财宝。老臣问他所埋确切地方，他说是元顺帝秘密进行的，他也不知道。只听说了两句口诀：'九缸十八窨，不在东道在西道。紧七步，慢七步，七步之内有金库。'"说到这儿，远处传来了公鸡的鸣叫声，天已渐亮。朱棣正要追问，徐达忽然没有了踪影，朱棣急得满头是汗，醒来乃是南柯一梦。

朱棣不管真假，就命令成百上千的兵士到北都城南挖宝，挖了七七四十九天，什么也没有挖到，却挖成了五个大深坑。后来，深坑积满了水，就形成了南海子。这些都是民间茶余饭后的闲聊，不可当真。

其实，南海子的形成与永定河相关。

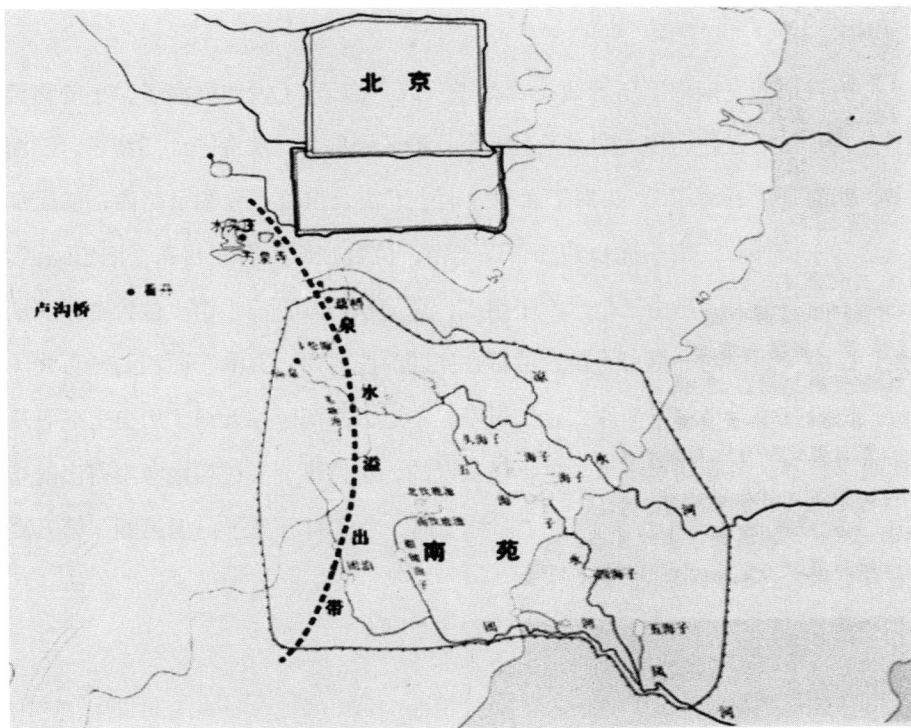

南海子水系图

众所周知，永定河是北京的母亲河。就是在它几千年的摆动冲刷下，才逐渐冲积成扇形北京地区小平原。南海子也在小平原范围内，因此，应该说，永定河也是南海子的母亲河。

"永定河"这一称呼，从清康熙时期才开始，历史上它还曾叫过桑干河、卢沟河、浑河等，还有一个名字叫"无定河"。从名字上就可以看出它的流向是多么没正形儿，简直就是想怎么流就怎么流，自由泛滥。

据专家考证，流经南海子的凉水河就曾是永定河的一支故道，后来顺着地势由东北向西南摆动。这样，摆动后留下的余脉就构成了一条条的地下水溢出带，也就是涌泉。水往低处流，地表坑洼之处，便形成了一处处小的湖泊，这就是海子。（"最早永定河水主流偏于凉水河一侧，随后顺着地势逐步向南摆动，到了今日凤河一线。"侯仁之著《瀑水及其变迁》）因此，是永定河孕育了南海子。

史料记载，南海子所形成的"海子"或"泡子"（大的称海子，小的称泡子）共有二十五处。较大的海子有五个，被分别称为"头海子、二海子、三海子、四海子、五海子"。头海子面积约七十五亩，位置在今德贤路西，航天部生活区东墙外。二海子面积约二百三十亩，位置在原大有庄村东，旧忠路西。三海子面积最大，是由三个水泡子组成，总面积约八百三十亩。位置在今麋鹿苑。四海子面积约一百二十亩，位置在原四海庄村西。五海子面积约一百九十亩，位置在今六环路以南原太合庄村南。不过，四海子和五海子历史上只有夏秋两季有水，冬春两季没水。这不是我说的，是乾隆爷经过实地考察得出的结论。（乾隆御制《海子行》诗注："旧称三海，今实有五海子。但第四、第五夏秋方有水，冬春则涸耳。"）

帝王猎场

永定河孕育了南海子，在这里形成了一片天润地泽的自然湿地。地肥、水美的生态条件，自然草木丰盛，就成为飞鸟翔集、走兽聚集的好地方。（"其中则有奇花异果，嘉树甘木，禽兽鱼鳖，丰殖繁育。"李时勉著《北都赋》）为后来成为帝王狩猎场创造了得天独厚的条件。

契丹人狩猎图

到一千多年前的五代时期，北方契丹族发展起来。他们立国称辽，对中原地区虎视眈眈。后唐节度使石敬瑭为当皇帝，卖国求荣，以割让燕云十六州为条件，引辽入关。就这样，辽国轻而易举地得到了包括幽州（也就是现在的北京）在内的中原广阔地区。并定幽州为辽陪都，称南京。

契丹族是我国北方的一个游猎民族，他们的习俗即是以一年四季随水草游猎为生，称之为四季"捺钵"。"捺钵"是契丹语的译音，单从字义上没什么解释。实际上就是指狩猎的"行在"之所，也就是狩猎安营扎寨的地方。这种游猎习俗大到帝王，小到百姓，从来没有改变过，已成为一种规制和习俗。（"秋冬违寒，春夏避暑，随水草丰就畋渔，岁以为常。四时各有行在之所，谓之捺钵。"-《辽史·营卫志》）

辽定幽州为陪都后，辽代帝王很自然把南海子以东方圆数百里的延芳淀地域，作为了最理想的"春捺钵"狩猎场。那么，辽代帝王是怎样举行春捺钵狩猎活动的呢？这在史料中有生动的记述：

到了冰雪消融的春天，天鹅大雁都飞来了。皇帝率文武群臣和皇妃大内浩浩荡荡来到春捺钵之地。这里，早已搭好了牙帐殿幄。皇帝开始狩猎时，侍卫们都穿上墨绿色的衣服，手里拿着击鹅锤和刺鹅锥。每人距离六七步远，一字排开往前行走，驱赶芦苇中的天鹅、大雁。这时皇帝也换上了便装，坐在上风口处四处瞭望。忽然，发现了天鹅，侍卫立刻举起信号旗，骑快马速报皇上。远处，立刻响起了击鼓声，为的是把天鹅惊飞起来。侍卫们摇动着旗帜，把天鹅赶往皇帝所在的上空。这时，站在皇帝身旁的驯鹰官立刻把一种叫"海东青"的猎鹰交给皇帝，由皇帝亲自放飞。海东青即刻从皇帝臂上飞腾而起追向天鹅，很快叼住了天鹅的脖子，与天鹅一同坠地。这时，站在近处的绿衣侍卫赶快跑步上前，摁住天鹅，先用击鹅锤击死天鹅，再用刺鹅锥取出天鹅的脑子喂给海东青吃，以示慰劳。这是皇帝今年获得的第一只鹅，被称为头鹅。按习俗先祭祀祖先，然后，群臣献酒、举杯庆贺。并把鹅毛插在头上，歌舞狂欢，被称为"头鹅宴"。（"皇帝每至，侍御皆服墨绿色衣，各备连锤一柄、鹰食一器、刺鹅锥一枚，于泺周围相去五七步排立，皇帝冠巾，衣时服，系玉束带，于上风坐之。有鹅之处举旗，深旗驰报。远泊鸣鼓，鹅惊腾起，左右围骑皆举旗麾之。五坊擎海东青鹘，拜受皇帝放之。鹘擒鹅坠，势力不加，排立近者，举锥刺鹅，取脑以饲鹘，救鹘人例赏银绢。皇帝得头鹅，荐庙。群臣各献酒果，举乐，更相酬酢，致贺语。皆插羽毛于首以为乐，赐从人酒，遍散其毛。"《辽史·营卫志》)

到了金代，升幽州为中都，成了京城。由于金女真族与辽契丹族同属于游猎民族，生活习性基本相同，所以金代帝王也很快喜欢上了城南这片水泽地广的湿地，自然成了他们的狩猎场。与契丹人不同的是，他们狩猎没有四季捺钵之分，只分为"秋山春水"，就是秋天在山区射猎獐鹿等走兽，春天在水泽之地捕获鹅雁等飞禽。还有一点不同，金代帝王受中原汉文化的影响，不再像辽代帝王那样在狩猎之地搭建临时的帐幄，而是学着中原帝王，在郊外游幸之地，建起固定的别苑行宫。金章宗完颜璟就曾在南海子地域建了一座行宫，称"建春宫"。史料记载，金章宗曾先后至少七次驻跸建春宫春水。

到了元代，蒙古人的铁蹄踏进中原。元世祖忽必烈把金中都又建成了元大都。

与契丹人、女真人的习俗差不多，蒙古人是一个游牧民族。除了追寻水草迁徙放牧外，就是喜鹰猎善骑射。大都城南地域又当然地成为元代帝王的狩猎场。不过，这时的南海子及以东的延芳淀地域，环境已发生了很大的变化。由于上游永定河（当时称卢沟河）流向的改道变迁，水源逐渐减少。使这里原来方圆几百里的延芳淀，不再是水漫连天，而是低洼处形成了一个个大大小小的湖泊。元代帝王在这里分别开辟了一处处的狩猎场，称为"飞放泊"。据史料记载，当时设有"柳林飞放泊""北城淀飞放泊""栲栳垡冰放泊""马家庄飞放泊"等。其中一处飞放泊离元大都最近，被形容一上马一下马的功夫就到。因此，被称为"下马飞放泊"。这个飞放泊就在南海子。("按下马飞放泊，即今南苑之地。曰下马者，盖言近也。"《日下旧闻考》)"飞放"即放飞猎鹰捕猎。

下马飞放泊位于南海子中部地域，面积约四十顷，现在看来仅是个小型猎

场。元代帝王常骑马到此，架着猎鹰来飞放捕猎。（"冬春之交，纵鹰隼搏击，以为游豫之度。"《元·兵志·鹰坊捕猎》）

元代的飞放鹰猎比辽、金时期更盛。别的不说，所设置驯养猎鹰的"鹰坊"就尤其的多。史料记载，仅"腹里中书省"，也就是黄河以北，太行山以东的部分地区，所设"打捕鹰坊"多达四千四百余户。每年用于喂养猎鹰的肉食，就多达三十余万斤，平均每天用肉近千斤。可见元代驯养猎鹰的规模有多大。

为了保证帝王权贵们有足够的猎物可捕，元代统治者还制定出苛刻的政令，禁止大都八百里以内百姓捕猎。据清《日下旧闻考》引《鸿雪录》记叙：大都八百里以内禁止捕兔，如果有人私下买卖天鹅、仙鹤等，不论买方还是卖方，一律治罪。如果被人举报，一经查实，便将他的妻子、儿女判给举报者为奴。如果身为奴婢举报他人，断奴婢身份改为良民。凡收获白色猎鹰者，要就近送缴官府，喂食新鲜羊肉，如没有羊肉，杀鸡喂养它。

从以上可以看出，元代帝王和权贵们，在包括南海子地域在内的大都城南地区举行的鹰猎活动是多么的盛行。

明朝上林苑

元至正二十八年（1368 年），大明开国皇帝朱元璋派大将徐达、常遇春率大军二十五万，一举攻下元大都，推翻了元朝，于南京称帝，国号大明，年号洪武。

洪武三年（1370 年），10 岁的皇四子朱棣被封为燕王。十年后，20 岁的燕王朱棣赴北平就藩，一待就是 18 年。因此，不论是军事实力还是政治影响，都在其他皇子藩王之上。洪武三十一年（1398 年），朱元璋去世，当时朱棣的三位皇兄都已先后病死，从家族尊序上，朱棣也占据绝对优势。但根据传长不传幼，传嫡不传庶的帝制，朱元璋临死前指定长孙，也就是已故长子朱标的大儿子朱允炆即位，年号建文。这引起朱棣的愤愤不平。朱棣便于建文元年（1399 年）七月，以"清君侧"为名发动了"靖难之役"（也称"靖难之变"），经过四年的征战，攻入南京。就这样，朱棣从侄子手中夺取了皇位，定年号永乐。不过，始终没有找到建文帝。建文帝的生死成了历史之谜。

朱棣虽然当上了皇帝，但自知名不正言不顺，在南京没有政治基础，所以刚即位不久，就下定了迁都的决心。他要把帝都迁至北平，也就是北京。为了给迁都创造条件，早在永乐五年（1407 年），朱棣就下诏设立"上林苑"，以解决将来迁都后皇宫内的生活供应等问题。

上林苑之名始于秦代，是秦始皇的一座皇家苑囿。当初秦始皇设上林苑时只是为了游乐享受。所以他刚一提出建上林苑时，立刻受到了大臣们的极力反对。史料记载了这么一件事：一次上朝，秦始皇又提出建上林苑之事，大臣们仍是极力反对。这时他看到了弄臣优旃，（弄臣，是古代官廷中以打诨逗乐取乐皇帝的特殊人物，常由能说会道的侏儒担当，实为帝王宠幸的玩物。虽然地位低下，却是官中敢言之人）就笑着问他："优旃，朕要建上林苑，你看如何呀？"优旃听罢，提高了嗓门儿大声说道："陛下的想法实在是太好了，等您的上林苑建好后，多养些飞禽走兽，当敌人来进攻的时候，就用鹿的犄角顶，用鹰的爪子抓，军队都可以不用了。"秦始皇听罢优旃的话，笑声立刻打住，他听出这话中有话，就暂时取消了建上林苑的打算。不过，后来还是把上林苑修建了起来。

到了汉武帝时期，为了满足自己的奢望，汉武帝在秦上林苑的基础上又进行了大规模扩建，达到方圆三百多里。不过，这时的上林苑与秦上林苑在功能作用上已有很大不同，秦上林苑主要用于帝王的游幸、骑射、祭祀。汉上林苑的功能除此之外，又增加了比重较大的生产功能。不仅是皇家的离宫别苑，还是皇官内外生活副食品的主要供应来源。

就这样，在秦汉上林苑的影响下，以后历朝历代的帝王修建皇家苑囿一直就没有停止过。不过大都趋于小而精，繁而奢，也没有了生产的功能。

到了明洪武年间，政治得到了稳定，经济得到了繁荣。一些大臣开始撺掇朱元璋在南京郊外营建一座效仿秦汉的上林苑，并已经完成了规划设计方案。（"命户部于正阳门外距板桥五里度地，自牛首山接方山，西傍河涯为上林苑，户部为图以进。"《明史·职官志》）最终，农民出身的朱洪武皇帝，终因顾虑百姓的利益而停止了修建。（"以妨民业，遂止。"《天府广记》）

但是，明朝的上林苑到底还是建立起来了。不过，令朱元璋万万也想不到的是，上林苑没有建在南京郊外，而是建在了北京的郊外。是由他的第四个儿子朱棣实现的。

朱棣从侄子朱允炆手中夺取皇位后，便开始筹划迁都北平。为此，他在加大从山西、山东和江浙一带向北平周边地区大量移民，并加紧疏通京杭大运河以利南粮北运的措施外，还于永乐五年，设立了上林苑监。（"上林苑监，明官署名。永乐五年始置。"《中国历代职官典》）从史料中不难看出，永乐皇帝在北平设置上林苑，主要目的还是为迁都做准备。因为他所设置的上林苑，生产功能非常突出。在所设立的良牧、蕃育、嘉蔬、林衡等十署部门中，绝大部分都是用于生产。其中，良牧署的功能主要是饲养牛、羊、猪等家畜；蕃育署的功能主要是饲养鸡、鸭、鹅等家禽；嘉蔬署的功能主要是生产蔬菜；林衡署的功能主要是生产林果。这些，都为将来迁都以后解决皇宫内的生活供应打下了物质基础。

与秦汉上林苑相比，明上林苑没有集中规划在一片地域，而是分布在北京的周边地区。（"东至白河，西至西山，南至武清，北至居庸，西南至浑河"《大明会典》）其中，嘉蔬署设在广安门外，时称广宁门，现在还有菜户营的地名；林衡署设在石景山衙门口地域，现在还有果园的地名；良牧署设在顺义县衙门村周边；蕃育署设在大兴县采育地区。

采育，原本是古安次县的一个地名，叫采魏里，因在这里设置了蕃育署，取采魏里的"采"和蕃育署的"育"，才合称为"采育"了。（"采育，古安次县采魏里也。距都七十里，明初上林，改名蕃育署。"《宸垣识略》）（"而人仍呼采育，合新旧而名之也。"《春明梦余录》）

从史料中可以看出，当时的蕃育署所占地域广阔，几乎

上林苑海子残碑

涵括城南到武清的整个地区。而且，地位也在上林苑其他各署之首。（"上林苑统四署，风土之饶，川泽之秀，则以蕃育署为首。"《天府广记》）

总之，明永乐皇帝所设上林苑是建设北京新皇城的前奏。朱棣于永乐十九年正式迁都北京后，上林苑成了新皇城主要的副食品生产供应基地。更为重要的是，由于永乐皇帝设立上林苑的决策，才又引出了一座秦汉上林苑后最大的皇家苑囿——南海子。

皇家苑囿南海子

　　正当北京新皇城建设已具相当规模的时候，永乐皇帝朱棣又有了新的想法，他要在蕃育署的北部，也就是新皇城的南郊，围建起一座皇家苑囿来。

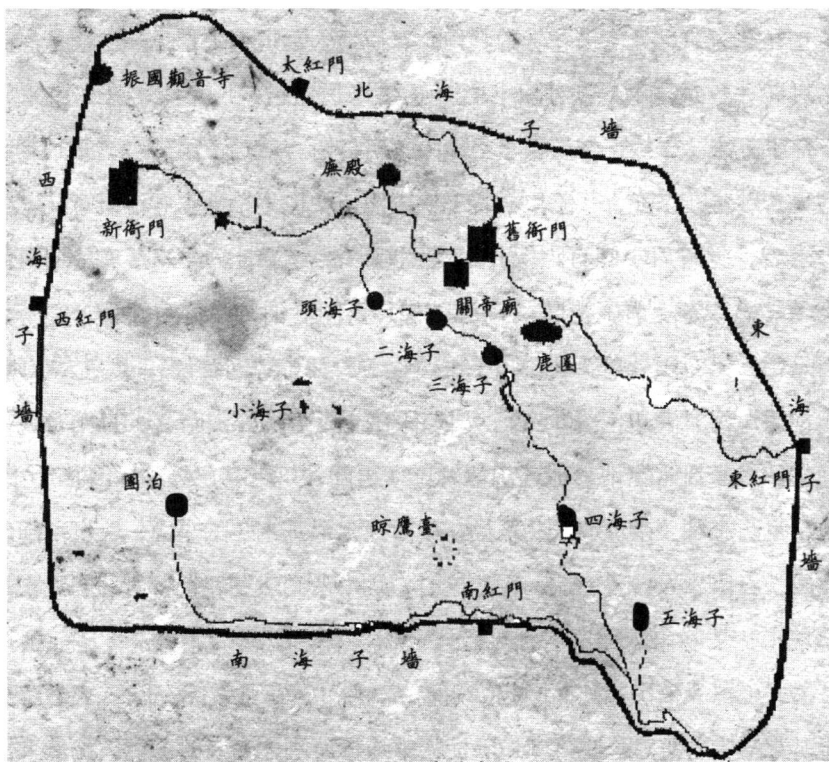

明代海子复原图

南海子
史话

　　南海子呈不规则的长方形，东西稍长，约十七里，南北略短，约十二公里。周长约一百二十里（明代史料称一百六十里，实为约一百二十里），总面积约二百一十平方公里，相当于三十七个承德避暑山庄；六十个圆明园；七十二个颐和园。这么说吧，比明清的北京城的面积还要大三倍。是秦汉上林苑以后最大的一座皇家苑囿。自明永乐十二年（1414年）建囿至清光绪二十八年（1902年）废囿，整整存在了488年。

海子墙

苑囿的"囿"字，是把"有"字用四边框在里面。这里的"有"字代表内有动物，四边则代表了垣墙。字义是，豢养有动物并建有垣墙的皇家林苑，称为"苑囿"。因此，南海子被称为"苑囿"应从建起海子苑墙后才始称的。

南海子墙始建于明永乐十二年（1414年），全长约120里。明史资料称160里。（"城南二十里有囿，曰南海子，方一百六十里。"《帝京景物略》）后来，清乾隆皇帝觉得不足160里，就派人实地丈量，结果是一万八千六百六十丈，折合约124里。（"元明诸家记载，并称海子周围一百六十里。今缭垣故址划然，实按之不过百二十里耳。"《乾隆御制"海子行"诗注》）

现在，南海子墙除了西北角（丰台新发地京开高速路东侧）海子公园内尚存几十米遗迹外，都已经不复存在了。

海子墙初建时是土筑墙，就是两侧打上木桩，夹上木板，把两侧木桩用麻绳摽上劲，再在木板中填上三合土，一层一层地用木夯夯实。这就是北方民间的大板墙。南海子垣墙就是用这种方法一段一段地筑起来的。从明永乐十二年（1414年）到清乾隆四十四年（1779年），这种土筑苑墙一直沿用了365年。不过，海子墙夯筑得再结实毕竟还是土墙，怎么也耐不住风吹雨淋和洪水冲击，因此，三百多年来，一直是小修天天，大修年年，处于坏了修，毁了建之中。这些工程都是在海子里劳役的海户们完成的。有时，遇洪水冲毁严重，还

南海子
史话

要调动军队来抢修。明宣德年间，因洪水泛滥，海子墙被冲毁严重，明宣宗就曾命时被封为英国公的明代著名将领张辅率军抢修南海子墙及桥道。（"命太师英国公张辅等拨军修治南海子周垣桥道。"《日下旧闻考》）

直到清乾隆四十四年（1779年），海子墙的命运终于出现了转机。这一年，乾隆皇帝又来南海子春蒐小猎。他看见衣衫褴褛、面带菜色的海户们，正在艰辛地修理海子墙。出于同情和恻隐之心，乾隆皇帝决定把海子墙由土墙改砌成砖墙，达到一劳永逸的目的。关于土墙易砖墙的事儿，当地民间还有一段传说：

传说乾隆对海子墙土墙改砖墙本来早有打算，但由于当时库银拮据，实在拿不出钱来，所以迟迟实施不了。善于揣摩乾隆心思的奸臣和珅早就看出了棱缝儿，就在一旁谗言道："启禀皇上，这海子墙改砌砖墙，得需要多少银两？"乾隆回答说："内务府奉宸苑呈报，需银三十八万两。"和珅听了又进言说："臣也打听了，改砌砖墙需砖四十八层。"说着，和珅又往前凑了凑，接着说："臣再问皇上，大清现在共有多少位王爷？"乾隆不假思索地回答说："四十八位。"和珅一拍大腿："哎呀，正好一位王爷一层，这既解决了修海子墙的银两，又给各位王爷提供了报效朝廷的机会，这不是一举两得嘛！"乾隆听罢哈哈大笑起来，指着和珅说道："还是你小子鬼点子多！就这么办吧。传旨，让每位王爷贡献一层砖的银两修海子墙。"

就这样，在各位王爷的"赞助"下，南海子墙由土墙改砌成砖墙了。正如当地民谣所唱："乾隆修海墙，库里缺银两。和珅出主意，坑了众亲王。"

海子墙由土墙改成砖墙是不是真的由王爷们"赞助"而修的，史料中没有记载，估计也是民间演义。但海子墙在乾隆年间改砌砖墙，史料中确实记载得清清楚楚。（"改砌砖墙九段，共凑长一万九千二百九十二丈九尺。底厚二尺三寸，顶厚一尺八寸，连蓑衣顶通高一丈。"《总管内务府现行则例》）清代一尺折合0.32米，按此标准计算，海子墙准确长度为61737米，折合123.48里。

南海子砖墙遗迹

对海子墙土墙改砖墙，乾隆皇帝很是沾沾自喜，改砖墙九年后仍对此举念念不忘，对他在当时财政相当吃紧的情况下仍坚持改砌砖墙工程而自夸，极力表白为什么要改砌砖墙；总共花费多少钱；钱从哪里来；有没有盘剥当地百姓等等，在乾隆御制《入南红门》诗注中有一通的白活：

> 海子周围原皆土墙，夏雨每致淋颓，则海户出力修十分之四，官发帑修十分之六，此向例也。因思海户虽皆受田役，亦其当然。但怜其贫穷或不支，即官发帑亦每岁多费而无止期，爰命次易以砖。既免每岁之费，而海户免此力役，受惠实多矣。通发帑三十八万余两成之，受雇贫民亦资其力。然出之内府，无涉司农。

长约一百二十里，高约一丈的海子墙改砌砖工程，就是在如今，也是一项庞大的工程。别的不说，用砖数量就是个天文数字。仅东海墙之外，（现京塘高速路东侧）当时所建砖窑就多达几十座。直到 20 世纪 60 年代，还留有很多古砖窑遗址，被当地人称为"窑疙瘩"。

海子墙四犄角称为海子角。因南海子呈不规则的长方形，因此有四处海子角，即大羊坊附近的东海子角；回城附近的南海子角；黄村附近的西海子角和镇国寺附近的北海子角。为保卫海子里的安全，当时在各海子角建有角堡，设专人保卫，防止海子外民众越墙偷猎海子里动物。后来逐渐形成村落。如今，黄村附近还有海子角村。丰台草桥东也有角儿堡村。这都是因海子角而留下的村落。

到清末，随着大清帝国的衰败，南海子的废弃，虽改砌砖墙的海子墙最终还是倒塌了。连那些砖头，都被海子外的老百姓搬回家，用于砌墙盖房垒猪圈了。如今，几乎一点痕迹都没有了。

海子苑门

明永乐十二年（1414 年）建苑囿海子墙时，按北、南、东、西方位，共开辟了四座苑门，因大门被一律漆成大红色，因此门的名称分别被称为北红门、南红门、东红门和西红门。（"辟四门，缭以崇墉。"《日下旧闻考》）

到了清初，因海子里种植的蔬菜瓜果要运往皇宫，为了进城方便，于顺治年间在北大红门的东侧又新开辟了一座门，因仅是一个门洞的苑门，与北大红门相对而称为小红门。到康熙二十四年（1685 年），康熙皇帝准奏在原有五门的基础上，又增开了双桥门、回城门、黄村门和镇国寺门四座苑门，形成九门至尊规制。（"南苑缭垣为门凡九，正南曰南红门；东南曰回城门；西南曰黄村门；正北曰大红门；稍东曰小红门；正东曰东红门；东北曰双桥门；正西曰西红门；西北曰镇国寺门。"《日下旧闻考》）南海子九座苑门中，始建于明朝的四座门是按照东、西、南、北四个方位定名，小红门是相对北大红门相对而称。后辟四门皆按所邻近的地名而定。如镇国寺门，门外有镇国寺；双桥门，门外是双桥村；黄村门，门外是黄村；回城门，门外是回城村。

由于地理位置和作用的不同，南海子九座苑门的规制也不相等，有的被设置为三洞门；有的被设置为两洞门；有的仅被设置为一洞门。北红门是南海子的正门，又是皇帝出入南海子的主要通道，所以规制最高，是中间高，两边低的三洞门，因此被称为"北大红门"。南红门是皇帝南巡京畿的主要通道，所以也被设置为一高两低的三洞门，被称为"南大红门"。双桥门是清代帝王东

南海子史话

陵祭祖回跸南海子的专用通道，所以也被设置为一高两低的三洞门。镇国寺门是清代帝王出入南海子至畅春园等御苑的主要通道，所以仍被设置为一高两低的三洞门。西红门、黄村门和回城门只是帝王偶尔才从此通过，所以被规制为一高一矮的两洞门。东红门和小红门规制最低，仅是一洞门而已。南海子九门无论几洞门，都为方形门洞，门洞顶端建有屋脊式门楼。大门上钉有横竖成行的大帽铜质门钉。门洞可通行车辇、轿子、马匹，但是，凡三洞门的中间大门只能皇帝、皇后的车辇通过，平时均关闭。北、南、西、东为南海子的正式苑门，而以北红门为大，南红门次之，因此才被分别称为北大红门和南大红门。其他四隅之门均为便门。

清代，特别是康熙时期，清廷在南海子（清代改称南苑）举行的行围狩猎和演兵阅武活动越来越频繁，已经形成国家规制。因此，皇帝经常临驾于此，成为平民百姓不得靠近的禁苑。因此，这里的安全保卫就显得非常重要了，而守卫九座海子苑门就成了重中之重。据《总管内务府现行则例》记载：南海子九门共设领催 10 名，骁骑 18 名；门军 36 人；马甲 90 人，共计 164 人。在海子墙外，专门修建有"巡墙马道"，昼夜有骁骑手巡逻，至今，小红门以东还留有"马道"的地名。

从清嘉庆始，大清帝国由盛转衰，内乱丛生，事变频发。嘉庆八年（1803 年），嘉庆皇帝在家门口，就在紫禁城的神武门竟遭到了行刺。多亏有御前侍卫丹巴多尔济的奋力保护，嘉庆皇帝才有惊无险，转危为安。没过多少年，也就是嘉庆十八年（1813 年），又发生了更为严重的天理教围攻紫禁城的"紫禁城之变"，使嘉庆皇帝更是惶恐不安，出入紫禁城再也不敢掉以轻心。也就在这个时候，南海子（南苑）的每座苑门又开始增强戒备，以防万一。据《总管内务府现行则例》记载：嘉庆年间"南苑九门，大红门设立四品总领章京一员，其余八门，每门设立五品防御一员，九门共领催十名，并于领催添设骁骑校二名"。南海子从这时候起，不但平民百姓不准入内，就是一般官员也不得随便入内了，即使是王公大臣，未经皇帝传召也不准擅自入内。特别是那些在海子里干活而住在海子外的海户门，日常出入都必须携带证明本人身份的"腰牌"。腰牌上烙有说明本人姓名、年龄、相貌特征的文字。出入苑门要有专人负责验牌，经验明无误才能放行，并且要有专人负责领入领出，还须走指定的路线，按指定的苑门出入。可见当时南海子各苑门守护是何等的严格。

由于防御职责重要，所安排的防御人员均是最可靠的"正黄、镶黄、正白"上三旗人员担任。长年被安置在海墙门里专为他们建的房子里。久而久之，这里就形成了一个个的满族自然村落，被当地人称为"门里头"。其中，北大红门和小红门的五品防御为"特氏"，据说是孝庄皇太后博尔吉济特家族，属正黄旗，人称特大老爷；双桥门的五品防御为"白氏"，也属正黄旗；人称白二老爷；南大红门的五品防御为"胡"氏，属镶黄旗，人称胡四老爷；东红门的五品防御为"赵氏"，属正黄旗；西红门的五品防御为"定氏"，属正白旗，人称定大老爷。直到现在，这些由海子苑门形成的自然村中，仍聚居着特、连、方、白、赵、定、衡、罗、温、思、马、陈等众多的满族人，他们中大多都是清代守护南海子苑门的满清上三旗的后人。

随着岁月的流逝，世代的变迁，南海子苑门都已遗迹泯灭不复存在了。仅留下了一个个以"门"为名的地名。如果把这些地名用一条线连接起来，就勾勒出了历史上南海子皇家苑囿的大概轮廓。

（1）北大红门

北大红门是南海子皇家苑囿的正门，距北京永定门约 6 公里，乾隆皇帝写有"出城十里到红门"的诗句。

北大红门辟建于明永乐十二年（1414 年），也就是永乐皇帝始建南海子皇家苑囿的时候，是最早辟建的四座海子门之一。也是最晚拆毁的一座海子门，拆的时候已经到了公元 1955 年，其间经过明、清两代无数次的维修或重建，整整屹立了 540 年。

日伪时期的北大红门

北大红门是南海子最重要的苑门，是明、清两代帝王从紫禁城游幸南海子的必经之门。

北大红门最早的图像被绘在《康熙南巡图》上，因康熙皇帝第二次南巡是从南海子北大红门始发的，所以北大红门被绘在画卷的首卷上。这给后人留下了北大红门最早的图像资料。绘图角度虽为俯视侧面，但也能清楚地看出当时的北大红门是一高两低的三洞门，门楼上为蓝色，琉璃瓦顶，四角飞檐斗拱。门垛及双开大门均漆饰朱红，彰显气派威严。两座矮门门垛两侧，各建有一段蓝琉璃瓦顶红墙，与土筑海子墙连接。另根据《北京土建学会会讯》刊载刘喜先生的文章中，也记载了拆毁前的北大红门的基本状况：大红门位置在凉水河南 255 米处。南北向，三门洞。中间门洞宽 5.2 米，两侧门洞宽 4.7 米。中门高约 7.6 米，旁门墙高约 6 米。墙上有箭垛和砖木结构的门楼。门楼高约 3 米，朱红门窗，圆柱。门楼上为黄色琉璃瓦顶，四角飞檐斗拱，有仙人、海马等脊兽。从文章描述中可以看出与《康熙南巡图》中所绘北大红门有一些鲜明差别，其中最大差别是由蓝色琉璃瓦顶改成了黄色。显然，这是经过乾隆时期改建后的北大红门。

北大红门是南海子皇家苑囿最重要的大门，门内设有管理京城皇家园林别苑的官署机构"奉宸苑"和用于皇帝到南海子行围狩猎更换衣服的"更衣殿"。（"南苑官署房三层，共十有八间"。"更衣殿，乾隆三年建。"《日下旧闻考》）此外，大红门内还建有"地藏庵""龙神庙"等建筑。民国时期，奉宸苑官署房曾做过大兴县县衙。日军占领时期，伪大兴县县衙才由奉宸苑官署房迁到南苑镇的营市街。新中国成立之初，奉宸苑官署房还曾作为华北农业垦殖管理处（即后来的北京市农场管理局）的办公地，后来改为宿舍，又由宿舍改为民房。直到现在，部分老房还在。

当时，北大红门可是风景如画的地方，有高大雄伟的大红门，有金碧辉煌的殿宇，还有高低起伏、逶迤延绵的海子墙。大红门五孔石桥（后改称永胜桥）横卧凉水河上。河北岸有当年清理凉水河堆筑起的"九龙山"，山上建有一座俗称"小南顶"的碧霞元君庙。凉水河两岸蒲草丛丛，九龙山上苍松翠柏，确实是一条美丽独特的风景线。正像清代作家吴长元《宸垣识略》所记："九龙山在南顶永胜桥北岸，乾隆年间疏浚凉水河土堆成。自西至东，约长三里，方二三丈不等。逶迤起伏，宛如游龙。环植桃柳万株。开庙时，游人挈榼席群饮。夏木阴阴，水田漠漠，不减江乡风景也。"乾隆皇帝写有《射猎南苑即事诗》赞美北大红门景致：

北红门里仲秋天，爽气游丝拂锦鞯。

行过雁桥人似画，踏来芳甸草如烟。

由于北大红门所处重要位置，又是清代内务府奉宸苑的行政管理机构，再加上派驻这里的章京、门禁等人员比其他九门都多，成为后来北大红门村形成的主要因素。据当地老人口传，最早来大红门村定居的满族人是特、白、方、连四姓。其中特氏为正黄旗，曾任北大红门统领章京，并负责南海子其他八门章京的防御联络，人称"特大老爷"。民国初，南海子开放后，北大红门成了入京的交通要道，使这里的人居陡然上升，很快即成为永定门外的较大村落。如今这里是南苑乡政府所在地，被誉为"天安门前第一乡"。

北大红门早已于 1955 年 8 月为方便交通，拓宽路面而拆掉了，现仅留下大红门的地名。

（2）南大红门

南海子的南大红门辟建于明永乐十二年（1414 年）始建南海子皇家苑囿之时。是明、清两代帝王南巡京畿经常出入之门。因此也辟建成一高两低的三洞门。地位仅次于北大红门，相对而称南大红门。

南大红门位于南海子墙中部，现南大红门村北的南六环路上，遗迹早已无存。

清澈的凤河由西向东，从大红门北侧潺潺流过，与由北向南流淌而来的三海之水在大红门脚下相连。汇成一处处水泡子，如颗颗明珠散落在大红门左右。北观晾鹰台，台崎碧野。东望龙爪湾，波光粼粼。难怪康熙皇帝于康熙五十二年（1713 年）择址在红门内侧又修建了一座"南红门行宫"。与红门西侧的皇家庙宇"七圣庙"、红门东侧的"望围楼"遥相呼应、相得益彰。

在南大红门东北侧，有一洼较大的水泡子，在清代绘制的《南苑全图》上，被标明"渔猎处"，曾是清代帝王在此举行"水围"狩猎的场所。清康熙、乾隆两位皇帝，不仅喜欢"秋狝木兰""春蒐南苑"的旱猎活动，还非常喜欢在水淀湖泊地域举行"水围"渔猎活动。当时举行水围的地方主要有两处：一处是白洋淀，另一处即是南海子。史料记载，当时举行的水围活动场面十分壮观，一般都在阳春三月里举行。这个季节，春意盎然，候鸟北返，鹅雁翔集。皇帝在侍卫们的随扈下乘船从湖淀四面悄悄围合而来。忽然间一声炮响，万千水禽腾空飞起，遮天蔽日。皇帝见状，张弓搭箭，射向空中。随扈侍卫们也是鸣镝声声，不绝于耳。转眼间，鸟羽纷飞，鹅雁坠落。据《乾隆起居注》记载：乾隆十五年（1750 年）三月初三日"驾至红门内水围，晚刻幸宁佑庙行围"。文中所记红门内，显然即是南红门内东侧的"渔猎处"。除在此举行"水围"外，清代帝王还喜欢到此撒网捕鱼。（"顺治十年（1655 年）三月，丙戌，上于南苑中网鱼一日。"《清世祖实录》）史料中也记有乾隆皇帝多次到此埔鱼，为了增加情趣，有时他还装扮成渔夫模样。他在一首《南红门埔鱼》诗中写道：

烟蓼亚寒汀，澄玻漾秋浦。

垂纶玉镜明，潜鳞堪指数。

萧然秋意深，数声离岸橹。

渔笛横西风，云山入新谱。

南大红门外即是南大红门村。史料记载，在明永乐十二年（1414 年）未建南海子皇家苑囿前，这里就已形成村落，名为"磁永庄"，据说也和附近村庄一样，均是明初山西移民至此所建村落。南海子苑囿建成后，村北即是苑囿的南大红门。南大红门的名声很快就盖过了"磁永庄"，渐渐地"磁永庄"反倒少有人知了。直到后来人们在村里一座古庙遗址上发现了一口铁钟，钟上镌有"磁永庄"三个字，人们才知道南大红门村的原名曾称"磁永庄"。

清代，由于南大红门的地理位置非常重要，清廷派满洲上三旗门君看守。据当地老人口述，守护南大红门的门君章京为"胡"姓，人称"胡四老爷"。与其他满族旗人一同驻守南大红门，居在"门里头"，遂成村落。南海子荒废后，海子开放通行，南大红门成了通往京城的交通要道，南大红门村迅速发展起来。原住在大红门里头的满族旗人，有的迁入南大红门村，有的并入了南宫村。新中国成立之初，南大红门村曾被设为河北省大兴县南大红门乡。现为北京市大兴区青云店镇的一个较大行政村。

（3）西红门

西红门是明永乐十二年（1414年）建南海子皇家苑囿时所辟建的西侧红门，因此得名"西红门"。而初始成村落已有千年历史，当初却不叫这个地名。

史料记载，早在辽、金时期，据说这里曾称"西綦村"，仅是个以"綦"为姓的小村庄。到明初时，朝廷开始从山西、山东及江浙一带往北方地区移民，使"西綦村"人口大增，曾又被更名为"千户屯"。到明永乐十二年（1414年），永乐皇帝在村东建南海子皇家苑囿，又把苑囿地域范围内的村庄强行迁出。这样，又有一部分百姓被迁到"千户屯"。南海子苑囿在村东开辟了一座一大一小两个门洞的"西红门"，"千户屯"又被改称为"西红门"，一直沿袭至今。

从江浙地区的移民中，有以陈氏为首的几户回民。后来又引来了更多的回民同乡，西红门逐渐成为回民聚居的村落。

满清入主中原定都北京，把南海子改称南苑，这里成为清代帝王行围狩猎、演武阅兵的皇家禁苑。并派镶黄、正黄、正白上三旗及"随龙入关"的满族旗人来守护管理南苑各门。就这样，西红门里又开始有了满族旗人定居，后来也融入西红门村。

因此，西红门是由汉、回、满三个民族组成的村落。由于南海子皇家苑囿建在了北京城南，挡住了正南通往京城的交通。人们由南进京只能绕道南海子东、西两侧进京。这样，南海子西红门外的一条古幽州南大道便成了入京的主要交通隘口。重要的地理位置，使西红门村很快成了京南重镇。

西红门村属明、清两代最兴盛。当时这里店铺林立、商贾云集，仅庙宇就有十二座之多。其中有九圣庙、五帝庙、真武庙、关帝庙、娘娘庙、龙王庙、什坊庙、山泽庙、三官庙和观音寺、清真寺。据说，康熙皇帝曾御驾西红门村，并赐给西红门村清真寺半副銮驾，这个故事一直在西红门村民间流传。

传说在康熙年间，永定河决口泛滥。洪水由西向东滚滚而来，殃及南海子。而西红门首当其冲，受灾非常严重。康熙皇帝正驻跸在南海子新衙门行宫，决定出西红门微服私访去察看灾情。他看到无数灾民拉家带口，扶老携幼往京城方向逃难，看在眼里，急在心中。忽然，他看到村中一座被洪水冲毁严重的清真寺门前人头攒动，便好奇地走过去看个究竟。近前一看，这里正有人搭棚舍粥赈济灾民。便让随侍上前打听，才知道舍粥者并不是当地官府，而是清真寺的阿訇自发的赈灾之举。康熙皇帝听罢很是感动，不住地点头称赞。这次微服私访，西红门清真寺给他留下了深刻的印象。

两年以后，康熙皇帝听说西红门那座被洪水冲毁的清真寺已在全体村民的捐助下又修饰一新。即传旨掌礼司，将半副銮驾赐给西红门清真寺，以示皇恩。

据西红门人编著的《官门旗人》一书介绍，西红门村汉族人口约占全村人口的百分之六十二；回族人口约占百分之二十五；满族人口约占百分之十。满族人原本居住在西红门里，被称为"门里头人"。居住有"罗、马、衡、陈、赵、定"等姓氏满族人。其中"罗、陈、赵、定"属镶黄旗；"衡"属正白旗；"马"属镶红旗。在西红门满族姓氏中，数"定"姓地位最高，人称"定大老爷"。南海子苑囿荒废后，也都并入了西红门村。

由此可知，西红门村是一个由汉、回、满三个民族形成的大自然村。几百年来，全村各民族相濡以沫，共存共荣，是典型的多民族同居一镇，和睦相处的大村落。

（4）东红门

东红门位于南海子皇家苑囿东海子墙中间偏南，因仅是座一个门洞的苑门，因此又被称为"东小红门"。

南
海
子
史
话

　　史料记载，明永乐十二年（1414 年）始建南海子皇家苑囿开辟东红门时，原本不在这个位置，而是辟建在了凉水河南岸。后因被洪水冲毁，乾隆皇帝于五十四年（1789 年），借海子墙由土墙改砌砖墙之机，才将东红门原来位置移到凉水河北岸后来的位置。

　　别小看东红门仅是个一洞门的南海子便门，由于门外就是畿南重镇马驹桥，明、清两代帝王在驻跸南海子期间，都喜欢到马驹桥镇游幸一番，而东红门是必经之门。因此，要说东红门，必先从马驹桥说起。

　　马驹桥镇与西红门镇一样，也是由于南海子挡住了进京道路，人们进京只能绕走南海子东西两侧，才成为进京的隘口，因而成就了京畿重镇马驹桥。

　　早在辽、金时期，马驹桥这一地域即是官家牧养军马的地方。而这里主要分养的是子马（马驹），因此得名"马驹里"。当时在凉水河上搭建有一座木桥，因马驹里而得名"马驹桥"。明永乐年间修建南海子皇家苑囿后，明代帝王游猎南海子常顺便出东红门游幸马驹桥镇。一次，明英宗朱祁镇又出东红门游幸马驹桥镇，见木桥终日车水马龙，往来商人络绎不绝。可听地方官说此木桥常被洪水冲毁，明英宗即敕命修建一座九孔石桥，赐名"宏仁桥"。从此，马驹桥镇更加繁荣起来，成为"京畿重镇"和"冀北繁冲"。

　　到乾隆三十八年（1773 年），宏仁桥又因年久失修而被洪水冲垮。乾隆皇帝决定在治理南海子水系的同时，重建宏仁桥，并将原来的九孔桥改为七孔桥。同时也将桥头的碧霞元君天齐庙（俗称大南顶）修葺一新。因宏仁桥的"宏"字与乾隆皇帝名中的"弘"字相忌讳，所以才又把桥名更回"马驹桥"。

　　乾隆三十九年（1774 年），马驹桥和碧霞元君庙落成之日，乾隆皇帝恭奉皇太后，特意从南海子旧宫起驾，出东红门至马驹桥头，亲自驾临参加两项工程落成典礼，使马驹桥更是名声大振。南海子的东红门也随之世人皆知。

　　东红门与南海子其他八门一样，清代设有上三旗看守。据当地老人讲，东红门由镶黄旗"定、白、赵"姓为门君，其中定、白虽不同姓，却同属一族，当地有"定、白不分"之说。这样，在门里头遂成村落。

在东红门内曾建有一座坐西朝东的关帝庙。庙门正对东红门，门前被一座大影壁遮挡。影壁内侧还建有一座小影壁，上镌有"万事隆昌"四个大字，传说是乾隆皇帝御笔。关帝庙为两进大殿，前殿供奉武圣关羽，后殿供奉释迦牟尼。大殿两侧建有配殿，20世纪50年代，曾用作东红门小学教室。如今早已遗迹泯灭。

康熙年始，在东红门里曾设有皇粮庄一所，是海子里五所皇庄之一。管理皇粮庄的是一名肖姓官员，因负责皇家地亩广大，人称"肖千顷"。因其还有皇帝幸临东红门组织"清水泼街，黄土垫道"的职责，为解决这部分开销，即在皇庄内划出五十亩招佃耕作，遂成村落肖家庄。

因东红门村子过小，新中国成立后，并入了肖庄子为一个行政村，直到一同被北京经济开发区征用拆迁。如今已移居到亦庄贵园南里小区。

（5）双桥门

双桥门位于东海子墙偏北许，是康熙二十四年（1685年）增辟的四座苑门之一。因此门是清代帝王赴东陵祭祖回跸南海子专用之门，因此也修成了规制最高的三洞门。而门外即是古村南双桥，所以被称为"双桥门"。

说起双桥门，应该先说说南双桥。

南双桥在东海子墙外，古高梁河一支故道（又称大羊坊沟）由北向南从村中穿过，因此又被当地人俗称"穿心河"。河上曾建有两座小石桥，因此得名双桥村，为了与北边京东同名的双桥村有别，所以才称南双桥。

据老村史记载，南双桥成村于明永乐初，有江浙一带的"肖姓八户随龙北迁"于此定居。后因修建南海子皇家苑囿，官府把南海子范围内的民居村落强行拆迁至海子外。其中把海子里西部民户迁到西海子墙外的千户屯（即现在西红门村）；把海子里东部的民户迁到东海子墙外的南双桥一带。这样一来，使东、西海子墙外村的人口大增，成为这一地域较大的村落。南双桥村从南到北足有五里地长。

南海子所处的位置正好在清东陵、西陵之间，这就为清帝王谒陵祭祖提供了临时歇息的场所，被称为"谒陵回跸"。（"恭谒东陵回跸，将谒西陵，由燕郊至黄新庄取道南苑，几及二百里，是以每次于旧衙门、新衙门驻跸两宿。"乾隆御制诗《团河行宫作》诗注）从东陵至南海子必入双桥门，而入双桥门之前，必先要横穿南双桥村。据笔者实地考察，帝王的辇车应从燕郊行宫出发西行，到村东五道口西行，穿高家胡同入村过"穿心河"（大羊坊沟），再过"韩家胡同"至东海子墙外，拐弯向北，沿巡墙马道至仅有里许的双桥门入海子里。在留京五品以上大臣及奉宸苑卿等官员跪迎下，帝王辇车沿御道西行至永佑庙拈香临憩后，过凉水河至旧衙门行宫驻跸。《清德宗实录》记载了光绪二十八年（1902年）三月，光绪皇帝奉慈禧皇太后恭谒东陵后至南海子双桥门的谕旨："谕军机大臣等十四日驻跸团河。留京王大臣，著即撤差。恭缴合符，于双桥门接驾。"这是清史料中对清帝王从东陵回跸南海子入双桥门的最后记载。笔者祖母生前曾向我讲述过她亲身经历的这次双桥门"过皇上"的情景，那年她十岁。

双桥门是仅次于北大红门和南大红门的南海子苑门，因此，清廷内务府奉宸苑选派"白、特、隆、佟、明"等姓氏满族上三旗族人驻守双桥门。其中"白"姓属镶黄旗，为防御章京，人称"白二老爷"。据当地老人特文禄先生说，双桥门里的旗人又盼过皇上，又怕过皇上。盼的是，每次过皇上，都能得到皇上（或太后）给的赏钱。怕的是，过皇上前，不论男女老少都要出家门，进行"清水泼街，黄土垫道"。尤其还要小心接待那些提前来这里迎驾的王公大臣。稍有不慎，就要遭到责骂。当皇上的辇车离入门还挺远时，男女老幼都跪在路边等候。好容易盼到皇上辇车进了门，大家必须低下头不准观看。等准许抬头了，皇上的辇车早已走远了。

大清帝国垮台后，双桥门里头人变成了双桥门村。20世纪50年代中，国营南郊农场扩大，将双桥门村和东海子墙里的南辛庄、北辛庄、牛家场、闫家场五村收入农场，并成立了双桥门生产队，队部建在了双桥门以西约二里许的"白房子"。当时这里仅住有栾（后人栾启凤）、张（后人张福盛）和两户李姓（后人李书祥、李启贵），就是现在亦庄开发区北环东路"资生堂"北侧路北，属南郊农场二分场二队。

如今，双桥门已于20世纪末与南双桥等村被北京经济开发区征用，一起被拆迁至亦庄贵园北里小区。

（6）回城门

位于南海子东南端，也是康熙二十四年（1685年）增建的四座南海子苑门之一。为什么称"回城门"？流传有一段令人啼笑皆非的传说。

传说南海子东南端这座苑门修建好后，还没定下门的名字。南苑奉宸苑卿就托付随扈的大臣明珠，待康熙皇帝来南海子游幸时，让康熙爷钦赐门名。康熙皇帝听说后，也正想看看这座海子门建得怎么样，就决定御驾前往，当天驻跸在旧衙门行宫。不料想，这天夜里下了一场大雨，到天亮雨过天晴。康熙皇帝见无碍游幸，就在明珠等大臣的随扈下，直奔南海子的东南端。眼看就到新修的苑门了，没料到，昨夜的大雨使凤河水暴涨，冲毁了石桥，根本就过不去了。康熙皇帝骑在马上望门兴叹，十分扫兴地说："回城吧！"意思是说，已然过不去了，就返回京城吧。可旁边的明珠脑子转得快，就拱手说道："谢主龙恩，为门赐名！"康熙皇帝听了先是一愣，立刻就明白了明珠的用意，就来了个"就坡儿下驴"，指着远处新建成的苑门笑着说："对！这儿是南海子最南端，朕到这里也该回城了，那就叫'回城门'吧！"皇帝金口玉言，因此这座苑门就称"回城门"了。

其实，回城门的名字与康熙皇帝一点关系也没有。这是那些不懂当地历史的后人根据字义胡编的。此苑门之所以称回城门，也是因为门外的地名叫"回城"。可别小看这个回城，那可是历史久远，已经有一千八百多年了。

南海子
史话

东汉末年，那时北京这个地方称幽州，州的治所在蓟城。汉灵帝中平五年（188年），中山相张纯和泰山太守张举起兵造反，一举攻占了蓟城。汉灵帝大惊，即派骑都尉公孙瓒率军讨伐，很快即顺利夺回蓟城。不久，汉灵帝又对公孙瓒放心不下，又派汉室族亲刘虞为幽州牧，其用意是要节制公孙瓒，引起公孙瓒的不满。没过多久，两人就闹僵了。公孙瓒不愿和刘虞同驻蓟城，就在蓟城东南另筑起一座小城驻扎。（"于蓟城城东南另筑一小城，与刘虞相近，稍相恨望。"《三国志·公孙瓒传》）初时就称"小城"，后因晋代征北将军也曾屯兵于此，又称"征北小城"。直到唐代才被更名为"回城"。

值得一提的是，公孙瓒当年筑小城时，三国名将赵云正在他的麾下。按常理推断，赵云应当参与了筑建小城。总之，回城的名字与康熙根本不搭搁。如今，回城村分大回城和小回城两个村，属大兴区青云店镇。这样，南海子这座苑门称为回城门就不足为奇了。

回城门是清代帝王出南海子巡幸青云店等京畿地区的常过之门。在一张清末南苑全图上，于回城门里明确标有"章京住房"和"兵丁住房"。这里还曾建有一座"七圣庙"和一座"关帝庙"。说明这里曾经常有帝王出入，地理位置曾十分重要。

据当地老人说，清内务府南苑奉宸苑派"温、常、马"等姓氏的满族上三旗人守护回城门，门里也曾形成过一个小自然村。后来终因没几户人家，新中国成立后，与附近的公胜庄、卢庄子、梅庄子、福善庄、马家庄和刘家庄等数个小庄子拆小并大，合为梅庄子。后来又觉得"梅"与"没"谐音不雅，以西侧曾有"西合盛"地名，经大家商议，一致赞同将村名定为"东合盛"。如今，一点回城门的影子也没有了。

（7）小红门

小红门位于北大红门东侧三里许凉水河东岸。虽然仅是座一洞门，但由于建在了高坡上，所以显得格外高大。与西边的大红门相对而称"小红门"。

从史料记载看，小红门辟建的时间应早于康熙二十四年（1685年）增添的四座苑门。（"康熙二十四年三月，奏准南苑内原有五门又添设镇国寺门、黄村门、双桥门、回城门四座共九门。"《总管内务府现行则例》）显然，史料中所记载的"原有五门"即包括了小红门。但遍查史料，也没找到辟建小红门的确切时间，估计在清初的可能性较大。

日伪时期的小红门

为什么要在此辟建小红门，看一看南海子所形成的用地分布就知道了。在一幅绘于清代的《南苑总绘》舆图上，南海子东部地区，其标绘的主要功能除了养牲地即是耕种地。牛圈、羊圈、猪圈、鹿圈，甚至还有骆驼圈，大都设在这一地域。另外，这里还是皇粮庄、菜园的分布区。每年都要有大量的副食庖厨用品运往皇宫。如果都由北大红门运出，显然太不方便。再说对帝王辇车的出入肯定会造成严重影响。因此，在这里再辟一座苑门就不足为奇了。

　　小红门和其他南海子苑门一样，清廷派正黄旗或镶黄旗人把守，成为这里最早的居民，当地人称他们为"黄带子"。主要有特、双、思、赵、郭、杨、徐、何、李姓等人家。其中特姓为门君，李姓为把总，杨、何二姓为庄头。笔者的姨夫特文迁即是小红门守门人后代，记得小时候我曾问姨夫为什么姓"特"？姨夫说，他们的先人是蒙古人，族姓很长，"特"是最后一个字。是随一位皇太后来到京城的。长大了才明白他们的族姓应该是"博尔济吉特"，而这位皇太后显然就是辅佐了顺治、康熙两位皇帝的孝庄太后。此"特"姓与北大红门和双桥门的"特"姓同属一族，均为"博尔济吉特"。

　　把总李家据说是守备南海子的秩正七品官，有权有势。直到民国时期仍属小红门地区首屈一指的大户。据当地老人讲，李家是个大四合院，瓦房是前出廊后出厦，门前有上马石，非常的气派。

　　小红门外与北大红门、西红门、东红门外一样，均是南海子周边最繁华的地方。每月逢二、五、七、十为集，街上店铺林立，买卖兴隆。由于地处菜区，需要大量的劳动力，自清末到民国，这里即形成"人市"一条街。每天天刚麻麻亮，大街的墙根儿下已蹲满了来自十里八村的贫苦农民，他们都是来这里等着东家雇佣的。听老人说，小红门菜园的活可不好干，夜里3点就得到菜地干上活了，一直干到上半晌才吃早饭。由于东家特意雇有身强力壮且吃饱喝足的"刀子头"前面领干，而这些还空着肚子刚来的农民大都跟不上"刀子头"的速度，所以有一半儿人还没等到吃上早饭就都给累跑了，东家落了个白使唤人。

　　笔者的祖母曾讲过立冬砍白菜到小红门给菜东家择（zhái）菜的事儿：起大五更来到菜地，一垄一垄地择菜，手都冻紫了，择起菜来手指头生疼。择了一整天，只换回十来斤没有心儿的瘟白菜来。过去，海子外的穷人都怕到小红门里去干活，都说吃不了那份苦。

　　不过，由于小红门是海子里东南部通往京城的重要交通关卡，所以门里门外店铺林立，买卖兴隆。最有名的有"福中水杂货店""东南合杂货店"和

"同裕德杂货副食店"等。此外，小红门的粮市也很有名。由于这里是交通要道，所开大车店、马掌铺就多，仅小红门坡下，就开有大车店三家，马掌店两家。每天这里都是车水马龙，打铁叮当，非常红火。

小红门里东南二里许就是"三台山"，每年的四月十五和九月十五，都要在这里举办三台山庙会。届时，海子里、海子外的村民百姓，有的赶着牛车，有的骑着毛驴从十里八村赶来逛庙会。"三台山庙会"从清末一直举办到 50 年代初，是北京城南著名的民俗庙会。这也为小红门村增添了热闹与繁荣。

小红门村清属京师顺天府大兴县；民国时期属河北省大兴县；新中国成立后，属北京市南苑区；1958 年，划归北京市朝阳区。

（8）南海子角门儿

乾隆四十四年（1779 年），为了住在海子外，劳动在海子里的海户们出入方便，乾隆皇帝借修海子墙土墙改砖墙的机会，除把东红门由凉水河南岸移至北岸以外，在新建起的海子墙上又开辟了十三处小门儿，因离四处海子角较近，所以被称为"角门儿"。从北大红门以东依次是栅子口角门儿、马道口角门儿、羊坊角门儿、毕家湾角门儿、辛屯角门儿、房辛店角门儿、大屯角门儿、北店角门儿、三间房角门儿、刘村角门儿、高米店角门儿、潘家庙角门儿和马家堡角门儿。这些角门儿的结构很简单，仅是一个小门洞，名字也是依附附近的地名而来。

南海子这些角门儿，早已在民国初年，随着海子墙的倒塌而消失在历史的尘埃里。大部分连个名字都没有留下来。唯独留下了海子西北角一个角门儿的名字："马家堡角门儿。"为什么单单留下了这个角门儿的名字？这与马家堡重要的地理位置密不可分。大概有许多人不知道，历史上马家堡角门儿外曾有一个马家堡火车站，是北京最古老的火车站，也是北京最初的始发站和终点站。有人说，北京最早的火车站不是前门火车站吗？其实，前门火车站是从马家堡移过去的。

光绪二十一年（1895年），经过革新派与保守派的激烈争论，最后决定修建天津到卢沟桥的津卢铁路。为了避开皇家禁苑南海子（南苑），铁路线路设计只能由南海子以南，西至黄村到丰台，再由丰台延长支线达卢沟桥。洋务派们的最终目的是让火车进京，但受到了以慈禧太后为首的保守势力的极力反对。他们认为，火车开进京城会破坏皇家风水，惊动龙气，断了龙脉。最后，只能把车站选在了南海子西北角门儿外的马家堡。（"津卢铁路接至马家堡于车务、运脚必愈兴旺，实为经久不易之计。"《军机处录副奏折》）光绪二十三年（1897年）五月，马家堡火车站正式动工。车站由英国人设计监造，所以有着典型的英式风格，没成想，这造型却给以后留下了祸端。

火车站建成后，很快给站周边地区带来了商业发展，使这里店铺林立，货栈密集。在车站的带动下，马家堡很快成了永定门外最繁华的地区。

但好景不长，光绪二十六年（1900年），直隶地区闹起了义和团运动。在慈禧太后最初"联拳抗洋，以战促和"的策略下，义和团在北京地区针对洋人越闹越欢，甚至到了无法控制的地步。由于义和团认为津卢铁路是洋人所建，因此，在当地百姓的配合下，对津卢铁路沿线进行了毁灭性的破坏。最终，成群的义和团成员狂奔到马家堡火车站，用几十把竹扫帚淋上煤油，将车站候车楼点着。很快，车站建筑烧得荡然无存。这就是震惊中外的"火烧洋楼"事件。

八国联军侵入北京后，英国人以战胜国的强势借故将铁路延修进城，开始先修到天坛，后来又延长到了正阳门，才建起了前门火车站。而马家堡火车站仅仅生存了四年。此后的马家堡火车站虽然失去了进京终点站的地位，但在光绪二十七年（1901年），因为慈禧太后西逃回銮是在此下的火车，又着实地让这儿风光了一次。

光绪二十六年（1900年）七月，八国联军攻陷北京，慈禧太后携光绪皇帝和随扈大臣仓皇逃往西安。在外逃亡一年后的第二年七月，清政府与外国列强签订了丧权辱国的《辛丑条约》。列强军队退出北京后，慈禧太后启程回銮。这次回銮，历经陕西、河南到达直隶正定。时任直隶总督的袁世凯在此搭建三十多座彩棚迎驾。在袁世凯的建议下，慈禧同意乘火车入京。就这样，火车从正定出发，三个多小时到达了直隶总督府保定。由于袁世凯接待得好，慈禧在保定待了整整三天。其间，慈禧找人算了一卦，算出光绪二十八年（1902年）一月七日下午2点是回宫的黄道吉日，并明确下车的地点只能是马家堡火车站。

慈禧很怕错过算定的黄道吉日，竟不顾天寒地冻，天黑路滑，在士兵灯笼火把的护送下，清晨6点就赶到了车站。火车开动后，中途在涿州停车吃了一顿早饭，于7日上午11点到达了距马家堡还有7公里的丰台火车站。由于从丰台到马家堡这段铁路是英国人修的"津卢线"，英国人以保证中国皇帝安全为借口，提出在丰台车站必须更换车头和机组人员。慈禧最怕误了吉时回宫，可英国人说保证12点前到达马家堡火车站，而且不让大家下车，慈禧只能同意了。

7日12点整，火车准时到达了已经没有车站样子的马家堡火车站。慈禧太后与光绪皇帝等人从车厢里走下车，见车站搭起了高大的彩棚，京城所有官员倾城出动接驾，沿途大街两旁跪满了官员。远处，也站有一些看热闹的外国人。其中就有一对在华经商的美国人阿·立德夫妇，他们记录下了慈禧回銮的情景：

车站到处是明黄色的绸缎帐幔。站台铺了红布，并有一些设计非常巧妙的带栏杆的坡形平台，显然是用来方便下车的。皇家的专列一到站，站台上立即人满为患。贵宾车厢刚好停在我们面前。好像车厢里先涌出了无数的随从，接着里面出来个人，是慈禧皇太后陛下。她身着鲜艳的刺绣袍服，两侧各有一个太监扶着手臂，虽然她看起来神态自若，却没有一丝笑容。她的侍从似乎想让她从站台上下来，慈禧不愿意，纹丝不动，就这样一直在火车站台上不动地站着，直到一位铁路官员从什么地方气喘吁吁地赶上前，帽子也没戴，给她深深地鞠了个躬，慈禧才满意。她立刻坐进一顶只比皇帝用的略小的轿子，很快给抬走了。

无疑，这次慈禧回銮在马家堡下车，又给这里添上了厚重的一笔。不过，马家堡火车站最终还是消失了。马家堡角门儿的名字又占据了并代表了整个马家堡地域，为了叫着省事儿，叫着叫着就把"马家堡"三个字省略了，而就直呼"角门儿"了。前几年，地铁十号线建成通车，在这里设立了"角门儿东站"和"角门儿西站"，另外，地铁四号线与十号线也在角门站交汇换乘，看来，南海子十三座角门儿中，唯一存在的角门儿地名，因地铁的开通，让更多人得以知晓。

凉水河

凉水河属北运河水系，是一条流经南海子的主要河流，它发源于右安门外水头庄，东南流向北大红门，沿着北海子墙外东流，从栅子口流入南海子，流向东南，由东红门南侧半边桥流出东海子墙，经马驹桥、张家湾汇入大运河。因凉水河源头之水都是源于地下泉水，水温相对较低，因此得名"凉水河"。（《明一统志》记载：水头庄有泉百处，有三步一泉之誉，所汇之水又称"百泉溪"）

凉水河是一条古老的河，曾是永定河的一支故道。隋唐时期为搞水利，进行过大规模开凿，这就是历史上著名的"永济渠"。（隋大业四年"正月，发河北诸郡民男女百余万人开永济渠。又连接卫河通桑干河，直达蓟城南。"《丰台区志》）文中所说的桑干河，即是现在的永定河。而接通桑干河这段，即是凉水河。史料还记载有隋炀帝曾坐船经永济渠至涿郡（即幽州）驻跸朔宫行宫。（大业"七年二月，帝自江都行幸涿郡，御龙舟渡河，入永济渠。夏四月，车驾至涿郡朔宫。"《日下旧闻考》）20世纪50年代在治理凉水河时，曾出土了一艘较大的古木船，也佐证了古代凉水河曾是一条南北水路的交通运输要道；一直到金代，凉水河才成为金中都城南护城河，城内的雨污水由水关排入凉水河。

这些，清世宗雍正曾进行过实地考察。［雍正四年（1726年）"命修水利，查有凉水河，发源水头庄，贯南苑，出宏仁桥，东流至高各庄，东北流抵张湾，入运河。"《日下旧闻考》] 后来，清高宗乾隆为治理凉水河，也曾对凉水河进行过实地考察。("凉水河自海子外西北来，入苑汇之。其水发源右安门外之水头庄，东流折而南，入海子北墙，至此又南流，五海子减水自西南注之，又东南流出海子东墙，过马驹桥至张家湾入运。"乾隆御制《海子行》诗注）凉水河全长五十八公里，流域面积六百三十平方公里，其中大约四分之一是从南海子川流而过的。凉水河是永定河的一支故道，可以说是南海子的母亲河，它孕育了大半个南海子。使海子整个东部地区地润草丰，形成天然牧场。但是，它又是一条难以驾驭的河，只要上游永定河泛洪，必殃及凉水河，屡屡给南海子带来水患。当地传说，凉水河泛滥是一条千年泥鳅精闹腾的。

传说乾隆为了不让凉水河泛滥成灾，就求龙王爷帮忙，龙王爷就派了一条千年泥鳅精来镇守，结果，还真的镇住了，南海子多年没有泛滥。泥鳅精居功自傲，埋怨乾隆没有很好地犒劳它，就经常偷吃到河边饮水的麋鹿来解馋。这一天，它又要捕捉正在低头饮水的一头雄麋鹿。不料，被麋鹿发觉，不但没有捕捉到麋鹿，还被麋鹿犄角顶瞎了一只眼，成了一条瞎泥鳅。瞎泥鳅恼羞成怒，就在凉水河闹起了大水，声称要把南海子里的麋鹿都淹死，以报瞎眼之仇。就这样，凉水河大水猛涨，冲进了鹿圈，麋鹿四处奔逃。乾隆皇帝只能再找龙王爷告状，东海龙王大怒，就派来虾兵蟹将捉拿到了瞎泥鳅。为了不让它再兴妖作怪，就把它锁在了东海墙外马驹桥头大石碑底下的深井里，让它永世不得翻身。后来，东海龙王为了安慰乾隆，又下令河神，不许鹿圈桥至半边桥这段凉水河冬天结冰，以便让海子里的麋鹿一年四季都能饮到凉水河的水。从此以后，凉水河这一段真的就不结冰了。

这虽是个民间传说，但从鹿圈至半边桥这段凉水河冬天不结冰确实是真的。那是因为这段凉水河有由西向东的小龙河汇入，又有三海子之水由南向北倒灌入凉水河，水量明显增大。再加上这段凉水河坡陡水流增急，也就自然不易结冰了。不过，当年乾隆皇帝大规模治理凉水河，那可是千真万确的。

乾隆三十八年（1773 年），在治理完成海子南部的凤河和北部的小龙河后，又开始大规模治理凉水河。因为他在两年前，也就是乾隆三十六年视察京畿河淀时就发现，凉水河上游流经地段，因河床淤积，宣泄不畅，容易漫溢成灾。而下游的运河，除汛期之外，又经常水源不足，给漕运带来不便。因此，乾隆皇帝通盘考虑，决定实施"通流济运"策略，即疏浚凉水河上游河道，以汇达运河，达到既可防洪，又能济运的效果。（"自凤泉至南苑，造水栅二，浚河三千余丈，又自栅口至马驹桥，浚河五千余丈，一共修河道八千余丈，修建桥闸凡九，新建闸五，以资节宣，于是凉水河之水乃得安流无患。"《日下旧闻考》）同时，还将疏淤挖上来的土方，在河岸边筑起了一千多丈的甬路，以方便行人。因新建了水闸，凉水河两岸增加了灌溉能力，又在旧有的稻田数十顷的基础上，新开辟稻田近十顷。对此，乾隆皇帝曾沾沾自喜地说，这里的景色，有点像江南了，受益的是农家百姓，并不是朕故意点缀的。（"或云其地似江乡风景者，不知余之意期于农旅俱受其益，并非借此为点缀也。"乾隆御制《凉水河》诗注）为表治理凉水河功绩，乾隆皇帝敕命在大红门外永胜桥头立了一座石碑，将御笔所作《凉水河》诗镌刻碑石之上，以作永久纪念。

康乾盛世，嘉道中衰。随着大清帝国的败落，凉水河又开始疏于治理，逐渐又变成了一条难以驾驭的河，常因洪水泛滥，危害两岸百姓。

直到新中国成立后，南海子地区掀起了兴修水利的高潮，曾先后三次对凉水河进行大规模治理。经过裁弯取直，拓宽河道，使凉水河得到了彻底的根治，成为北京城南郊最重要的一条城市排水河。但到了 20 世纪六七十年代，受经济利益驱使，凉水河的中上游地区建起了一些化工企业，大量的污水无序地排进了凉水河，使凉水河很快变成了一条臭水河。鱼虾没了，水草没了，连水中的微生物都没了。人们又开始讨厌它、远离它了。

直到 21 世纪初，北京市政府加大了对凉水河的治理力度，关停了中上游污染源的所有化工企业，并在小红门附近的凉水河西岸，建起了一座污水处理厂，使凉水河水逐渐变清。又对河两岸进行绿化、美化，把从小红门至马驹桥的凉水河两岸，建成了长达几十里的滨河公园。白天岸芷汀兰，夜晚彩灯辉映，已成为两岸居民散步、赏花、观景、健身的乐园。

凉水河，又重新焕发了青春。

凉水河近照

一亩泉与小龙河

在南海子西北部，有一水泉名一亩泉，别看面积仅有一亩地大小，流出的泉水几乎滋润了多半个南海子。（"大亩许，虽旱不竭。"《北平史表长编》）在当地，一亩泉还有一段动人的传说。

传说很久以前，这里土地肥沃，男耕女织，人们过着丰衣足食的生活。附近住着一位王老汉，养着一头力大无比的牛，人家的牛一天也就耕地十来亩，它能耕地上百亩。经常耕完自家的地，就帮街坊四邻耕地，成了全村的一头宝牛。由于它力气大，干活多，必然就吃的多喝的多。王老汉本来耕地就不多，觉得实在喂不起它，就打算把它卖了换一头一般的牛。可遭到了全村人的反对，大家一致同意由全村人喂养这头牛。

一年夏天，因连降暴雨，河水泛滥成灾，把眼看就要收到手的庄稼都泡在地里，大家急得搓手跺脚干着急，叹息一定是颗粒无收了。正在大家一筹莫展的时候，那头宝牛不知为何从牛圈里跑了出来，直奔村北泡在水中的庄稼地里，低头不停地喝起水来，从早一直喝到晚。说来也怪，全村庄稼地里的水眼瞅着见少，最后只剩下宝牛所站的约一亩地的地方了。正当大家惊叹之时，忽然，大家看到牛身逐渐往下沉，不大一会儿，整个牛身就要都沉下去了。就在牛头快要沉下去的一刹那，从牛嘴里吐出来二尺多高的水柱。就这样，宝牛不见了，而水柱却经久不息地往上喷涌，形成了涌泉。从此，人们就称之为"吞牛泉"。又因为该泉仅占地约一亩左右，所以又被人们称为"一亩泉"。由一亩泉流淌出来的一条小河，由西北向东南奔流，弯弯曲曲的就像一条小龙，因此就被人们称为"小龙河"了。

这仅是个民间传说。其实，一亩泉等南海子水系的形成，是受永定河几千年由东向西摆动的影响而形成的。摆动过后，在南海子地域留下了一条条地下水溢出带，形成了一处处的涌泉。自然组成了南北两大泉水系，南系以团泊为主泉，有泉九十四处；北系以一亩泉为主泉，有泉二十三处。这些数字，都是经过乾隆皇帝亲自验证的。（"近经细勘，则团河之泉可指数者九十有四，一亩泉亦有二十三泉。"引自乾隆御制《海子行》诗注）

一亩泉位于新衙门行宫北侧，即现在的任家庄附近。所溢之水形成的小龙河顺着地势曲曲弯弯东南注入大泡子，再向东于南场附近分为两支，一支为小龙河主河，东南流再折向东，从旧衙门行宫与德寿寺之间穿过后汇入凉水河。另一支自南场一直流向东南，经头海子、二海子注入三海子。冬春水少时，三海子溢出之水顺势北流形成一条"时令河"，穿过鹿圈流入凉水河；夏秋水多时，从三海子流向东南，通过四海子、五海子后形成"龙爪湾"，在东南海子角连接凤河。从以上可以看出，源于一亩泉的小龙河，南北几乎贯通了整个南海子。

乾隆三十二年（1767年），乾隆皇帝经过实地考察，决定开始大规模治理南海子水系，首先从疏浚治理南海子北部水系源头一亩泉的小龙河开始。出于"养源"和"济运"两大功能作用考量，乾隆皇帝制定出了"建闸蓄其微，通渠泻其怒"的治理目标。即在清淤疏浚小龙河的同时，在河上相继建起了若干座闸桥。

闸桥，也称桥闸，是将桥与闸相结合建在一起，具有亦桥亦闸双重作用的水利设施。顶部为桥可行人过车，桥下为闸可截流泻水。乾隆皇帝在这次治理南海子水系时，在凉水河、凤河、小龙河之上，建起了数十座这样的闸桥，水少时落其闸，以截水养南海子之源；水大时升其闸，以泻水救济运河之需。就这样，在小龙河上相继建起了头道桥、二道桥、三道桥、孟福桥、鸭子桥、树桥、斜桥和南桥等十余座闸桥。经过乾隆皇帝的一番有效治理，小龙河成了既能"养源"又能"济运"的重要河流。成为滋润南海子湿地的主要源泉。

据当地老人讲，想当初，小龙河里盛产甲鱼和螃蟹，在20世纪五六十年代，小龙河附近的居民每到秋后，还经常到小龙河里用鱼叉捕甲鱼。这里的"高粱红大螃蟹"也十分有名。当时，小龙河两岸种的庄稼多是耐涝的高粱，高粱红了的时节，螃蟹就会爬上高粱秆吃高粱。而这时候也是捕捉螃蟹的最佳时期。

当年小龙河水清澈见底，著名的南苑清水稻就原产于小龙河两岸，曾与玉泉山京西稻、天津小站稻同被定为"贡米"而享有盛名。其特点是，碾出的大米晶莹剔透，色美味香。老北京人几乎没有人不知道南苑稻的。过去老北京人过年节的时候，若能吃上一顿"南苑稻"大米饭就是非常奢侈的节日饭了。

然而，到了20世纪80年代，由于人们无度地打井抽水，使地下水位急剧下降，生态环境极度恶化。没几年的功夫，一亩泉干涸了，接着又被填平了。小龙河也跟着断流了，逐渐成了一条臭气熏天的排污河。流经旧衙门行宫的那一段，如今早已被填平，上面建起了"小龙河农贸市场"，如果不是"小龙河"三个字，谁还知道市场的底下曾经是一条清澈见底的小龙河呢！

令人庆幸的是，人们已开始重视生态环境了。流经丰台、大兴辖区的小龙河正在治理之中，消失多年的小龙河源头一亩泉湿地景观也将得到恢复。这对于南海子人，特别是生活在小龙河两岸的人们来说，真是一个好消息。

南海子
史话

团泊与凤河

  团泊是南海子南部水系的主泉，位于南海子西南部，距黄村以东六里许。团泊是凤河的源头，这一点，乾隆皇帝给予了明确的结论。（"团河本是凤河源，疏浚于旁筑馆轩。"《庚子季秋中浣团河行宫作》）那么，在乾隆皇帝没有疏浚之前团泊有多大呢？这一点，史料中记载得也很清楚，大约有五十二亩。（"南北旧宽六十余丈，东西五十余丈。"《团河行宫地盘画样》）这与一亩泉比较起来面积可大多了。要不，乾隆皇帝怎么看中在这里修建起团河行宫了呢！

  团泊水系泉水密布，对此，乾隆皇帝曾派人进行过详细勘查，得出结论是，共有泉九十四处。因此才汇集而流淌出一条长长的凤河来。有关凤河的来历，当地也流传有一段动人的传说：

  在很久很久以前，南海子这里天润地泽，水美草茂，是走兽的乐园，飞禽的天堂。这里鸟类尤其的多，它们欢聚在一起，千羽翔集，丰殖繁育。

  后来，这里被一伙歹人占据，歹人的头领就喜好养一种叫"海东青"的猎鹰来捕杀天鹅、大雁等鸟类。这样一来，这里的众鸟可就遭了殃，每天都有不少鸟死于鹰爪之下。海子上空鸟雀整天哀鸣一片。众鸟商议，只有筑台引凤，才能拯救众生。就这样，众鸟齐心合力，衔泥筑台，筑起了一座"迎凤台"。不久，真的飞来了一对凤凰。众鸟一见兴高采烈，在迎凤台上空，回折盘旋，欢叫一片。

  这一天，歹人又来到南海子，见一对天鹅从上空飞过，就放飞胳膊上的

"海东青"冲向天鹅。不料，还没飞多高，就滑翅折回又落在歹人的臂膀上。歹人又放飞了几次，"海东青"都是中途折返，歹人好生纳闷儿。忽然，他发现了不远处的土台上落着一对大鸟，立刻明白了几分。心里说，猎鹰不敢捕捉天鹅，原来是惧怕这两只大鸟。他恼羞成怒，骑马带箭直奔迎凤台，来到台下，张弓搭箭，瞄准便射。凤凰发觉后即腾空而起，一边盘旋，一边鸣叫，让众鸟快快飞进丛林躲避。歹人看罢，更是火冒三丈，又朝凤凰连射数箭。可怜一只凤凰不幸中箭，飘下一支带血的羽毛，哀鸣着飞向远方。

飘落下来那支五彩凤凰尾羽落地后，霎时化作一条波涛汹涌的长河，浪涛追向歹人，很快就把歹人淹没在滚滚浪涛中。风平浪静后，河水碧波粼粼，色彩斑斓，如彩凤闪耀着夺目的光辉。从此，人们就把这条河称为凤河了。

在团泊以北不远处，历史上确有一座迎凤台，但凤河绝不是由凤凰尾羽化成的。而是由团泊之水潺潺流出，形状像一条彩凤而得名。（"河形似凤故名。"《光绪顺天府志》）

从一张绘于清末的《南苑全图》上可清楚地看出，凤河自团泊流向东南，又折东北径晾鹰台南侧再折向东南，于南海子角北侧与五海子之水相接后，在回城门附近流出海子墙。流经大兴境内的青云店、垡上、长子营、朱庄、采育、大皮营、凤河营，又穿过河北的廊坊、武清县后流至天津的双口村汇入永定河。又随着永定河水南流至韩家村东流，最后汇入大运河。史料记载，凤河在南海子苑囿内长度为"五千八百四十五丈"，约三十五里。

乾隆三十二年（1767年），乾隆皇帝巡幸天津回京驻跸南海子，途中路过凤河，发现凤河有断流之处，立刻意识到，应当赶紧疏浚治理。即敕命地方开挖清淤凤河，以使其畅流宣泄。（"阅视河淀情形，见凤河有断流之处，于回銮驻跸南苑时，令查勘上游，疏浚以达河流。今据阿里衮等查明，团河下游即为凤河，一亩泉下游即归张家湾运河，俱应行开挖，深通，已有旨给发帑金及时修浚矣……"《永定河目录·谕旨》）

五年以后的乾隆三十七年（1772年），乾隆皇帝发现凤河水仍不畅流，这样难以发挥用团河的清水冲刷永定河浑水的作用。他决定彻底治理凤河。而且必须要从凤河的源头团泊开始治理。首先，将团泊大幅度拓宽，使之成为一个硕大的蓄水池。并在入水口和出水口分别设闸，以调节水量均衡流出。（"因南苑水源未畅，命令重加疏浚团泊，河南北旧宽六十余丈，东西五十余丈，复拓开数十丈。"《钦定日下旧闻考》）为了达到以团泊之清水冲刷永定河之浑水的最佳效果，又将凤河河道重新规划开挖，特意将河道修成"之"字形状。以缓水流过急。（"又以旧河势直，恐其一泻无遗，令作之字形，使其曲折而下。"乾隆御制《南红门外作》诗注）

经过这次对凤河的大规模治理，使凤河得到了新生，也对永定河起到了一定程度的"涤永定河之浊"的作用。

凤河是一条美丽的河，它像一条彩带把京南的青云店、长子营、采育等村镇连接在一起。它又是一条有着厚重历史文化的河。由于凤河两岸的几十个以"营"定名的村落，大都是明初从山西移民至此，成了明上林苑薅育署的劳役人员，祖祖辈辈为宫廷养殖鸡、鸭、鹅等禽类，才逐渐形成村落，形成了大兴区特有的"凤河移民文化"。与"永定河流域的农耕文化"和"南海子苑囿的皇家文化"一起，成为大兴区的三大主流文化之一。

凤河近照

南海子的桥

　　历史上的南海子泽渚川汇，河湖众多，为了方便帝王狩猎，修有许多的桥梁。南海子的建筑，应该就是从建桥开始的。史料记载，元代这里就建有七十二桥。（"原城南二十里有囿，曰南海子，一百六十里，中有殿，殿傍晾鹰台，台临三海子，筑七十二桥以渡，元旧也。"《帝京景物略》）

　　到了明代，南海子正式成为皇家苑囿后，除了对海子里的原有桥梁进行不间断地维修外，又新建了不少的桥梁。史料记载，明宣宗就曾于宣德三年（1428年），命太师英国公张辅等调动部队修治南海子"周垣桥道"，修建了北大红门外的"大红桥"和南红门外的"圣石桥"。

清末北大红门桥

"大红桥"，即北大红门桥，是横跨凉水河上的最重要桥梁。因为北红门是帝王出入南海子必过之门，所以，北红门桥也就成了帝王必经之桥。史料记载，此桥建于明永乐设南海子苑囿时期，因永定河屡屡泛洪被冲毁，曾经过明宣宗、明英宗先后六次重修。直到清康熙三十三年（1694年），康熙皇帝又敕命对大红门桥（时已更名"永胜桥"）进行了一次大规模重修。由于工程大、难度强、标准高，建桥整个工期竟用了十五年之久。（"自大清康熙三十三年起造，至大清康熙四十八年竣工。"《永胜桥记》）直到新中国成立初期，除石栏部分坏损外，桥身基本完好。史料记载，北大红门桥（永胜桥）是一座五孔连拱石桥，全长约44米，其中桥身约33米，桥面宽约10米；桥上两侧各有18根望柱，17块护栏板。20世纪60年代中，因对凉水河裁弯取直和道路拓宽，决定拆除石桥。据说，当时著名的桥梁专家茅以升曾提出了保护此桥的建议，但没有被采纳。最终，还是被拆除了。在原址上建起了一座钢筋混凝土结构的跨河公路桥。到2009年，为了适应新的交通发展，政府又对北大红门桥进行了扩修重建。

"圣石桥"即南大红门桥，是横跨凤河上的重要桥梁，也是历代帝王南巡出入南海子的重要桥梁。据说因"圣石"与"盛世"谐音，被明宣宗钦定为"圣石桥"。史料记载，圣石桥始建时仅为单孔石桥，长约四丈，宽约一丈二尺，跨径约为三丈。最初就为皇家通过马匹车辇，直到清末，南海子通行后，才允许百姓通过。民国时期，由于年久失修成了一座危桥，不久即被拆除了。新中国成立之初，为了方便百姓通行，人民政府曾在原桥址上建起一座长十五米，宽六米的三洞木桥。直到20世纪70年代初，木桥才被拆除，原址建起了一座钢筋混凝土的公路桥，圣石桥的名字也早已被南大红门桥取而代之。

到明英宗时期，这位治国不咋地，游玩有一套的明英宗，对南海子非常感兴趣，频繁到此游幸。为了方便通行，在海子里连修再建了许多的桥。史料记载，仅天顺三年（1459年），就修建"大桥一，小桥七十五"座，（《明英宗实录》）特别是天顺七年（1463年），明英宗在东海子墙外修建的一座横跨凉水河的九孔石桥——宏仁桥，成为凉水河上最著名的桥梁，被誉为京南第一桥，曾与京北朝宗桥、京西卢沟桥、京东六里桥并称京都四大古桥。为了旌表功绩，由阁臣名相李贤撰写了《敕建宏仁桥碑记》。到了清乾隆年间，宏仁桥终因年久失修，被洪水冲毁。乾隆皇帝于乾隆三十八年（1773 年），把重建宏仁桥作为了大规模治理凉水河的一项重要工程。将原来的九孔石桥改建为七孔石桥，以便流水更为通畅。由于"宏仁桥"的"宏"字与"弘历"（乾隆皇帝名）的"弘"字相忌讳，因此将"宏仁桥"更名为"马驹桥"。乾隆皇帝还御笔撰写了《御制重修马驹桥碑记》。一直到 20 世纪 50 年代初，人民政府为了治理凉水河，将马驹桥拆掉了。在原桥址上，新建起了一座钢筋混凝土的桥闸两用公路桥，部分原桥的石料又用在了桥基上，一直沿用到现在。

据说明万历年间，在凉水河入南海子三里许曾建有一座石桥，因石桥两头各置有一对石虎，因此被称为石虎桥。后来，不知什么时候被人偷走了一只。南海子衙门官吏怕承担责任，就编造了一个故事，谎称两对石虎到夜深人静时就变成真虎，在一起追逐戏耍，也不知什么时候就跑了一只，所以只剩下三只石虎了。从此以后，人们也就改称石虎桥为"三虎桥"了。因"三虎"与"珊瑚"的发音接近，后人以讹传讹，渐渐的又把"三虎桥"叫成了"珊瑚桥"了。

凉水河上确有一座"珊瑚桥"，是乾隆皇帝大规模治理凉水河时在原桥址上修建的。据说，桥的石栏上还镶嵌有乾隆皇帝御制"珊瑚桥"三字的石板。对于这座桥，当地还有一个震耳的名字"杀官桥"。据当地老人说，当年乾隆皇帝大规模治理凉水河，每隔一段就修建一座石桥，对此，乾隆皇帝非常重视，要求建造的标准也相当高。传下旨意，若出现建造质量问题定严惩不贷。结果，负责督造珊瑚桥的官员真的撞在枪口上，他因贪酒误事，弄错桥墩尺寸，造成桥面过高，致皇家辇车难以上下，为此，乾隆皇帝大怒，即斩了这位渎职官员。为了惩前毖后，乾隆皇帝又令将其葬在了珊瑚桥头。从此，当地百姓又将珊瑚桥称为"杀官桥"了。史料记载，珊瑚桥为花岗石砌筑七孔闸桥，长约十丈，宽约二丈。直到 20 世纪 70 年代重新修建珊瑚桥代替了旧桥，到 20 世纪 90 年代初，因旧桥影响泄洪才被拆除。

在凉水河流至东海墙出口处，还曾建有一座别具一格的五孔石桥，乾隆皇帝称之"五空桥"，而当地百姓却俗称它为"半边桥"。实际上，这座桥是乾隆皇帝把海子墙由土墙改砌砖墙时的一项海子墙跨凉水河工程。设计者把桥和墙巧妙地连为一体。桥外侧设计与海墙齐高的石栏杆与河两岸海墙连接。而桥内侧是海子内不设桥栏。这样就形成了半边有桥栏杆，半边无桥栏杆，目的是防止海子里的动物外逃。因此，当地百姓才给它起了个"半边桥"的名字。据当地老人回忆，"半边桥"长约三十五米，宽约四米，桥面平直，半边桥栏杆从河底至桥上总高约八米。20 世纪 50 年代治理凉水河时，因裁弯取直，河道绕开了"半边桥"，也就失去桥的作用而被废弃，不久就被拆除了。

粗算起来，南海子历史上包括闸桥在内共有大、小石桥逾百座。如果加上海子墙四周壕沟上的石桥，南海子当年的石桥恐怕就难以数得清了。

元代晾鹰台

众所周知，南海子没有山，除了水泽就是郊原。成为历代帝王狩猎场后，为了站得高、看得远，就堆筑起一座座的大土台，以登高瞭望远处的猎物，古人称之为"囿台"。（"天子有三台，灵台以观天文；时台以观四时；囿台以观鸟兽。"）从清代绘制的《南海子图》上明确标明南海子至少有十座囿台。分别是西部地域的杀虎台、达摩台和迎凤台；东部地域的双台子、单台子、大土台和马家台；南部地域的青台和晾鹰台。如果再加上西北隅和东北隅的两处"三台子"，南海子共有十五座囿台。不过，后面提到的两处"三台子"，已被后人证明是两处汉墓，因此不应该是囿台，起码堆筑之初不是囿台，只是后来被当作了囿台。

在南海子众多的囿台中，最著名的要数晾鹰台，被后人称为"热闹三代的晾鹰台"。

从史料上看，晾鹰台应堆筑于元代早期，元代帝王经常到大都南郊举行鹰猎活动，并开辟了多处"飞放泊"狩猎场，在"飞放泊"狩猎场里，也堆筑有与晾鹰台类似的囿台。这些"飞放泊"多在通州以南的漷县一带。史料记载，这里曾堆筑有一座"呼鹰台"，堆筑时间于元代至大年间。["至大元年（1308年）筑呼鹰台于州泽中，发军千五百人助其役。"《元史》] 南海子地域的"下马飞放泊"是离元大都最近的一处狩猎场，晾鹰台就堆筑在下马飞放泊的南侧。估计，晾鹰台与呼鹰台一样，也应堆筑于同一时期。据说当时是由成百上千的士兵用头盔盛土而堆筑起来的。

为什么称作晾鹰台呢，这在史料中记载得很清楚。因为在帝王放鹰捕猎中，猎鹰经过奋力与天鹅、大雁搏斗，周身是汗，有时又遭到风侵雨淋而羽翅湿透。因此，要让猎鹰飞到高处在阳光下晾晒，因此称之为"晾鹰台"。（"殿旁晾鹰台，鹰扑逐以汗，而劳之。犯霜雨露以濡，而煦之也。"《帝京景物略》）

从史料中还得知，元代的晾鹰台还曾做过皇家的"鹰坊"，又曾设有过"仁虞院"，并在这里举行过"诈马宴"。（"据此则明之晾鹰台、元之鹰坊，及仁虞院皆一地也。"《日下旧闻考》）

"鹰坊"，即驯养猎鹰的机构。在辽、金、元三代中，数元代所设鹰坊最盛行。史料记载，仅元大都周边地区，所设鹰坊就多达四千四百余户，每天喂养猎鹰用肉千斤，每年多达三十余万斤。可见当时驯养猎鹰多么盛行。驯鹰人蒙古称之"昔宝赤"，是最受尊重的人，每位王爷家都拥有许多"昔宝赤"，皇家就更不用说了。驯鹰是一项难度极大的本事，"昔宝赤"要把刚捕捉来的野鹰放进特制的鹰架上，不停地干扰它，让它几天几夜不睡觉，以磨掉鹰的野性，这就是"熬鹰"。再经过"过拳""跑绳"等驯练要领，最后达到人只要吆喝一声，猎鹰就能顺从地飞到手臂上。晾鹰台当时的鹰坊是皇家的鹰坊，是专门为皇帝驯养猎鹰的地方，其规模可想而知。

史料记载，晾鹰台还曾设置过"仁虞院"，元代帝王曾在此举行过"诈马宴"来宴请群臣。（"立鹰坊为仁虞院。"《元史》）明末著名诗人吴伟业在《海户曲》诗中也曾写有"诈马筵开挏酒香，割鲜夜饮仁虞院"的诗句。看来，仁虞院是元代帝王设在大都皇城外的一处类似行宫的行在之所，用于在飞放泊狩猎时临时休息。

"诈马宴"又称"只孙宴"，是元代帝王为宴请群臣而举行的盛大宴会。相当于现在的"国宴"。

"诈马"蒙古语就是吃整只羊的意思；"只孙"蒙古语就是穿同一颜色衣裳的意思。诈马宴的主要内容就是吃喝玩乐和鼓乐歌舞，后来又增添了赛马等内容。这种大宴突出展现了蒙古王公贵族重武备、喜宴请的习俗和豪爽的性格。

除此之外，出席"诈马宴"的王公大臣，一个个都必须穿上皇帝统一赐给的"只孙服"，佩戴着珠宝、翠玉，骑着盛世名马，一大早来到皇帝举办盛宴的帐殿前。皇帝也穿上盛装，坐在殿中。宴会开始，奏起大乐。众王公大臣首先给皇帝敬酒，然后大家席坐相互敬酒共饮。大家边吃肉，边饮酒，边听乐，边赏歌舞。就这样狂饮狂欢，连续三日方散。而且，按规制，每人每天需换上同一颜色的"只孙服"，分别为白、黄、蓝，更给宴会增添了喜庆热闹的氛围。宴会期间，还要举行赛马活动，胜者将得到皇帝亲赐的奖赏。正如元代诗人周伯琦在《诈马行》诗中所写：

> 千官万骑到山椒，个个金鞍雉尾高。
> 下马一乔催入宴，玉阑干外换官袍。

可以想象，当时在晾鹰台旁仁虞院的帐殿内外，元代帝王大摆"诈马宴"宴请群臣，"开挏酒香""割鲜夜饮""紫衣妙舞""马戏竞技"是何等的热闹。

那么，历史上的晾鹰台有多高呢？这在史料中有记载：晾鹰台"台高六丈，径十九丈有奇，周径百二十七丈"（《日下旧闻考》）。现在看起来，约有六层楼高，占地面积约四十亩。在空旷无垠的平原上，突兀起这样一座高台，已经是非常显眼了。

明代晾鹰台

　　到了明代，永乐皇帝朱棣在建设北京新皇城的同时，建起了南海子皇家苑囿。南海子苑囿是在元代皇家猎场"下马飞放泊"的基础上，扩展几十倍而建立起来的，而晾鹰台即在"下马飞放泊"范围内，因此，晾鹰台也就必然被圈在了其中。由于平原之中起突兀的地理特征，使晾鹰台处于整个苑囿的非常重要位置上。明初，中原北方地区虽然又重新开始逐渐恢复农耕文化，但是，辽、金、元已统治中原北方四百余年，游猎文化已影响颇深。受其遗风影响，北方地区的狩猎活动仍很盛行。尤其是永乐皇帝朱棣，他于洪武十三年就藩燕王，在北京生活了二十余载，受元代游猎遗风影响更大，在还是燕王的时候，就经常游猎于城郊南海子一带，对这里再熟悉不过了。这也是他在这儿建南海子皇家苑囿的主要目的之一。

　　这时的晾鹰台，早已没了"鹰坊"，也没了"仁虞院"，有的仅是座大土台。因此，又恢复了单一的"囿台"功能，供帝王来南海子狩猎时登高瞭望远方的猎物，观看所放飞的猎鹰在空中捕捉天鹅、大雁的情景。成为明代帝王来南海子的主要狩猎区。这一点，从明代大学士李东阳所作的著名诗篇《南囿秋风》中，可以看出当时帝王来此狩猎的情景：

别苑临城辇路开，天风昨夜起宫槐。

秋随万马嘶空至，晓送千旌拂地来。

落雁远惊云外浦，飞鹰欲下水边台。

宸游睿藻年年事，况有长扬事从才。

李东阳（1447—1516），明代著名的政治家、文学家、书法家和诗人。他十八岁中举，从编修一直升至礼部尚书兼文渊阁大学士，任相十八载，为官五十年，称得上是五朝元老。

《南囿秋风》诗是李东阳所作《京都十景诗》之一，诗中描述了在瑟瑟的秋风中，皇帝与后妃乘着辇车来到南海子举行狩猎活动。看当时情景：真是千旗飘舞，万马嘶鸣，浩浩荡荡地来到了狩猎地的晾鹰台附近。随侍们摇旗呐喊，惊起海子水边的大雁飞向空中，这时，站在晾鹰台上的皇帝，飞放起猎鹰，猎鹰一跃而起捕捉到大雁，一同落到晾鹰台附近的水边。在秋高气爽的季节里，举行这种狩猎活动，是皇帝和妃子们年年都要举行的活动。从诗中不难看出，明代的晾鹰台也是帝王游猎南海子，进行放鹰捕猎的主要场地。

李东阳所作《京城十景》诗，确立了"燕京十景"的名胜地位。而《南囿秋风》也跻身于十景之列而载入史册。晾鹰台即处在"南囿秋风"的核心位置，无疑形成了"秋风"景色的核心景观。这一点，还能从明末另一位著名诗人陈子龙所写的《南海子》诗中得到验证。

陈子龙（1608—1647），明代著名文学家、诗人，崇祯十年进士。是被后人公认的"明诗殿军"，又被誉为"明代第一词人"。他在一首《南海子》诗中，就写有"锦衣自臂海东青，红妆齐上飞黄骑"。"三军大飨按鹰台，围坐敕教无谢赐"。（注：明代晾鹰台也称"按鹰台"）诗句大意是：皇上穿着艳丽的衣裳，架着猎鹰海东青，与后妃们一起骑着马来到南海子巡幸狩猎。随扈的御林军在晾鹰台下，享用着皇上所赐的饭食。将士们围坐一起，感谢皇帝赏给的恩赐。从陈子龙的诗句里，验证了明代帝王也像元代帝王一样，经常鹰猎于南海子，而晾鹰台仍是狩猎的重要地域。

在明代史料中，还记载有在晾鹰台周边地域曾设有二十四园，（"蓄养禽兽，又设二十四园以栽花木，专供皇帝游猎玩赏。"《帝京景物略》)，明末清初著名诗人吴伟业也在《海户曲》诗中写有"芳林别馆百花残，廿四园中烂漫看"的诗句，虽然没有更翔实的史料记载，但从《帝京景物略》简短的记叙中可以肯定，明代在南海子晾鹰台地域确实设置有二十四园。又据 1941 年 1 月 8 日北京《民众报》刊登《南苑晾鹰台》一文介绍："南苑南海子中之大高台，台基广阔，早年尚有汉白玉栏杆，台之正中心亦镶有汉白玉台面，上镂龙纹极精细，明永乐年中曾加以修葺，并于台侧建二十四园，遍植花木，为皇帝每年必幸之所。"不过，这二十四园，不可能是现代意义上的园林，而是二十四处种植花木的果园。这才引出吴伟业"葡萄满摘倾筠笼，苹果新尝捧玉盘"的诗句描述。

可以想象，当时南海子晾鹰台旁的景色是多么绚丽多彩：每到深秋，天高云淡，碧空如洗，站在晾鹰台上，登高眺望，远处花果飘香，层林尽染，近处芦苇荻荡，秋波粼粼；远看麋鹿追逐，柳隐遥峦。近观凫雁游弋，红掌分波。谁到这里而不感叹：这里真不愧为"燕京十景之一"呀！

不过，到了明末，大明朝在几个败家皇帝的经营下，已是内忧外患，朝不保夕，无可奈何花落去而走入衰败。正如明万历年诗人戴九玄在《南海子》诗中所写："内宫监守但坐看，四垣崩圮禽物散。树木斫卖雉兔空，白日劫盗藏其中。"意思是说，已看不见皇上来南海子游幸了，看守南海子的太监们闲坐在那里。四周的海子墙已经倒塌了，海子里的动物也都逃了出去。苑内的树木都被盗伐卖掉了，野鸡野兔都没有了藏身之处。到了白天，这里已成了劫匪盗贼藏身的地方了。

无疑，这时的晾鹰台也就随之被荒废了。难怪后来乾隆皇帝在《海子行》诗中把当时的晾鹰台已写成仅是"其颠方广不十丈"这样小得可怜的状况了。

清代晾鹰台

（1）阅武之典

到了清代，晾鹰台空前热闹起来，成了皇家举行一系列重大活动的场所。

众所周知，清朝统治者入主中原时，顺治皇帝才六七岁。为了"避痘"才来到了南海子。天性贪玩的顺治小皇帝一下子就喜欢上了这里，整天介在侍卫们的扈随下，不是练习骑马，就是练习射猎，玩的是不亦乐乎。一天，他登上了晾鹰台，正在观看侍卫们在台下骑马奔驰，忽然想起母后曾对他讲过，皇阿玛曾在关外检阅过八旗部队。当时皇阿玛戴盔披甲，跨下战马，手提银枪，很是威风。就突发奇想，也要像皇阿玛那样，在晾鹰台检阅一下部队人马，那岂不是更加好玩。开始，他只是检阅了一下身边的随扈部队。后来觉得人太少，就调来了近三旗的全部人马，在晾鹰台下接受他的检阅。顺治皇帝看罢非常兴奋。就这样，每隔一段时间就搞一次这样的阅兵活动，一次比一次人多。终于在顺治十三年（1656 年）已经步入成年的顺治皇帝，开始认识到了增强武备的真正含义，于是，在一次晾鹰台阅武之后，顺治皇帝谕旨，国家每三年要举行一次阅武活动。（"顺治十三年，定三岁一举，著为令。"《大清会典》）从此以后，晾鹰台被确定为清代举行演武阅兵活动的主要场所，成为国家的规制。

到了康熙朝，康熙皇帝充分地认识到，若要永保大清江山，靠的仍是武力。因此，他更加重视武备，把到南海子（南苑）举行演兵阅武活动更是被制度化了，并逐步形成了规范。从史料统计中看得出，康熙皇帝在位六十一年，先后在南海子举行阅武活动十二次，除仅有一二次是在西红门附近的杀虎台举行的外，均是在晾鹰台举行的。一般情况下，先在晾鹰台举行阅兵仪式。阅兵结束后，再举行围猎活动，使军队演练更具有实战性。

20 世纪 80 年代晾鹰台

史料记载，清廷举行的大阅仪式是非常有讲究的，有着严格的规制。大阅的日期，要由专管观天象、看风水的"钦天监"来择选吉日。然后由"武备院"提前到晾鹰台搭建帐殿，帐殿后设帐幄，供皇帝更换甲胄戎装。其实在大阅前，受阅的八旗部队早已演练了很多天，就等这一天接受皇上的检阅。届时，皇上驾临帐幄，更换好甲胄进入帐殿。专门负责阅兵的大臣来到皇上驾前，报告一切准备就绪，奏请皇上亲阅部队。皇上离宝座至帐殿前示意开始。阅兵大臣挥动令旗，这时鼓乐齐奏，号角齐鸣。阅兵仪式正式开始。

为了阅武方便，康熙皇帝放弃了驻跸旧衙门行宫或新衙门行宫的舒适条件，执意驻跸在晾鹰台附近临时搭建的帐幄里。后来，随着年龄增大，他干脆决定于康熙五十二年（1713 年）在晾鹰台择址再建一处行宫。这就是南红门行宫。由此可见康熙皇帝对在晾鹰台举行的演武阅兵活动是何等的重视。

到雍正朝，在位仅十三年的雍正皇帝虽然于史料中仅记载了一次晾鹰台阅武，但却开创了将参阅的八旗将士，从晾鹰台阅武场直接开赴西征准噶尔战场的先河。这一壮举，比 1941 年"二战"时期斯大林在莫斯科红场举行大阅兵后，即把受阅部队直接开赴与德军作战前线之举，整整早了 212 年。足可以看出当时的雍正皇帝具有何等的威武气魄。正如雍正皇帝在《南甸大阅》诗中所写：

> 风拂榆槐晓角鸣，筑坛选将命专征。
>
> 飕飕羽箭穿杨柳，猎猎云旃耀日明。
>
> 万里玉关平虏穴，三秋瀚海渡天兵。
>
> 裹粮带甲须珍重，扫荡尘氛远塞清。

到乾隆时期，虽然史料仅记载了两次在晾鹰台举行的演兵阅武活动，可这位好大喜功的乾隆皇帝仗着康乾盛世的经济实力，把在晾鹰台举行的演武阅兵活动推上了隆重盛大、威武壮观之巅。

乾隆四年的晾鹰台大阅兵，由于是新皇帝即位以后的首次大阅兵，所以乾隆皇帝极为重视。为了记载下这次大阅兵的壮观场面，乾隆皇帝钦定金昆等十余位宫廷画师到晾鹰台大阅现场观摩，最后，命他们联手绘制了一幅长达十五公尺的画卷《乾隆大阅图》，画卷共分"幸营""列阵""阅阵""行阵"四部分，仅画卷中的人物就多达一万六千名。而且个个眉眼清楚，栩栩如生。乾隆皇帝被绘于核心位置，他披甲戴盔，骑在宝马万吉霜上，英姿勃发，威风凛凛。这是一幅对当时大阅情景的真景实录。

乾隆皇帝举行的第二次晾鹰台大阅是在乾隆二十三年（1758 年）。这一年，清军经过几年征战，终于平定了西域准噶尔地区，西域右部的哈萨克、布鲁特、塔什干归附清朝，并派遣特使来京觐见。乾隆皇帝为了耀武扬威，警示西域，决定举行这次晾鹰台大阅兵。

从史料记载中可以看出，由于有哈萨克、布鲁特等西域蕃属国使臣观看，乾隆皇帝对这次大阅极为重视，不但设有"銮骑卤簿"（仪仗队伍），还有"礼炮铙歌"，晾鹰台上下，旌旗飘扬，号角齐鸣。大阅开始，乾隆皇帝披甲戴盔，戎装裹身，骑着红白花宝马"佶闲骝"，在兵部堂官的引导下，雄赳赳，气昂昂地检阅了八旗参阅部队，然后又登上晾鹰台观阅。八旗将士，随着军容奏章，迈着整齐的步伐，或骑马、或持枪，或盾牌、或火器，威武雄壮地从晾鹰台下走过。使来观看阅武之典的西域各蕃属国使者，"面带惊愕之状"，达到了"便设军容示西域"的效果。

不过，从史料上看，乾隆皇帝对这次晾鹰台阅武仍不太满意。原来阅兵前，乾隆皇帝曾要求必备两千匹战马，由八旗兵乘骑从晾鹰台下飞驰而过。而举行大阅时，乾隆皇帝却未见这些战马。所以大为恼火。事后，取消了负责阅武活动王公大臣的奖赏。

阅武后，宫廷画师，意大利人郎世宁为乾隆皇帝绘制了一幅十分逼真的写实画像，这就是著名的《乾隆戎装骑马像》。在当时还未发明照相术的情况下，为后人留下了一代帝王的真实写照。

然而，自乾隆朝以后，随着大清帝国逐渐走入衰败，在南海（南苑）举行的阅武等重大活动明显减少。史料记载，嘉庆皇帝曾勉强举行过两次晾鹰台阅兵。同治皇帝也举行过一次，那也是看一看驻南苑的神机营兵的集中操演罢了。从此，清廷再也没有在晾鹰台举行过阅武活动。值得一提的是，光绪皇帝曾于光绪二十四年（1898 年）以"讲求武备"为名，计划在晾鹰台举行一次阅武活动，并谕旨八旗部队进行了认真的操练。但是，终因慈禧太后从中作梗而被迫终止。（"光绪皇帝谕内阁：前经降旨择于九月初五日，朕恭奉慈禧皇太后慈舆启銮，先赴南苑再往天津；以次阅操，所有巡幸天津之处著即停止。"《光绪朝实录》）

（2）"走马"与"殪虎"

清代，皇家除了在晾鹰台举行"阅武大典"外，康乾时期，康熙和乾隆两位皇帝还都分别在晾鹰台乐此不疲地举行"五月走马"和"殪虎之典"活动，使清代的晾鹰台更加热闹。

"走马"即"赛马"，因一般都在每年五月举行，因此被称为"五月走马"。

康熙时期，诗文兼优的刑部尚书王士禛在《居易录》诗注中，对"五月走马"进行了比较详细的解释：在大清国规制里，每年的五月在南海子晾鹰台要举行一次八旗赛马活动。届时，康熙皇帝登上晾鹰台，远观万余匹马在八旗官兵的驾驭下，从几十里以外奔驰而来，以先到者为最，皇上给以不同的赏赐。（"国制，每岁五月临幸南海子，观八旗走马。上御晾鹰台，自六十里外，万骑争驰齐至台下，以先者为最。赏内府彩缎数匹，以下赏各有差。"《居易录》）

笔者曾以为，史料中所记有万余匹马参加晾鹰台的"五月走马"活动。后来，又看到时任康熙皇帝经筵讲师的大学士张英所作《试马歌》诗注中得到了证实：参加赛马活动的马匹确实有万匹以上。张英在应制《试马歌》诗注中明确写道：皇上在驻跸南苑期间下诏举行赛马活动，通知王公大臣以下，八旗三品以上官员出良马一万匹。到时，皇上登晾鹰台阅马。以插彩旗标出赛马跑道，始从北大红门一齐出发，奔驰五十多里，来到晾鹰台下。规定，先到达晾鹰台下的前四十名为优秀，皇上将分别赐给帛缎以奖励。（"上驻跸南苑试马，王公以下八旗三品官以上，出良马万余骑。上御晾鹰台阅之。树旌旗为驰道，自大红门齐发，奔驰五十余里，先至台下者四十余骑，赐银帛有差。"张英《试马歌》注）

可以想象当时的情景：清晨，万匹骏马聚集在北大红门内，一声令下一齐出发，如波涛洪水沿着彩旗跑道向着晾鹰台滚滚奔驰而来，这场面是何等的壮观。难怪康熙皇帝看到这一场景，按捺不住激动的心情，一首《晾鹰台诗》随口拈来：

清晨漫上晾鹰台，八骏齐登万马催。

遥望九重云雾里，群臣就景献诗来。

在晾鹰台举行另一种重要活动被称为"殪虎之典"。殪虎，就是一种在人与兽的搏斗游戏中杀死老虎。这有点像古罗马的斗兽，不同的是，古罗马斗兽是由一名奴隶与一只猛兽搏斗，以让台上坐着的贵族男女观赏。而殪虎是一群兵士与一只猛虎（或熊）搏斗，最后把虎杀死，以给台上的皇帝观看。这种带有强烈刺激性的活动，很受康熙和乾隆皇帝的喜爱，基本每年都要举行殪虎活动。有时在关外木兰围场，有时就在南海子的晾鹰台。

晾鹰台殪虎图

殪虎之日，晾鹰台上已经搭建起了行殿，皇帝登上晾鹰台在帐幄内落座。

王公大臣们站立两旁。台上台下彩旗飘舞，人头攒动。专门训练的"虎枪营"兵早已把装有猛虎的大铁笼运至晾鹰台下，并手持特制的虎枪，把铁笼团团围住。一条粗麻绳一头拴在铁笼门上，顺着把铁笼缠绕五六圈儿后，将绳子的另一端放在距铁笼约十步远的草地上。一名虎枪营兵站立在一匹马旁边。一切准备就绪，单等晾鹰台上的号令。

这时，晾鹰台上吹起了螺号，殪虎之典正式开始。台上台下，彩旗摇动，呐喊喧天。只见立在马旁的骑手抓起草地上的绳子头飞身上马，顺着解开缠绕铁笼的方向跑了五六圈，铁笼门一下子被打开了。为了激怒老虎，周围的虎枪营兵又朝铁笼旁边放了几火枪，并放出猎犬冲着铁笼狂叫着。笼中的猛虎终于被激怒，猛地窜出铁笼，又被几十名虎枪营兵团团围住。狂怒的猛虎在人群中左突右冲，与手持虎枪的兵士展开了你死我活的搏斗。一时间，晾鹰台上下，人喊声、狗叫声、锣鼓声、虎啸声响成一片。最终，猛虎寡不敌众，被枪刺杀而亡，引起晾鹰台上下一片欢呼。有时，皇上高兴，还要亲自与虎枪营兵士们一起参加殪虎。当然，那一定得在保证皇上绝对安全的情况下方能进行。

殪虎结束后，皇上还要对虎枪营进行犒赏，对刺中老虎头枪、二枪者给予重奖。对于在殪虎中被虎抓伤甚至咬死的虎枪营士兵，依例给予抚恤和养伤。（"台上张幄次，台下虎枪处人员列侍。台前置虎笼，大索绕笼数匝，而引起端于十步外。大驾既莅幄次，虎枪处人取索之端，骑马绕笼疾行以解之。索尽，而笼之门以启，虎囚槛已惯，往往伏不动，台上随驾之侍卫，承命以火枪俯击之，或又嗾犬吠笼侧，虎乃奋迅而出。虎枪人咸屏息以待，虎至则三数人争刺之，突围出则逐而杀之。头枪、二枪，管虎枪处及领侍卫大臣查明上闻，颁赏白金、荷囊有差。"《养吉斋丛录》）可见，殪虎活动虽带有强烈的刺激性，却也有相当大的危险性，时有伤人事故发生。脍炙人口的古典武侠小说《三侠剑》中"黄三太在南苑金镖打虎救康熙"的情节故事，可能就根据一次晾鹰台殪虎之典中的一次意外事故而编写的。

史料记载，康熙皇帝和乾隆皇帝对殪虎活动乐此不疲。乾隆皇帝八十五岁高龄时还饶有兴致地来到晾鹰台观看过殪虎之典，亲眼看到虎枪营兵士刺死两只老虎和一只黑熊。

　　总之，因举行大阅、赛马和殪虎等重要活动，使清代，特别是康乾盛世时期的晾鹰台非常热闹。不过，自嘉庆、道光朝以后，随着大清帝国逐步走向衰落，晾鹰台也因"宸游甚少"而被冷落下来。

　　如今，晾鹰台遗址尚存。位于 104 国道西侧二里多，兴亦路南侧不远处。现平均高度约有二米，占地约四十亩，上面种植有上千棵杨树，已被列为大兴区文物保护单位。如果没有人指点，你很难想象出这里曾是元、明、清三代帝王经常光顾和举行重大活动的地方。

三台子

历史上，南海子有两处被称为"三台子"的地方，一处在南海子西北隅镇国寺门内，另一处在南海子东北隅小红门里，都各由三个大土台组成。在清代《南苑全图》上，均分别标有"大台子""二台子""三台子"。这两处"三台子"，曾被人认定为南海子的"圈台"，可自从20世纪50年代这里分别被确定为汉墓遗址以后，才基本被否定，至少当初不是特意堆筑的圈台。

听当地老人讲述，西北隅三台子在新中国成立之初，土台还尚存约二米高，占地约三亩。后来在平整土地时，出土了汉画像石两件。上面镌刻有手持斧钺、盾牌的武士及三头、四翼的神鸟等图案。经专家鉴定是汉墓的两扇石门。因此被专家确定，此处三台子应是汉代一位将军墓地。

东北隅的三台子因遗存的土台较高，所以又被当地人称为"三台山"。因在此台出土的文物更具有典型的汉墓风格，所以可以确定，该处三台子应是东汉时期的一座贵族墓地无疑。三台山在当地民间曾享有盛名，因为城南著名的"三台山庙会"每年就在这里举办。从清末到民国，一直到新中国成立之初，连续几十年，经久不衰。每到农历四月十五，成千上万的老百姓从十里八村赶来，像过节一样来赶三台山庙会。

三台山本是一座汉墓，未曾建有过庙宇，怎么会在这里举办起庙会呢？原来，这与民间的一种"酬神"活动有关。也不知道从什么时候起，传说三台山这个地方闹起了红、黄、白、柳"四大仙"，又称"四大道门"。即：狐狸为红

南海子史话

仙；黄鼠狼为黄仙；刺猬为白仙；蛇为柳仙。特别是红仙，更是传说的神乎其神。有的说狐狸修炼久了，就能变化成人形，会说人话，能通灵显圣，会呼风唤雨。享受人间香火后，还能给人除病免灾，排忧解难。也不知从什么时候开始，就有人到此烧香上供，磕头膜拜。就这样，一传俩，俩传仨，渐渐地成了"气候"，再加上小商小贩商业和民间文化活动的推波助澜，逐渐形成了庙会。

据当地老人说，这里虽没有庙宇，但在台子四周，建有许多象征庙宇的小龛房，也被称为小庙，大的一间房大，小的也就一米上下，大都是香客还愿捐建的。有的穷人无钱还愿，就义务肩挑盛供品的被称为"圆罗"的桶形木箱，以劳动代替还愿。还有更穷的人为求神许愿，身背马鞍，不管多远，从家门口一直跪爬到三台山小庙前，以示虔诚，这种酬神被称为"爬鞍子"。听说，每次三台山庙会都能看见有"爬鞍子"的。来这儿酬神的都是为了达到自己的某种愿望，有的来为子女求神免祸的；有的是为亲人求神除灾的，有的是为老人求神祛病的；还有的是来求子续香火的。所以，每到庙会之日，三台山都是善男信女，香客云集，台子上空，香烟缭绕。

庙会上虽香客众多，但大多数人主要还是来逛庙会的。因为庙会上有琳琅满目，令人眼花缭乱的生活用小商品；又有令人垂涎欲滴的各色小吃；还有蹬高跷、扭秧歌等一档档的民间花会表演，把庙会搞得和过年一样，非常的热闹。

不过，三台山给人们留下印象最深的，还是流传在海子里、海子外民间那些总也说不完的"闹狐仙"的故事。其中就有一段《瘸狐狸》的故事：

传说道光皇帝为了锻炼各位皇子的骑射本领，经常命令他们到南海子行围狩猎。一天，皇四子奕詝又被皇阿玛派往南海子狩猎。就在小红门里的三台山附近，他发现不远处的草丛里，有一只小狐狸正在蹦蹦跳跳地玩耍。他兴奋极了，便骑着马悄悄地靠近小狐狸，从背后取弓搭箭，瞄准小狐狸就是一箭。只听嗖的一声，弓响箭到，正射中小狐狸的后腿。小狐狸惨叫着，一瘸一拐地逃进灌木丛中。奕詝哪里肯放，循着小狐狸的叫声追了过去。正在这时，不知从哪里又窜出一只大狐狸，在奕詝的马前窜来窜去。奕詝不由得勒住了马，奇怪的是，那只大狐狸也停在了马前不远处，好像是在向他示威。奕詝大怒，又提枪向大狐狸追去。追出了很远，大狐狸突然不见了踪影。结果，大狐狸和小狐狸都没有捕猎到，使奕詝非常的沮丧。

听说就在当天晚上，小红门外一家药铺里来了母女俩，是母亲带着女儿来治腿伤的。经药铺郎中查看后，被告知因筋骨已断，疗好之后也会落下终身腿残。只听母亲恶狠狠地说了一句话："谁伤了我女儿的腿，也一定让他的腿瘸！"

从此以后，凡奕詝到南海子狩猎，只要一人骑马走单时，眼前就会窜出一只狐狸，追又追不上，射又射不着，好像是在戏弄他。令他十分气恼。有一天，这只狐狸又出现在了他的马前。这次，奕詝下决心一定要将狐狸置于死地。就策马提枪紧追不舍。而狐狸也是上蹿下跳，忽隐忽现。奕詝更是火冒三丈。瞅准机会拍马便追，眼看就要追上了，便取弓搭箭欲射，怎奈狐狸又来了个急转弯儿，奕詝操之过急，随着掉转马头时失去平衡，惊叫一声，跌落马下，被摔昏死过去。

后来侍从们找到了奕詝，赶紧把他弄回宫，找来蒙古大夫治疗，才确诊伤了股骨。虽经过精心调治，腿是保住了，可落下了终身跛脚的残疾。后来，道光皇帝驾崩后，奕詝继了皇位，这就是咸丰皇帝。

这仅是一个传说，不可当真。不过，咸丰皇帝的一条腿据说还真是到南苑狩猎时从马上坠落而摔伤的。

新中国成立后，三台山成了北京化工系统的一个化工原料仓库，因里面储存的都是危险的易燃化工产品，是重点防火单位，一般人是不准靠近的。现在，化工仓库已经迁走，这里又成了物流仓库，连三台山的影子都看不到了。只有路口还立有一块三米多高的大理石，上面镌刻有"三台山"三字。

南海子
史话

庑殿行宫

南海子庑殿，史料上又称"武殿""吴殿""五里店"，是明代南海子唯一的一座行宫，始建于明天顺二年（1458年）。（"修南海子行殿及小桥七十五。"《明英宗实录》）

庑殿，是古代建筑中的一种形式，因屋顶形成四坡五脊，所以又称"五脊殿"。自唐代以来，庑殿建筑形式被各代王朝确立为最高的等级规制。成为体现皇权、神权等统治阶级的象征。所以，庑殿只能用于宫殿、坛庙一类的皇家建筑，而且多建在中轴线上。其他官府、衙门、商铺和民宅是绝对不允许采用庑殿这一建筑形式的。

庑殿是明代帝王游幸南海子驻跸的一座行宫，位于南海子北大红门约五里，这也是后人又称为五里店的原因。又因庑殿基本建在南中轴线上，所以才有资格使用庑殿规制。后来、人们就干脆直呼其"庑殿"了，直到如今。

庑殿行宫建成后，明英宗、宪宗、孝宗、武宗等几代皇帝来南海子游幸逐猎，一般均应驻跸在庑殿行宫。但到明世宗嘉靖时期，随着朝政日益衰落，南海子也因宸游甚少而日趋败落。庑殿行宫也因长时间没有皇帝驻跸而被闲置起来。听当地老人传说，庑殿行宫还曾经做过一位废后的冷宫并死在了这里，以后的庑殿行宫就更受到皇家的冷落而无暇顾及了。也别说，查看明代史料，在嘉靖年间还真可能有这档子事儿。

史料记载，嘉靖皇帝的原配陈皇后忌妒心很大，而嘉靖又是个荒淫无度的皇帝。一次，宫女张氏前来送茶，嘉靖因迷恋张氏的美色，竟当着陈皇后的面对张氏动手动脚。张氏也是嘻笑附和。陈皇后见罢醋意大发，上手打了张氏宫女。妄自尊大的嘉靖皇帝哪里受得了陈皇后这个举动，竟不顾陈皇后怀孕在身，抬脚朝皇后腹部猛踢，致使陈皇后流产而死。这样中宫缺了位，嘉靖竟真的立宫女张氏为后。不过，后来这位张皇后也没得到好下场。一次，笃信道教的嘉靖皇帝非让张皇后喝道士进献的灵芝汤，谁知喝下后竟上吐下泻，险些丧命。张皇后就不满地对嘉靖皇帝说："如果此汤真是世间珍肴，皇上为何自己不先喝？"没想到这句话招来嘉靖皇帝的盛怒，即下诏宣布废了张皇后，并被打入冷宫。二年后，张皇后郁闷而死在了"别宫"。而这座"别宫"，很可能就是虎殿行宫。从此以后，虎殿行宫在明史料中就没有了记载。

直到清康熙十三年（1674年），史料中又出现了武（虎）殿行宫的名字，康熙皇帝还于当年十月先后两次驻跸在该行宫。（"十二日壬寅辰时，上奉太皇太后幸南苑，……亲侍诣西宫。酉时，上还武殿行宫。""十八日戊申，上驻跸武殿"。《康熙起居注》）之后，史料中又不见了虎（武）殿行宫的名字。直到乾隆年间，在乾隆皇帝的御制诗中才又两次提到虎殿的名字。一次在《吴殿怀古》诗序中写道：吴殿"在南苑中，明时行宫也。"另一次在《海子行》诗句中明确写道："胜朝虎殿但存名，颓垣落桷埋榛荆。葺为驷厩飞龙牧，时得良骑出骏英。"是说，明朝的虎殿行宫现在仅存下了虎殿的地名。在行宫的残破遗址上，已修建起育养御马的马厩，成为了驯养骏马良骑的地方。

显然，虎殿行宫到清康熙初期，虽然破旧，但还能勉强供皇帝驻跸。可能没过多久，虎殿行宫终因年久失修而坍塌了，成了一片废墟。在原址旁建起了专为皇帝育养坐骑的御马厩，成为南海子六处御马厩最主要的一处马厩。

笔者有位刘姓老朋友，是虎殿村老户，其姥姥家姓庙，祖先就是虎殿御马厩育养御马之人。他小时候曾听姥爷说，晚清时候，虎殿马厩育养御马的主要是庙氏、阿氏、双氏三姓旗人。那时候，皇上每来南海子行围，进大红门先到更衣殿换上便装，再到虎殿御马厩挑选坐骑。如果行围期间要驻跸南海子行宫，还要顺便把陪皇上过夜的"答应"选定。因为奉宸院早已事先把"答应"们集中到虎殿供皇上挑选。坐骑和"答应"选定后，就来到马厩西侧的关帝庙拜谒关公圣像，求关帝保佑在行围狩猎中平平安安。从这时起，本次南海子行围狩猎活动才正式开始。

直到 20 世纪 60 年代，虎殿村还能看到御马厩的一些遗迹。村中有一眼古井，就是当年饮马的。据村里老人讲，此井甘甜可口，水浅的能用瓢舀上水来。井旁曾立有一块碑石，上镌刻有乾隆皇帝御笔"甜水井"三个大字。当时村西的关帝庙主殿仍在，庙内的关帝泥塑像栩栩如生。可惜这些都在"文革"初被当"四旧"给破除拆毁了。

清末民初，虎殿的名字又响亮了起来。清同治十二年（1873 年），清廷在虎殿东南侧二里许，建起了占地千亩的神机营盘，最精锐的火器部队神机营就在此操练。到光绪二十五年（1899 年），这里又成了清廷守卫京师的精锐部队武卫中军的营盘。"庚子国变"后，清廷与外国列强签订了丧权辱国的《辛丑条约》，八国联军撤出了北京，虎殿武卫中军营盘又成了毅军操练场。清宣统二年（1910 年），清政府拨款建造飞机，又选定在毅军操场建起了中国首个飞机修造厂。成为中国航空事业的发祥地。在一张绘制于 1923 年的北京城南地图上，在虎殿东南侧就明确标有"毅军操场"。在另一张绘制于 1929 年的北京城南地图上，在原"毅军操场"位置，又明确标明为"飞机场"。不过，这时的虎殿之名，已被改称为"五里店"了。直到 20 世纪 50 年代末，才又被更正回虎殿的地名。

如今，虎殿村因旧村改造已被拆夷尽了，村民已搬迁到原村址南侧新建起的回迁楼小区。现在，仅留下了一个"虎殿路"的名称，还在顽强地传承着历史。

旧衙门行宫

旧衙门行宫是清初由明代南海子苑囿内的一处提督署官衙改建的，因该官衙时称"旧衙门"，所以改建成行宫后，仍沿用原名；称旧衙门行宫，简称"旧宫"。因位于南海子东部，又被清廷别称"东宫"。这一点，乾隆皇帝在《旧衙门行宫》诗中已写得很清楚。（"清时作行宫，明季乃衙门。不必其名易，于中鉴斯存。"）

旧衙门建于明代什么时期，尚未在史料中查出。但从南海子苑囿内另一处提督署官衙"新衙门"留存的砖头上刻有"万历"年号来看，旧衙门虽比新衙门建得要早，但建于明万历年间的可能性也较大。

明代旧衙门的建筑规模已无从考证，但从后来乾隆皇帝所作《旧衙门行宫》诗注中，可以领略当时的建筑规模："其时朝政不纲，至阉寺擅权，营构宏壮，号称衙门，兹仍其旧名，亦足存鉴戒也。"从乾隆皇帝诗注中可以看出，明代当时朝政不纲，太监擅权，南海子提督署官衙也由阉党把持，因此所建的衙门规模也肯定很不一般。连被世人公认好大喜功的乾隆皇帝都看不下去了，以"营构宏壮"来形容当时的旧衙门。

满清入主中原时，正值北京地区流行难以治愈的"天花"（俗称"出痘"）。当时顺治皇帝年仅六七岁，很容易被传染上。当时最有效的预防办法就是到人烟较少的空旷地域去"避痘"，这才选中了南海子前明留下来的旧衙门和新衙门两处官署房。经过修葺改造，成了旧衙门行宫和新衙门行宫。不过，顺治皇

南海子史话

帝比较喜欢旧衙门行宫。这里，东侧有凉水河由北向南欢腾奔流；南侧有小龙河由西向东潺潺淌过。西南一里许，有一座古刹关帝庙，红墙碧瓦，钟声悠扬。顺治小皇帝感觉到，这里可比紫禁城里强多了，所以，他最喜欢到这里驻跸。少则住十天半月，多则长达一年。有人统计过，在顺治皇帝短短二十四年生命里程中，约有三分之一的时光是在南海子度过的，基本上就驻跸在旧衙门行宫。所以，当时有许多朝政大事都是在这里签署或商定的。旧衙门行宫一时成为紫禁城外又一个皇权中心。其中，刚刚亲政不久的顺治皇帝于顺治九年（1652 年）十二月十六日，在旧衙门行宫前的草地上隆重举行欢迎仪式，迎接西藏活佛五世达赖喇嘛来京觐见，并在旧衙门行宫内特意设置的佛室内设盛宴款待了达赖喇嘛五世。这次迎接西藏五世达赖来京觐见，有着非常重要的历史意义。通过大清帝国皇帝正式册封"达赖喇嘛"封号，并颁赐"金册、金印"，进一步明确了中央政府对西藏地区的统治，直到现在还产生着重要影响。

此外，旧衙门行宫还是顺治皇帝与红颜知己董鄂妃相遇、相知、相爱的地方。并冲破孝庄皇太后的重重阻力，在旧衙门行宫举行了册封董鄂氏为皇贵妃的册妃典礼。旧衙门行宫见证了这一历史上皇帝在皇宫之外的行宫里举行册妃典礼的罕有场面。

到了康熙时期，由于康熙皇帝时刻不忘武备，所以，来南海子举办行围演武的活动极为频繁。据史料统计，康熙皇帝一生仅在南海子举行的行围活动就达一百二十七次之多。就在他晏驾六天前，还在南海子举行观围活动。在康熙五十二年（1713 年）没建南红门行宫以前，康熙皇帝每来南海子大多都驻跸在旧衙门行宫。除了在此别苑理政外，还把经筵讲学移到旧衙门行宫的前殿进行，日不辍讲。据《康熙起居注》记载，仅康熙十二年（1673 年）四月十六日至二十八日和十月十三日至十九日，二十天里，每天都在旧衙门行宫前殿举行经筵讲学，由经筵讲官给康熙皇帝讲课。其中就有写著名《六尺巷》诗的大学士张英。

到乾隆时期，在没有建团河行宫前，乾隆皇帝每来南海子游幸驻跸也大都住在旧衙门行宫。别的不说，他一生中仅为旧衙门行宫做诗就多达近二十首，可见他对旧衙门行宫是多么情有独钟。

不过，旧衙门行宫也是令乾隆皇帝伤感的地方，因为他的皇长子永璜就病死在这里，又因永璜生病与乾隆皇帝有直接关系，所以后来他每来旧衙门行宫，都引起他的极大内疚。

乾隆十三年（1748 年）正月，乾隆皇帝为了给刚痛失爱子的孝贤皇后排忧解烦，借拜孔庙之名，冒着春寒携皇后巡幸山东济南。一直到三月初八才起驾回銮。不料，年仅 37 岁的孝贤皇后竟突发急病死在运河船上。乾隆皇帝深受打击，悲痛万分，亲自护送孝贤皇后灵柩回京。早已有快马将噩耗传至紫禁城。众亲王、贝勒及在京三品以上官员都到通州运河码头迎驾。正当大家跪拜皇后灵柩时，乾隆皇帝不知为何突发邪火，对着皇长子永璜破口大骂，还扬言要杀掉永璜，并当场宣布取消了永璜的继位资格。乾隆皇帝的突然发火，把永璜吓得瘫在地上。后来才明白，原来乾隆皇帝嫌永璜跪拜皇后灵柩哭的不够悲伤，认为是大不孝，所以才无名火起。其实当时永璜才二十岁，孝贤皇后又不是生母，哭得不是哭天抢地也属正常。而乾隆皇帝因痛失皇后而一反常态，竟拿永璜撒气，用现在的话说，永璜是躺着中了枪。从此以后，永璜因忧惧郁闷，一病不起。事情过后，乾隆皇帝追悔莫及，听说永璜病重，十分牵挂，即传谕内务府，以南苑（南海子）幽静适宜调养为名，把永璜接到旧衙门行宫调治。终因病重不治，病死在了旧衙门行宫。为此，乾隆皇帝十分悲痛，曾写《悼念永璜》诗以示追悔。后来，每来旧衙门行宫驻跸，就不禁想起永璜，又曾写有《南苑行宫漫题》和《旧衙门行宫即事》诗，以表父子思念之情。

乾隆二十七年（1762 年），因旧衙门行宫年久失修过于破旧，乾隆皇帝敕命进行了一次重修。（"旧衙门行宫盖乃明季所有，经百余年未大修葺。去岁霖潦圮益多，奉宸苑请内帑重修。焕然一新。"乾隆《旧衙门行宫即事》诗注）

南海子
史话

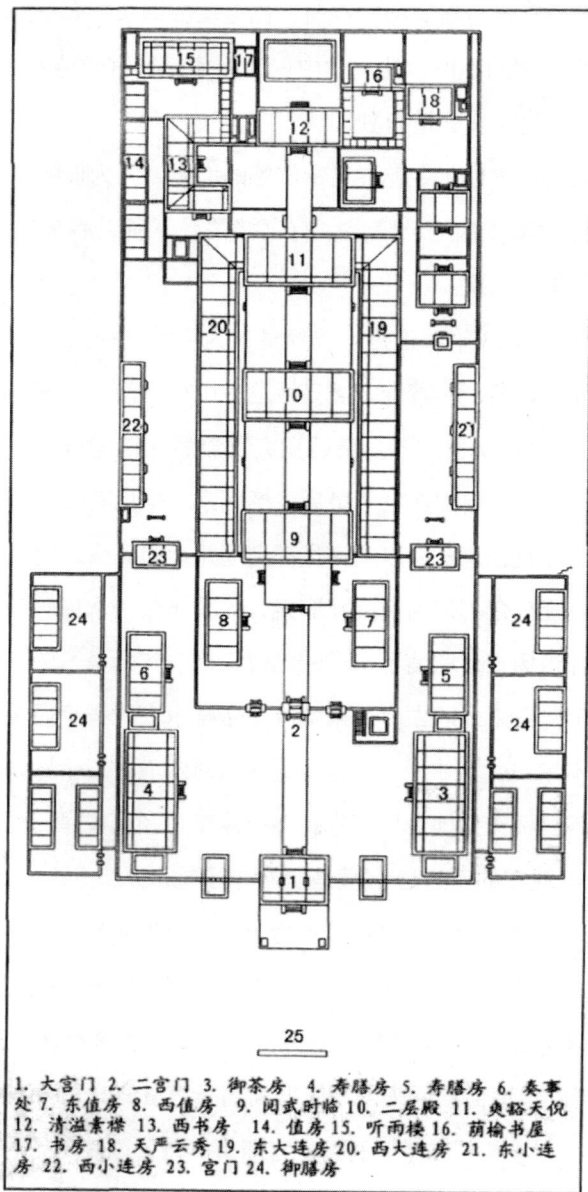

1. 大宫门 2. 二宫门 3. 御茶房 4. 寿膳房 5. 寿膳房 6. 奏事
处 7. 东值房 8. 西值房 9. 阅武时临 10. 二层殿 11. 奥矟天倪
12. 清溢素楼 13. 西书房 14. 值房 15. 听雨楼 16. 荫榆书屋
17. 书房 18. 天严云秀 19. 东大连房 20. 西大连房 21. 东小连
房 22. 西小连房 23. 宫门 24. 御膳房

旧宫平面图

　　从史料来看，经过乾隆皇帝这次大规模整修，使旧衙门行宫的格局发生了
很大变化。最明显的变化是，在原有三层殿后的后花园不见了，又新建起了一

进院落，形成了四层院的格局，后花园原有亭子也被拆掉了，并建起了一座二层楼阁，被乾隆皇帝钦定为"听雨楼"，成为乾隆皇帝常来此临憩之处。另外，在行宫中轴线东、西两侧各增加了一组院落，形成东西轴线。使旧衙门行宫更加宏壮了。在没有修建团河行宫以前，乾隆皇帝最爱驻跸在旧衙门行宫。

可惜，这样一座宏伟壮丽的帝王行宫，随着大清帝国的衰败而没落了。最后竟毁于军阀混战时期的奉军手中，如今一点痕迹也没有了，仅留下了一个"旧宫"的地名。

南海子
史话

新衙门行宫

　　新衙门行宫与旧衙门行宫是相对而称。先建的为旧，后建的为新，均是明代设立的提督署官衙，又同时在清初被改建成行宫。因此，被分别称为旧衙门行宫（简称旧宫）和新衙门行宫（简称新宫），又因一座在南海子东部，一座在南海子西部，所以又被皇家分别称为"东宫"和"西宫"。

　　新衙门行宫位于南苑镇西北五里许，即现在地铁新宫站北侧约百米处。史料记载，新宫占地约十七亩，三进院落共建有宫殿房屋四百余间。既有前后大殿东西配房，又有亭台楼阁垂花游廊。特别是行宫后院的望春楼、古秀亭、裕性轩和陶春室等建筑，更是别致幽静，雅趣横生。在南海子四座行宫中，新宫以"幽"著称。原来，新宫又曾被康熙皇帝改建成太皇太后行宫，成为孝庄太皇太后游幸南海子的专门驻跸的行宫。这些，都记载在《康熙起居注》之中。当时，南海子有旧宫、新宫和庑殿行宫，均是明朝留下的建筑，那么为什么康熙皇帝专门选择新宫作为太皇太后行宫呢？这里有康熙皇帝的考量。庑殿行宫到明末就已经很破旧，孝顺的康熙皇帝是绝不能让太皇太后驻跸在这里的。而旧宫环境虽好，却是令孝庄皇太后耿耿于怀的地方。众所周知，顺治皇帝曾经常驻跸在旧衙门行宫，在这里，任性的顺治皇帝因执意要册封董鄂妃为皇贵妃而与孝庄皇太后闹得不可开交。从此使母子之间产生了严重的隔阂。因此，旧衙门行宫是令孝庄皇太后伤感的地方。心知肚明的康熙皇帝也断不能把太皇太后行宫安置在这里。所以，只能把太皇太后行宫选在新衙门行宫。史料记载，在康熙皇帝亲自规划下，对新衙门行宫进行了大规模重新改建，改建过程中，又先后两次亲临视察。所以，新衙门行宫成了非常幽静秀美的一座行宫。后来，又受到乾隆皇帝的喜爱。此外，新衙门行宫内还设有多处书房，还是皇子、皇孙们读书学习的地方。又由于新衙门行宫正处在清代帝王来往南海子至畅春园之间的重要位置，该行宫的地位优势就更加明显了，成为自康熙朝以后的各代皇帝游幸南海子最喜欢驻跸的行宫，也是南海子四座行宫中最晚消失的一座。

此外，新衙门行宫还曾因有"三宝"而享有盛名。

一宝是新宫门前的一对铁狮子。

在行宫门前曾有一对铁狮子，狮身上镌有"延祐元年十月制"的铭文，证明是元代旧物。据传说，这对铁狮子是元代统治者用收缴当地汉族百姓家用的菜刀熔化成铁水铸造而成的。原来，元代统治者怕汉人造反，实行每十户为一甲的联保制度，形成一户犯事，九户受连。为了防止反抗，还强行规定每一甲只准使用一把菜刀，其余全部收缴。据说统治者就是把收缴上来的菜刀集中一起化成了铁水，铸成了这对铁狮子，摆在了一个王爷府的门前。传说这对铁狮子非常通人性，每到夜深风号之时，就从狮子口中发出"杀鞑子呀！"的喊声。王爷听后非常害怕，就再也不敢住在这里了。元朝被明朝推翻后，把这里改建成了提督署官衙，仍把这对铁狮子摆在了大门两侧。不过，再也听不到"杀鞑子"的声音了。清代改建成新衙门行宫后，铁狮子仍然摆放在宫门两旁，一直到民国时期，随着行宫彻底遭毁而不见了踪迹。

二宝是宫廷画师郎世宁绘制的《乾隆戎装骑马像》。

现藏于北京故宫博物院的国宝级文物画作《乾隆戎装骑马像》是由宫廷画师郎世宁于乾隆二十三年，乾隆皇帝在南海子晾鹰台举行阅武大典后绘制的。极为逼真地再现了乾隆皇帝戴盔披甲，戎装裹身，骑马佩箭，英姿飒爽的威武形象。这幅画作是当时照相术还未发明之前，记录时年四十七岁的乾隆皇帝近似真实的写照。此画绘制完成后，乾隆皇帝非常满意，即令装裱在新衙门行宫内的房间里，以便每来南海子驻跸新宫观看。

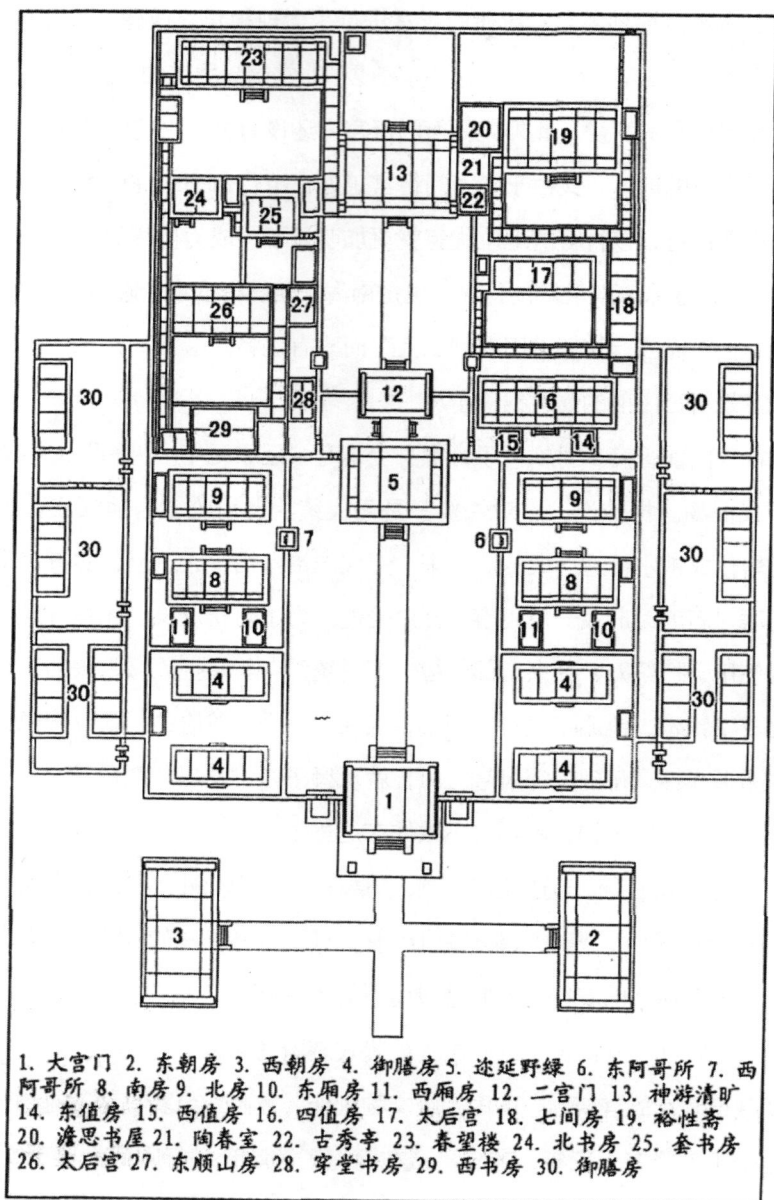

1. 大宫门 2. 东朝房 3. 西朝房 4. 御膳房 5. 迤延野绿 6. 东阿哥所 7. 西阿哥所 8. 南房 9. 北房 10. 东厢房 11. 西厢房 12. 二宫门 13. 神游清旷 14. 东值房 15. 西值房 16. 四值房 17. 太后宫 18. 七间房 19. 裕性斋 20. 潽思书屋 21. 陶春室 22. 古秀亭 23. 春望楼 24. 北书房 25. 套书房 26. 太后宫 27. 东顺山房 28. 穿堂书房 29. 西书房 30. 御膳房

新宫平面图

　　据当地人传说，当年看守行宫的苑户们在夜深人静的时候，常听到街上有重重的马蹄声，打开街门一看，却只听声响不见踪影。大家都很惊奇，都说这是乾隆爷不甘寂寞，夜里从画中骑马下来，又到南海子南部狩猎去了。

直到民国初的 1912 年，尽管当时的新衙门行宫已经封宫停用，但这幅《乾隆戎装骑马像》仍装裱在行宫里。时任陆军总长的段祺瑞在一次到南苑视察部队时，在新衙门行宫发现了《乾隆戎装骑马像》，引起他的高度重视。当时新衙门行宫已年久失修，又正值政治动乱之时。段祺瑞意识到这幅价值连城的画作随时都有被盗或被毁的可能，就命人找来揭裱匠取下来带回京城，交还给了清皇室。这才成就了现故宫博物院收藏有这件国宝级文物。

三宝是裕性轩庭院中的玉兰树。

在新衙门行宫裕性轩院中，曾植有一株白玉兰树。早春时节繁花满枝，先叶怒放，如雪涛云海，气象万千。据说这是康熙皇帝特意敕命为孝庄太皇太后种植的。到乾隆时期，这株玉兰树长得更是喜人。每到初春，乾隆皇帝总是先于花开时节来到新衙门行宫的裕性轩驻跸，等待玉兰花绽放。他曾先后十三次赋诗这株玉兰树，足见对其的喜爱程度。其中在一首《裕性轩咏玉兰》诗中写到：

> 一树当庭万玉蕤，春风别馆及芳时。
>
> 色香两字无余净，绨几凭参性所宜。
>
> 缋写春光得尔神，去年题句壁间新。
>
> 较量含韵斋前树，清咏饶他两度春。

1900 年，八国联军侵入北京。因新宫附近的槐坊村是义和团的一个据点，遭到了八国联军的炮轰，使新衙门行宫受到严重毁坏。但那株白玉兰树却未受到损坏，仍顽强地傲立在裕性轩院内。1922 年，直、奉、皖三系军阀为争夺北京政权，南苑成了军阀势力的必争之地，新衙门行宫遭到奉系军阀的拆毁。但那株玉兰树在新宫村民的保护下得以生存。直到 1937 年七七事变后，南苑被日军占领。新宫村也驻进了日本兵。或许这株玉兰树也不愿当亡国奴的缘

故，竟突然枝叶凋零，渐渐枯死。新宫村民都齐声称赞其是一株有铮铮傲骨的玉兰树。

如今，新衙门行宫早已荡然无存了，连新宫村都被拆迁了。地铁 4 号线从新宫村东地下穿过，在这里设立了新宫站，总算留下了新宫的名字。

南红门行宫

南红门行宫位于南海子南红门北侧，宫门正对海子墙，是康熙五十二年（1713年）修建的，是清代南海子内的第三座行宫。因前两座行宫（旧衙门行宫和新衙门行宫）是由明朝提督署官衙改建的，所以，南红门行宫实际上是清代在南海子新建的首座行宫。

为什么康熙皇帝要在南红门修建行宫呢？这与南红门北侧的晾鹰台有着紧密的关系。

被誉为千古一帝的康熙皇帝是一位具有雄才大略和远见卓识的帝王。特别是亲政以后，他清醒地认识到，满清之所以入主中原，主要靠的就是兵强马壮的八旗武力。若要使大清帝国长治久安，仍需要更强有力的八旗部队为保障。因此，他时刻也不忘武备。自亲政以后，即把南海子作为演武练兵的场地，以行围狩猎为练兵形式，以晾鹰台阅武为典制，经常不断地在南海子进行演兵阅武活动。史料记载，康熙皇帝在位六十一年中，共来南海子150余次，其中举行围猎活动近130次，举行阅武大典12次，阅武次数几乎占整个清朝的一半。此外，还有"五月走马"和"殪虎之典"等活动，这些活动绝大部分都是以晾鹰台为中心进行的。本来在南红门里，清初曾建有一处规模较小的行馆。康熙皇帝每次在晾鹰台举行活动，最初就驻跸在这里。后来，康熙皇帝总感觉这座行馆规模太小，这才有了在这座行馆旁边再修建一座行宫的打算。

康熙五十二年，已入花甲之年的康熙皇帝敕命在靠近南红门以里，原行馆西侧，又新建起了一座行宫，称南红门行宫，简称南宫。（"南宫在南红门内里许，门对苑墙。康熙五十二年建。"《日下旧闻考》）史料记载，南红门行宫占地约十七亩，有两重宫门，前宫门正对海子苑墙，二宫门前是宽敞的院落，设置有多处拴马桩和喂马槽。一看便知是拴喂御马的地方。进二宫门是前殿五楹，称召见殿，是皇帝召见大臣的地方。然后是二层殿五楹，是皇帝办公的场所。再往后是后照殿三楹称主位殿，是皇帝的寝宫，也就是睡觉的地方。此外，每层大殿还设有东西配殿，分别设有皇后寝宫和御书房等。而原来的小行馆也被相对而称旧宫，就别作他用了。

南红门行宫以"野"著称。

宫门正对海子苑墙无景可看，观景的最佳位置其实在行宫的后殿。在这里登高北望，近观凤河从行宫后潺潺流过，与五个海子交汇相连。远看晾鹰台连郊碧野一望无垠。难怪康熙皇帝为南红门行宫题匾额曰"景湛清华"。

自从修建了南红门行宫后，康熙皇帝再来南海子举行围猎阅武等活动，大都驻跸在南红门行宫。一直到他晏驾的六天前，还乐此不疲地来南海子举行围猎活动。老皇帝就是在这座行宫里突然病倒后送至畅春园而不治逝世的。种种迹象表明，这段被雍正皇帝篡改了的历史，疑点很多，成为清廷的一大疑案。而疑案的主要发生地就在南红门行宫，可这一点却被历史学家们忽略了。

康熙六十一年（1722年）十月，年近古稀的康熙皇帝不顾已患中风，右手失灵的身体，执意要到南苑（南海子）行围狩猎。从十月二十一日到十一月七日，一直活动在南海子，驻跸在南红门行宫。其间，除举行围猎外，还进行了一次殪虎活动。随扈的大学士和起居注官趁康熙皇帝在兴头上，还一起在南红门行宫召见殿集体上疏，奏请康熙皇帝恩准来年隆重举行康熙皇帝七十万寿庆典的奏折。奏折中历数了康熙皇帝六十一年来的丰功伟绩，用尽了颂扬之词，跪请康熙皇帝恩准。面对大学士们的集体上疏，康熙皇帝保持了极为清醒的头脑，语重心长地婉言拒绝了大学士们的请奏。这说明，在游猎南海子驻跸南红门行宫期间，康熙皇帝身体尚好，头脑也很清醒。

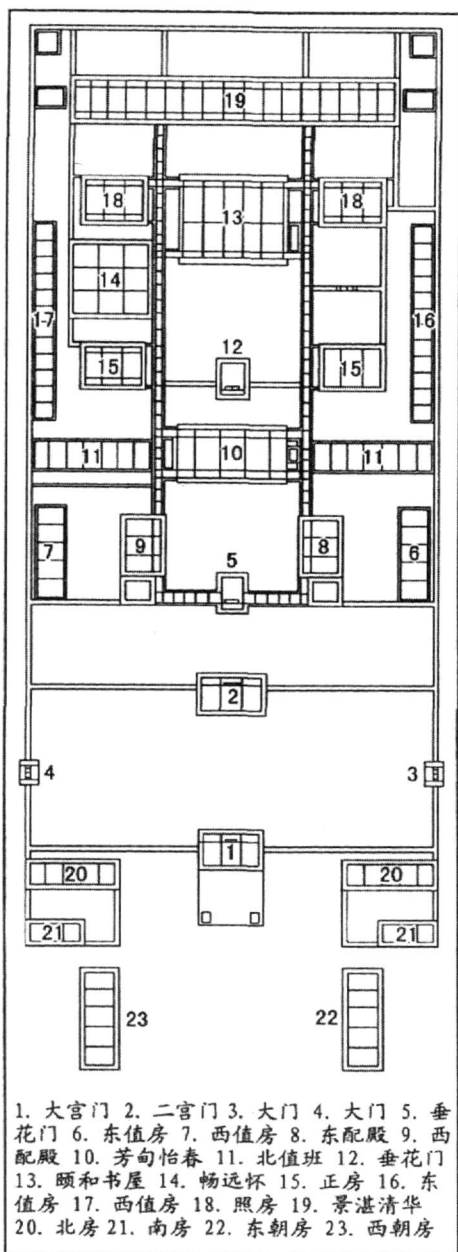

1. 大宫门 2. 二宫门 3. 大门 4. 大门 5. 垂花门 6. 东值房 7. 西值房 8. 东配殿 9. 西配殿 10. 芳甸怡春 11. 北值班 12. 垂花门 13. 颐和书屋 14. 畅远怀 15. 正房 16. 东值房 17. 西值房 18. 照房 19. 景湛清华 20. 北房 21. 南房 22. 东朝房 23. 西朝房

南宫平面图

　　到十一月七日下午，因康熙皇帝挂念不久前发生在通州粮仓的支领禄米混乱案件，即派人到通州传奉旨处理此案的四皇子雍亲王胤禛速来南红门行宫汇报。胤禛接到通知后，与时任步兵统领的隆科多一起于傍晚赶到了南红门行宫，在行宫主位殿向康熙皇帝汇报粮仓事件处理事宜。清正史资料中记载："久议方散"，说明汇报到很晚。从此以后，清史中就再也见不到康熙皇帝的身影了，有的只是从主位殿传出的康熙皇帝昨夜"偶感风寒"的消息。并于当天从南红门行宫起驾回到畅春园。六天以后，即传出了康熙皇帝驾崩的噩耗……几百年来，这段历史一直受到清史学家们的争论，成为大清王朝的重大疑案之一。而该案的始发地就在南红门行宫。

　　可能是因为康熙皇帝在此病倒的缘故吧，以后的各代皇帝都很少驻跸在南红门行宫。因此，南红门行宫是南海子最先败落的行宫。光绪二十六年（1900 年）"庚子国变"，八国联军侵入北京。当时的南宫村已成为义和团的重要活动据点，并曾在南红门外的八股道伏击过联军。因此，联军为报复义和团而洗劫了南宫村，放火彻底烧毁了南红门行宫，只留下了南宫的村名。

　　如今，南宫村已实施了搬迁。不久前，大兴区文物保护部门会同瀛海镇政府，对南红门行宫遗址进行了勘察，发现宫底地基保存完好，为复建南红门行宫提供了先决条件。

团河行宫

（1）团河行宫之营建

团河行宫位于黄村门内六里许，建成于乾隆四十二年（1777 年），是南海子皇家苑囿里修建的第五座行宫。（其他四宫：明庑殿行宫和清旧衙门行宫、新衙门行宫、南红门行宫），也是清代修建的最后一座行宫。

据《日下旧闻考》载："团河行宫一所，宫门三间，前殿五间，后殿五间……宫内大殿前檐额曰：璇源堂，殿内额曰：时与天游，后殿抱厦，前檐额曰：涵道斋，别宇为鉴止书屋，皆御书……东所大宫门三楹，东西配殿各三楹，九间房九楹，河中敞宇三楹，平台三楹，石板房三楹，石亭一，水柱房二楹，六方亭一，河亭三楹，圆亭一……六方亭在北山之上，御书额曰：镜虹亭。过河亭接苑墙之南，其下即团泊之水，流向苑外，团河迤逦而入凤河者也。圆亭御书额曰：云随亭。龙王庙三楹，半山房五楹，西临河房五楹。龙王庙在北山上，门外御书额曰：珠源寺，半山房前檐额曰：拂云岫，西临河房额曰：濯月漪。皆御书。"

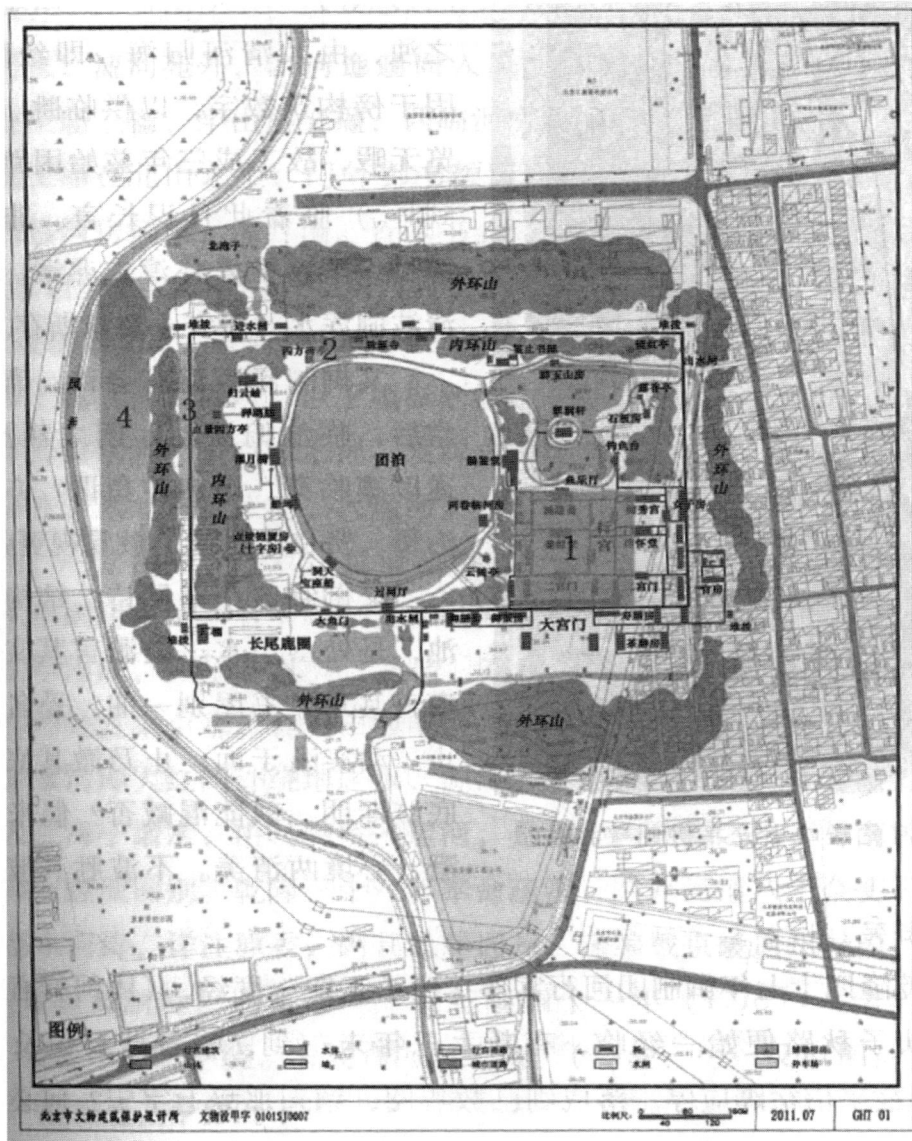

团河行宫遗址保护规划建设总平面图

　　与乾隆时期所建其他皇家园林无异，团河行宫也遵循了"宫苑分置"的格局。同时，为了避免殿宇的平面布局显得呆板，行宫的设计者遵照乾隆皇帝的旨意，在团泊的东侧北部又开挖了一片水面，被称为东湖。并利用挖湖的泥土在湖中堆筑了一座小岛，格外别致，东湖的面积比西湖小许多，为其南部营建宫殿建筑群设计留有充分的余地。使宫殿建筑群建在西临西湖，北临东湖的恬静、清幽环境之中，以满足乾隆皇帝驻跸之需。

东湖区由宫殿群和东湖水景组成，南过大石桥往北入大宫门，面阔三间。门外两侧对称为东西朝房和御膳房、御茶房；门内两侧对称建有军机处、值房。第二进是二宫门，迎面假山云岫峰，两侧是东配殿，正殿为璇源堂，是乾隆皇帝驻跸期间会见大臣议事之处。第三进是涵道斋，后出抱厦，北向临湖；往北至东湖岛上翠润轩止。宫殿群东部为寝宫，亦三进：从二宫门始，北面有一对麒麟抱鼓石，上为木影壁；再往北面是清怀堂，堂临碧沼，自藏绿蒲，清幽秀美，至后殿风月清华止。

东湖水面只有十五亩，但它起的作用实际形成了宫殿群的"御花园"。湖中的小岛，岛上敞厅翠润轩，岛东西各搭有一座"长两丈五尺、宽八尺"的木板桥。湖的北岸有群玉山房，沿北岸堆筑的土山拾级而上，有六方亭曰镜虹亭，石板亭，石板房位于东湖北部。翠润轩以南的湖区东岸有平台三楹，是专为乾隆皇帝设计的钓鱼台。

西湖区是整座行宫的风景区，即是原有的龟盖形的团泊。其"周圆二百二十九丈五尺"，湖边叠石为岸。环绕湖岸依次建有珠源寺、御碑亭、狎鸥舫、归云岫、四方亭、濯月漪、十字房、船坞、过河亭、云随亭、临河房等亭台轩宇建筑，构成了充满天然山水之情趣，彰显出展示巧夺天工之幽雅。两湖之间由一座"长三丈，宽一丈二尺"的木桥相连。正对北桥头是一座建造精美的"鉴止书屋"。

据团河行宫最后一任苑丞祥奎呈报《南苑团河行宫殿宇各项房间数目清册》记载，查得团河行宫内各处殿房共320间；游廊扒山游廊共132间；亭子共5座；宫外各处公所房并苑户房共151间。其中：

东朝房5间、西朝房5间、寿膳房10间、御膳房14间、东膳房10间、西膳房10间、大宫门3间、倒座军机房22间、东军机房10间、西军机房

10间、净房1间、东值房19间、西值房12间、二宫门3间、璇源堂11间、净房1间、东配殿5间、西配殿5间、游廊46间、涵道斋5间、抱厦3间、净房2间、游廊49间、门罩1间、涵道斋后以西游廊21间、漪鉴轩5间、抱厦3间、茶房3间、净房1间、翠润轩3间、石板房3间、石板亭1座、镜虹亭1座、水注房2间、后抱厦1间、鉴止书屋8间、西茶房2间、净房1间、珠源寺山门1间、龙王殿3间、碑亭1座、归云岫5间、随扒山游廊12间、四方亭1座、备膳房3间、狎鸥舫5间、濯月漪3间、十字房3间、前后抱厦2间、御船坞7间、船坞5间、过河亭3间、临河房3间、云随亭1座、东所大宫门3间、清怀堂5间、东净房1间、西净房1间、东配殿3间、西配殿3间、净房1间、女子房9间、东跨所北房3间、东耳房1间、西耳房1间、东厢房2间、西厢房2间、南房3间、耳房2间、后如意门1间、闸军房2间、外倒座堆拨房3间、四角四处堆拨房8间。鹿圈内东房3间、西房3间、圈外西房6间；此外，宫外建有王爷大人公所7处，每处各有北房3间、耳房2间、东厢房2间、西厢房2间、随屏门1座、外院马棚4间、大门1座；另有公所4处，每处各有北房3间、耳房1间、厢房2间；还有苑户房共19联，每联房4间、门楼2座。

团河行宫被称为京都第一行宫，有"南苑美景数团河"的美誉。行宫内假山起伏，松柏常青，湖波粼粼，杨柳依依；殿宇壮丽，金碧辉煌；轩亭错落，游廊曲折；庭院飘香，梨白杏红。真是一座精致清幽、景色秀丽，具有苏杭园林风光的皇家行宫。

（2）团河行宫之秀丽

在南海子四座行宫中，以旧衙门行宫之雅，新衙门行宫之幽，南红门行宫之野，团河行宫之秀而著称。

修建团河行宫时，南海子已经建有旧宫、新宫和南宫。那么，乾隆皇帝为何还要再修建这座团河行宫呢？民间盛传有一段"神龟荐址"的神奇传说。

云随亭

　　传说有一年，乾隆皇帝在和珅等重臣的随扈下来南海子游幸。在骑马行走间，乾隆所骑御马突然马失前蹄，险些把乾隆皇帝跌下马来。随侍们急忙扶住乾隆牵住马，仔细一看，原来是马的前蹄踩在了一只大个乌龟盖子上打了滑，才险些酿成大祸。和珅见状大怒，拔刀要杀死大龟，被乾隆皇帝拦住并停下来看着大龟在头前走。不料，大龟没走多远便停了下来，伸长脖子回头望着乾隆皇帝。乾隆皇帝好奇地往前走了几步，大龟也继续往前爬行。当乾隆又停下了脚步时，大龟也停止了爬行，仍回头望着乾隆皇帝，好像是在等着乾隆皇帝。就这样，乾隆皇帝便一步一步地跟着大龟往前走。走了很长一段时间，来到一处景色绝美之处。只见这里水美草丰，林木葱茏。这正是拥有九十四处水泉，常年流水不断的团泊。乾隆皇帝看罢，不禁惊叹：朕是头一次看到南苑还有如此胜景之处！善于阿谀奉承的和珅看出乾隆皇帝非常喜欢这个地方，就进言道："有神龟引路荐址，定是吉祥风水宝地，何不在此修建一座行宫，皇上可经常来此临憩，定能颐享万年。"此言正合乾隆皇帝心意，于是当即下旨，在此再修建一座行宫。

南海子
史话

　　这不过是个美丽的传说。其实乾隆皇帝决定在此修建团河行宫的真正原因，与疏浚治理永定河的支流凤河有关，而凤河的源头正是团泊。这一点，乾隆皇帝在《团河行宫作》诗注中写得十分明确："近岁因南苑水源未畅，命加疏浚，以期通流济运。其团河一支则酾为凤河，又东南流资以涤永定河之浊，复又大清河归海。疏治既成，因于其旁构筑行馆以供临憩，昨岁知过。"清楚地阐明了修建团河行宫的真正原因。

　　凤河源于南海子西南隅的团泊，乾隆皇帝曾在《团河行宫御制诗》中写有"团河本是凤河源"的诗句。又在《海子行》诗注中写道：团河，"东南流经晾鹰台，南过南红门，五海子之水自北注之，又东流出海子东南是为凤河"。另据清绘《南苑全图》标注：凤河在南海子内长度为"由团河宫出水口至回城门出水口，计长五千八百四十五丈"，约二十里。

　　据《日下旧闻考》载，乾隆三十七年（1772年），乾隆皇帝在"阅视河淀情形时，见凤河有断流之处，于回銮驻跸南苑时令查勘上游，疏浚以达河流，今据阿里衮等查明，团河下游即为凤河"。"因南苑水源未畅，命重加疏浚团泊"。乾隆皇帝这时期，在大规模治理永定河的同时，疏浚凤河及其源头团泊。

　　《日下旧闻考》又载："凤河从南苑流出，往东南流至武清堠上村。其河身深广，以下填淤断续，一遇伏秋，雨潦散漫无归。"凤河自回城门南流出南海子苑墙，经青云店、垡上、长子营、朱庄、采育、大皮营、凤河营出大兴境入永定河，长四十余里。乾隆皇帝在这次疏浚团泊、治理凤河，并将河道故意修成弯曲逶迤的"之"字形，是为了"藉凤河之清水，涤永定河之浊"。乾隆皇帝在乾隆四十一年（1776年）于《南红门外作》诗中写道：

　　　　凤河一再渡桥楮，荡漾浑流每藉兹。

　　　　设使不为之字绕，清波直泻虑无遗。

　　他在诗注中说："凤河发源于海子内之团河，下流与永定河汇，荡涤沙浑，同由大清河入海，是凤河实永定关键。向以年久淤塞，因出内府帑金饬加挑浚，俾得畅流，迩年颇资其力。又以旧河势直，恐其一泻无遗，令作之字形，使其曲折而下"。

经过这次大规模的治理凤河，特别是对其源头团泊的疏浚开挖，使团泊"南北旧宽六十余丈，东西五十余丈，复拓开数十丈。"展宽了许多，形成陂塘小湖。这里的地形概貌发生了很大变化。团泊疏浚工程竣工后，乾隆皇帝来此视察巡幸，对眼前突现的景致惊叹不已。他看到宽阔的团泊，清澈的泉水，波光粼粼，由西向东潺潺流过；因清淤挖出的泥土堆在团泊周围，形成了高低起伏环抱而成的土山。向远处瞭望，与南海子内的平原迤逦的自然景致融为一体，令乾隆皇帝顿生无限感慨。

好大喜功且酷爱修建园林的乾隆皇帝心血来潮，才决定在这里再建一座行宫。正如他后来于乾隆四十五年（1780 年）在《团河行宫作》诗注中所写："凡苑中疏剔新旧水泊二十一处，导北源者九，导南源者十有二。其团河前后新开水泊，泉源畅达，清流溶漾，水汇而为湖，土积而为山，利用既宜，登览尤胜，因于其傍构筑行馆，以供临憩。"乾隆五十九年（1794 年），乾隆皇帝又在《团河行宫即事》诗注中写道："南苑行宫四处：曰旧衙、曰新衙，皆明时内监官署，本朝因之为行馆；其南宫则康熙五十二年所建；此处行宫乃因团河为凤河之源，向命疏浚水泉，积土山，因于其旁构筑数宇，以供临憩，庚子秋路始落成之。"

以上足以说明了当时乾隆皇帝建团河行宫的起因缘由。正如乾隆皇帝在《题团河行馆》诗中所写：

行宫旧三处，此处实新增。

为引团河顺，遂因别馆兴。

亭台多点缀，山水尽清征。

过也非予美，五言自责仍。

自乾隆三十七年（1772年）至四十二年（1777年），经过大约五年的建造，团河行宫才建成。

（3）团河行宫之文饰

乾隆皇帝为营建团河行宫倾注了大量的心血。可很少有人知道，团河行宫建成三年后，乾隆皇帝才来到这里游幸驻跸。他在《团河行宫作》诗中写道："断手三年未一到，临看此日识长言。"为什么乾隆皇帝在团河行宫建好三年后才一到？原来这里面有乾隆皇帝的苦衷。

翻看这段历史，团河行宫始建于乾隆三十七年（1772年），正是乾隆皇帝下诏发动第二次大小金川战役之时。史料记载，乾隆皇帝于乾隆十二年至乾隆四十一年（1747—1776年）曾两次对位于四川省的大、小金川地方土司进行平乱作战。大、小金川地处四川省西北部，约三万户藏民聚居于此。顺治七年（1650年），清廷以金川卜尔吉细内附，授土司职。康熙五年（1666年），又以嘉勒巴归诚，授"演化禅师"印。雍正元年（1723年），以嘉勒巴庶孙莎罗奔曾从清军平定西藏羊峒有功，授金川安抚司。莎罗奔以属地称大金川，以旧土司泽旺为小金川，自此，大小金川分治。乾隆十二年（1747年），莎罗奔起兵攻小金川及邻近土司，清廷命四川巡抚纪山领兵弹压，结果反为所败。经过多次增兵换将征战，清廷总算取得了第一次金川之战的胜利。此后，两金川土司仍时起战乱，至乾隆中期，继承莎罗奔的郎卡土司，日益恣肆，不断攻掠小金川及邻近土司，并拒绝四川总督的调解。无奈，乾隆三十七年，清廷又发动了第二次大、小金川战役，遭到了顽强的抵抗。因天时、地利、人和均不占有优势，再加上这时的八旗兵已骁勇不再，战役打得十分艰苦。乾隆皇帝又屡屡增兵换将，还是久攻不下，损失惨重。仅仅这样一场平定国内少数民族的叛乱，竟"费五年之功，十万之师，七千万之帑"才将二金川平定，造成国库吃紧。

大、小金川平定后，乾隆皇帝非常高兴，对立功将领进行了大张旗鼓的表彰。将立功将领的画像悬挂在紫光阁，其中就包括英勇战死沙场的川北镇总兵定边将军牛天界。为此，乾隆皇帝御笔为牛天界撰写了碑文。并在南苑（南海子）东北隅为牛天界后人封地二十四顷，钦定名"南胜庄"，这就是后来的"牛家场"。

而就是在当时这样的经济困难形势下，乾隆皇帝仍执意营建了团河行宫。在当时来说，肯定是一项耗资巨大的工程。仅从现存中国第一历史档案馆内务府来文的档案中，所反映出当时团河行宫的建造过程，即可见耗资确实不菲：

"南苑团河行宫，添建行宫照依奏准样式，应盖殿宇、亭座、房间共五十九座，计二百三间，游廊二百十间，石闸四座、石桥一座、木桥六座，周围大墙四百四十五丈，院长墙隔断墙凑长二百七十三丈等项工程，共估需银六万四千七百五十二两六钱七分……旨将南苑团河行宫新建行宫烫样一座呈览，奉旨前大殿五间两边净房着改套间……净需银一千一百二十两三钱五分，上年四月内经奴才和刘节次将前后殿座房间等十一座内里装修烫样呈览，奉旨按例估修……计需银七千八百二十二两三分二厘一。"

从上面文字可知，此次呈报的费用包括：新建五十九座殿宇的费用，改建前大殿的费用和十一座房间的装修费用，仅这三项的总和约为七万三千六百九十五两。

面对国库的空虚和团河行宫巨额的建造费用，乾隆皇帝内心苦衷可想而知。为了掩人耳目，乾隆皇帝便大做文章，为其修建团河行宫文过饰非。

乾隆四十五年（1780 年），乾隆皇帝在《团河行宫作》诗注中写道：团河"既经疏浚，因于旁构筑数宇，以供临眺。惟登览无暇，故工成三年兹始因路便一到耳。"

乾隆四十七年（1782 年），乾隆皇帝又作《团河行宫作》诗，并在诗注中写道："近岁因南苑水源未畅，命加疏浚，以期通流济运。其团河一支则酾为凤河……疏治既成，因于其旁构筑行馆以供临憩。"

南海子史话

　　乾隆五十三年（1788年），乾隆皇帝在《题璇源堂》诗注中写道："乾隆四十二年疏浚团河，开拓下游，东南流出南苑，是为凤河之源；又东南流入淀池，藉以涤永定河之浊。于是就挑挖团河之土，略加点缀，构筑行宫，以备憩息。"并向世人表白："是处行宫弗用正帑，惟以内帑所节省者，物给价，工给值，不惟不以累民，而贫者且受其利。"

　　乾隆五十九年（1794年），乾隆皇帝又在《团河行宫即事》诗注中写道：此处行宫乃因"团河为凤河之源，向命疏浚水泉，积有土山，因于其旁构筑数宇，以供临憩。"

　　乾隆六十年（1795年），乾隆皇帝又在《题团河行馆》诗注中写道："此处行馆因乾隆四十二年疏拓团河之水，构筑数宇于旁，乃予所新增也。"

　　嘉庆元年（1796年），已当上太上皇的他又在《团河行宫作》诗注中写道："团河为凤河之源，乾隆四十二年因水源未畅，命加疏浚，因就其旁构筑数宇为行馆，以供临憩。"

　　总之，乾隆皇帝喋喋不休地所讲的是：因疏浚凤河之源团河，解决水源不畅，利用挑挖之土，略加点缀，构筑行馆，以备临憩。

　　尽管如此，乾隆皇帝仍是中国历史上颇有作为的一代帝王。在营建团河行宫问题上，尽管为自己作了许多辩解和开脱，但他的内心深处，还是认识到了自己的过失。于乾隆辛丑八月中，他在驻跸承德避暑山庄时，写下了著名的《知过论》一文，对大兴土木之过，进行自责，其中就包括修建南苑（团河行宫）。其在《知过论》中认识到："究其致如此者，过应归于予，谓之无过，实自欺也！夫不知过，其失犹小，过而弗改，又从而为之辞，是文过也，其失大。既知过矣，欲改矣，如向所云者。继自今，予惟视其不可已者，仍酌行之。其介于可已不可已之间者，率已之而已耳。已过伯玉知非之年，未逮武公作戒之岁。细审，实有此过，故著论书卷以当自讼。"

　　乾隆皇帝作为一代封建帝王，能够在唯我独尊的皇权宝座上勇于检讨自己的过失，尽管有些文过饰非，也已实属不易，还是值得后人给予称颂。

在现团河行宫遗址中，保存最好的是西湖西北岸的御碑亭。亭四方形，为大式歇山垂檐瓦调大脊，吻垂戗兽，旋子彩画。亭内有乾隆皇帝御制石碑一座，碑身四方形，汉白玉质，上为四角攒尖顶；碑额浮雕双龙戏珠，中间碑额"御制"二字；碑身四周浮雕叶蔓花纹。下为须弥座。碑身通高5.7米，每边宽1.2米；须弥座高0.9米，边长1.4米。碑身四面镌有乾隆皇帝在乾隆四十五年（1780年）至乾隆

20世纪80年代的团河行宫御碑亭

五十三年（1788年）御笔团河行宫诗四首。其中御制碑西侧诗文《壬寅仲春上浣团河行宫作》诗，诗句中也提到了知过论：

庚子于斯一度纮，兹来信宿踮应亭。

落成时已数年阅，题句那辞七字宁。

何必盆中花弄紫，即看墙外柳含青。

因疏泉遂群行馆，知过论中早自铭。

（4）团河行宫之八景

览团河美景：湖岸杨柳垂荫，周围土山逶迤，古柏森森林立，花木枝繁叶茂，翠掩亭台楼阁，湖面波光粼粼。不愧有"南苑景色属团河"的美誉。难怪

乾隆皇帝在《庚子季秋中浣团河行宫作》诗注中赞美团河美景时所写："泉源畅达，清流溶漾，水汇而为湖，土积而为山，利用既宣，登览尤胜。"乾隆皇帝为团河行宫钦定"团河八景"：璇源堂、涵道斋、狎鸥坊、归云岫、珠源寺、镜虹亭、漪鉴轩、清怀堂。

一景：璇源堂

璇源堂位于东湖南部，是东部宫殿群的一组主要建筑。有大殿五楹，雕饰华丽，殿前悬乾隆皇帝御笔匾额："时与天游"。殿西为寝宫套殿，三楹，有平台。殿东为妙明圆觉殿，三楹，有水法池一。殿南有东西配殿各五楹，庭院内有太湖石堆砌的"云岫峰"，四周有游廊相连属。这里是乾隆皇帝的寝宫，书房，也是乾隆皇帝在团河行宫接见臣僚、处理政务的主要场所。乾隆皇帝为"璇源堂"作诗一首并叠韵一首，还作有《题璇源堂》二首。

《璇源堂》诗

河源何事更称璇，玉润由来溯本然。

洁治书堂俯嘉德，标其生亦在方圆。

《璇源堂叠韵》诗

美玉由来得号璇，然乎斯可证其然。

设于运斗品次第，产处奚论方与圆。

二景：涵道斋

出璇源堂北门即是皇帝寝宫"涵道斋"，濒临东湖。涵道斋南设前廊，北置后厦，有大殿五楹，大殿四周游廊环绕。东南角设一炉灶，以备取暖之用。"涵"乃包含之意，"涵道"强调的是德行的修养。

岸边有"鱼乐汀"碑碣，语出庄子与惠子濠梁观鱼，"条鱼出游从容，是鱼乐也"之典。涵道斋有游廊与璇源堂及西北部的漪鉴轩相连。夏日，乾隆皇帝可至湖岸观鱼，或于钓鱼平台垂钓，无限欢乐。乾隆皇帝为"涵道斋"作诗一首并叠韵一首，并作有《涵道斋有会》和另一首《涵道斋》诗。

《涵道斋》诗

斋额奚因涵道称，绎思水德在清澄。

内存心及外临事，舍二又将何所能。

《涵道斋叠韵》诗

物成形必有多称，水那知涵但自澄。

畬侧书斋额涵道，涵乎澄也究谁能。

三景：狎鸥舫

狎鸥舫位于西湖西岸，又称水柱殿，五开间。舫有石阶与水面相接，可由此处登船泛舟游览。此处面临开阔的西湖水面，乾隆皇帝到此，见湖面上有众多水鸟翔集，以卢照邻"腾沙起狎鸥"和杜甫"狎鸥轻白浪"诗句，取名曰"狎鸥"。乾隆皇帝为"狎鸥舫"作诗一首并叠韵一首：

《狎鸥舫》诗

室如舫耳原非舫，取适名之曰狎鸥。

我岂诗人卢杜类，箕畴惟是慎先忧。

《狎鸥舫叠韵》诗

偶因乘暇翻唐句，卢杜诗中得狎鸥。

笑彼犹然怀列子，舫斯无下亦无忧

四景：归云岫

从狎鸥舫循阶爬山游廊即可到达归云岫。

归云岫俗称"半山房"，又名拂云岫，有大殿五间，上悬乾隆皇帝御笔匾额"拂云岫"。由于它位于西北部半山腰处，踞高面湖，有极佳的视野。当年乾隆皇帝登临此处，东望湖面，波光粼粼，远望殿宇，金碧辉煌，俯看归云，朝雾蒙蒙，不禁想起乔潭《归云赋》中"归云之状兮不一，归云之趣兮难俦"的名句。乾隆皇帝为"归云岫"作诗一首并叠韵一首：

《归云岫》诗

假山既可称云岫，何必真云不可归。

设果为霖自肤寸，继沾诚足泽农襪。

《归云岫叠韵》诗

今年春雨诚优渥，假岫真云任所归。

一路菁葱看麦色，农祥稽首谢时機。

五景：珠源寺

珠源寺位于西湖北部山顶，原是明代修建的一座龙王庙。据《日下旧闻考》载："龙王庙在北山之上，门外御书额曰：珠源寺"。沿北山拾级而上，步入山门，庙中苍松翠柏，虬枝九曲。前为龙神殿三楹，南向临湖。乾隆皇帝驻跸团河行宫，每来必至此祭拜龙神，祈求风调雨顺，五谷丰登。乾隆皇帝为"珠源寺"作诗一首并叠韵一首：

《珠源寺》诗

团河本是凤河源，疏瀹南流清助浑。

必有司之惠万物，瓣香嘉澍吁垂恩。

《珠源寺叠韵》诗

有流合识有其源，永定通津赖济浑。

畿辅群生资乐利，康熙疏治久垂恩。

六景：镜虹亭

镜虹亭建在东北部山顶之上，是团河行宫六座亭最为著名的一座，因为六方形，又称六方亭。据《日下旧闻考》载："六方亭在北山之上，御书额曰：镜虹亭。"站亭中俯看，石磴参差，碧水映天。依亭远眺，芳甸怡春，景湛清华。乾隆皇帝为"镜虹亭"作诗一首并叠韵一首：

《镜虹亭》诗

以照言波则曰镜，喻形映日又称虹。

似兹假借诚繁矣，水本无知付以空。

《镜虹亭叠韵》诗

镜非铜铸假名镜，虹不云拖幻喻虹。

碧水虚亭焉识此，笑安名者只空空。

七景：漪鉴轩

漪鉴轩位于东西二湖之间，有殿堂五楹，西出抱厦三楹。有游廊与东湖南岸的涵道斋相连属，东西有石花甬路通两湖码头。这里土山相环，曲径通幽。据说乾隆皇帝曾在漪鉴轩内存放一古鉴，并在四壁悬挂有描绘前代帝王美恶功过之迹的"观文鉴古图"。以此告诫自己"以古为鉴，可知兴替；以人为鉴，可明得失"。乾隆皇帝为"漪鉴轩"作诗一首并叠韵一首：

《漪鉴轩》诗

水裔之轩漪鉴名，偶临遂与绎思精。

漪常喻动鉴取镜，要在不波乃得平。

南
海
子
史
话

《漪鉴轩叠韵》诗

漪为实象鉴虚名，虚实之间寓意精。

设以南华齐物较，无风息照乃其平。

八景：清怀堂

清怀堂位于团河行宫南部。进东所二宫门，迎面有一对麒麟抱鼓石，上为木影壁，转过北行即是清怀堂，有大殿五楹。这里是专为皇太后来团河行宫巡幸时建造的寝宫。当时这里嘉树修竹、奇花异草、堂临碧沼、清幽秀美。清怀堂北为风月清华殿，俗称九楹殿。穿过殿侧屏门循甬路即可到达涵道斋、翠润轩、露香亭览胜。乾隆皇帝为"清怀堂"作诗一首并叠韵一首，并做有《题清怀堂》诗。

《清怀堂》诗

堂临碧沼额清怀，白芷绿蒲景已佳。

怀在胸中清在境，其间宾主认毋乖。

《清怀堂叠韵》诗

八景兹来果称怀，拈吟触目得清佳。

便宜最是今春者，日雨日旸总弗乖。

团河八景代表了整座团河行宫的精华。然而，自"庚子国变"以后，随着大清帝国的衰落，团河行宫被遗弃。又经战乱摧毁，行宫内建筑惨遭破坏，行宫八景早已仅剩遗址。令人兴奋的是，在各级人民政府的重视下，团河行宫又得以全面复建，行宫八景又重现人间。

（5）团河行宫之宫苑

团河行宫分为东湖、西湖两大景区，除璇源堂、涵道斋、归云岫、珠源寺、镜虹亭、狎鸥舫、漪鉴轩、清怀堂行宫八景外，沿湖还建有鉴止书屋、御碑亭、翠润轩、濯月漪、四方亭、云随亭、群玉山房、风月清华、石板房、石板亭、钓鱼台、大船坞、十字房、宝座船坞、过河厅等建筑。此外行宫内还建有大宫门、二宫门、东二宫门、大角门、茶膳房、寿膳房及鹿圈等建筑设施。是一座山湖、亭台、殿宇相结合，南北造园艺术融一体的行宫别苑。

鉴止书屋

沿两湖间石花甬道北行，经漪鉴轩，过拱桥，坐落在东西湖相接处北岸上的便是鉴止书屋，它背山临水，形成一个相对独立的院落。后院墙随山势而建，逶迤而上。是从南岸过河时所观到的首座景观建筑。书屋南临拱桥，桥隔两湖，依山面水，别有一番趣味。

书屋有正殿三间，院内西有御膳房，东有配殿，各两间。正殿檐额上，曾悬有乾隆皇帝御书"鉴止书屋"匾额。乾隆皇帝每来团河行宫驻跸，常在这里读书作诗。曾作有《鉴止书屋》诗：

> 结构率临池，是处富于水。
>
> 璇源言其实，涵道言其理。
>
> 书屋别一曲，爱名曰鉴止。
>
> 动实滥于面，止乃澈其底。
>
> 澈底鉴斯明，孰能混臧否。
>
> 偶来俯空澄，心境两清美。
>
> 不波胜其波，有鉴谓多矣。

御碑亭

御碑亭，即乾隆御制碑亭，又称四方碑亭，位于西湖的西北岸。亭南面临水，北面靠山，东为珠源寺，西有归云岫，与西湖东南岸的云随亭隔水相望。由于支撑亭子的柱子已经受损，在四角砌墙加以保护。亭内有乾隆御制碑，保存完好。

亭中有乾隆题诗碑，碑高 4.8 米，每边宽 1.2 米，下为须弥座，上为圆角攒尖顶，碑额浮雕二龙戏珠，额间镌刻"御制"二字。碑身四周边雕叶蔓花纹，四面镌刻乾隆御制诗，下款有"古稀天子之宝"印鉴。

碑四面镌刻乾隆帝的四首御制《团河行宫作》诗。它们分别作于乾隆四十五年（1780 年）、乾隆四十七年（1782 年）、乾隆五十一年（1786 年）和乾隆五十三年（1788 年）。

前两首诗记述了团河疏浚和团河行宫修建的原因，团河是南苑水系的重要源头，疏浚团河创造了行宫的西湖水域。后两首诗则主要侧重于写景，是乾隆帝游览团河行宫的具体感受，早春的积雪、暮春的百花引得他诗兴大发。其中南面《团河行宫作》写道：

团河本是凤河源，疏浚于旁筑馆轩。

断手三年未一到，临看此日识长言。

非关疏懒身无暇，惟爱朴淳志弗谖。

流出清波刷浑水，资安永定意斯存。

翠润轩

翠润轩，又称"敞宇"，坐落在东湖中心岛上，是行宫东湖景区的构图中心，四望皆成画景。其四面环水，整个建筑四面通透，绿林掩映着殿宇飞檐画栋。其东、西两侧各设小木桥连接两岸。乾隆帝有"时霏细点未云晴，露缀林枝滟水晶"诗句，描绘翠润轩的秀美景色。

翠润轩，坐北朝南，共三楹，为大式歇山筒瓦箍头脊，苏式彩画。殿宇壮丽，景色秀美，相当于团河行宫中的御花园，是专供皇帝此纳凉、小憩、赏花、观鱼的地方。

濯月漪

濯月漪，位于西湖西岸处，又名"西临河房"，东面临湖，设有山石码头。其西廊南、北两端各接一道卷书墙，分别通达十字房和狎鸥舫。站在廊中环顾四周，远处湖光掠影，垂柳依依，近处殿宇壮丽，金碧辉煌，为团河行宫一大胜景。其坐西朝东，重檐结构，前后出厦，由主殿和西后廊等组成。

因其是一座临水楼阁，所以成为登楼赏湖景的好去处。濯月漪前有临湖码头，可以从此乘船，泛舟湖上近距离观赏月影。

濯月漪南北两侧有两道矮墙，名为卷书墙。它的两端做成卷曲状，如同翻卷的线装书一样，十分形象活泼。

卷书墙不仅增加了楼阁景观的多样性，还向北延伸到狎鸥舫，将濯月漪和它背后的山丘进行了分割，突出了临湖水岸景观的完整性。

卷书墙上的窗花形态各异，有扇形、菱形、六边形等，行人在墙后透过窗花看湖光山色、亭台楼阁美不胜收。墙上门洞有宝瓶状、圆形，具有明显江南风韵。

四方亭

四方亭，又称点景四方亭，位于团河行宫西北角。归云岫之南，东有狎鸥舫。亭有明柱 12 根，金柱 4 根。

精致典雅的四方亭与高大威严的归云岫，同处行宫西北角。在这里，归云岫、爬山长廊的曲折变化与亭子的幽然矗立形成鲜明对比。四方亭既是除归云岫、狎鸥舫之外的最佳观赏地，也是景观中的美景之一，可谓点睛之景。

云随亭

在西湖东南岸上，有圆亭一座，《日下旧闻考》记载："圆亭御书额曰'云随亭'。"云随亭三面环山，北面临湖，山上绿树成荫，湖中碧波粼粼。这里是观赏西湖之佳地，也是小憩、乘凉的最佳之所。

云随亭，为大式重檐筒瓦圆顶攒尖建筑，上有苏式彩绘。亭分两层，上层为檐柱 8 根，与下层金柱相连；下层为檐柱、金柱各 8 根，柱下为覆盆式柱础。

云随亭虽然体量不及行宫中的宫殿，但仍为行宫内重要景观建筑。其圆形重檐攒尖顶、绚烂的彩画都透露出皇家行宫的尊贵与气派。

群玉山房

群玉山房，又称水柱子房，位于东湖北岸岸边，是一处造型优美的岸边建筑。山房分岸上建筑和湖中建筑两部分，岸上有房二楹，湖中有突出的水柱，所以才又称"水柱子房"。

位于东湖北岸的群玉山房，与南岸的涵道斋互为对景。东湖周围，北有群玉山房，南为鱼乐汀，东是钓鱼台，西为漪鉴轩，四面对应，皆为佳景，与周围建筑构成一幅绝美的景象。

石板房与石板亭

石板房，位于石板亭南侧，坐东朝西，有路与石板亭相通。石板亭又称露香亭，"露香"即露天焚香之意。《日下旧闻考》中称其为"石亭"，亭平面呈长方形，位于东湖东侧，与镜虹亭遥相对应，又与风月清华互相对景。

石板房，平面呈长方形，进深一间，面阔三间，屋顶以石板为瓦，房前有三层石阶。

石板亭，又称露香亭，俗称"四方亭"，位于东湖东侧，石板房北偏西，与石板房间有游廊相连，又与镜虹亭遥相对应，与风月清华互相对景。

钓鱼台

钓鱼台位于东湖东南岸，与漪鉴轩相对，有平台三楹，台基长 5 米，宽 2.25 米，台后有卷书墙一道。是专为乾隆皇帝设计的垂钓处。往南可以看到供皇帝后妃观鱼嬉水的鱼乐汀，向北则可以看到东湖中心岛上的翠润轩，岛上有小木桥连接两岸，格外幽雅恬静。

涵道斋

大船坞和小船坞

团河行宫有两座船坞，即大船坞和小船坞（一洞天宝座船坞）。大船坞位于西湖西岸，小船坞位于西湖西南岸。

大船坞沿西湖西岸而建，平面呈长方形，长约 18 米，宽 2.85 米。船坞东口用条石砌成外"八"字形，以便于船只进出，底部用石板铺成，靠水部分石条下发现在土中向下钉有木桩，间距约 0.4 米，应为稳定基石所为。

小船坞，早于大船坞而建。造型优美的一洞天宝座船坞，既可以停泊御船，又可以点缀和美化行宫西湖景区，是团河行宫西湖景观的重要组成部分。

十字房

在团河行宫西湖的西南岸，有一座造型独特的建筑，名叫十字房，又称点景抱厦房。其面阔三间，进深三间，前后抱厦，抱厦外檐檐柱下设坐凳，屋顶单檐硬山布瓦顶，苏式彩绘，两幢三间房成"十"字状交叉，面东而立，形制奇而优美。

十字房是一座造型独特的建筑，两幢三间房呈十字状交叉面东而立，传说此建筑是和珅为取悦乾隆皇帝，专为十公主固伦而建。因此，又被称为"十公主房"。

过河亭

过河亭，位于西湖南岸，亭下为出水闸，是西湖的出水口。亭为为三楹八柱，建于桥上，是亭、桥、闸的结合，具有三重功能。桥洞进出口成八字雁翅形，北雁翅通西湖南岸。亭下即团河之水，水流经鹿圈，凤河便发源于此。

《日下旧闻考》记载："过河厅接苑墙之南，其下即团泊之水，流向苑外，团河迤逦而入凤河者也。"亭内可供人过往和小憩。其河道驳岸用不规则的山石堆叠，如同天然的岩壑，流水潺潺，跌宕于山石之间，宛若鸣琴。

过河亭桥面由长条大石板铺就，其上三间亭子横卧东西，南宫墙由水栏上方穿过。在亭内还设有搅杆、滑轮、支架等提闸设施。北燕翅通西湖南岸，为西湖的出水口，用长方形大理石砌成，闸板为木质，闸板外有六根拦水石柱，为控制水势而设立。

站在过河亭上，听如珠溅玉的水花，如同山间之泉，绘声绘色，好像在鸣琴。团泊之水经过河亭下闸门流向南，在南闸桥间聚水成椭圆状，其形如凤头，那过河亭就是凤冠。

风月清华

从清怀堂西墙外的游廊向北，过角门，就是风月清华，即储秀宫，宫为九楹。因此又称"九间殿"。这里是后妃的寝宫，也是行宫中间数最多的建筑。

风月清华高大气派，门窗敞亮，楹联对仗。院内东、西各有配房三间，在殿内，有主位寝殿和右寝殿。皇贵妃、贵妃、妃、嫔，佐内治，皆称主位，在此居住。嫔以下者，如贵人、常在、答应，居右寝殿。

风月，意指清风明月，美好景色；清华，指清高显贵之人或清秀美丽。乾隆后妃众多，美丽高贵；清风明月殿宇高大气派，装饰豪华。不管从人还是建筑，"风月清华"当之无愧。

宫内大院宽敞，布局合理，周围游廊，苏式彩画，色调清新。风月清华内部装饰豪华，名人字画，古色古香；名瓷古玩，琳琅满目；盆景花卉，争奇斗艳。隔扇精雕细刻，花罩绣工精巧；梳妆台上胭脂清香，首饰精美。陈设布局与外部自然和谐，"风月清华"名副其实。

茶膳房与寿膳房

茶膳房，位于团河行宫东南角的南宫墙外。在东朝房以东和寿膳房以南，有角门通往寿膳房。

茶膳房专司宫中各处贡品、帝后御用及赏赐用茶膳，隶属内务府。茶膳房设管理事务大臣，下设尚茶正、尚茶副、尚茶及主事等共三十余人，掌宫内备办饮食及典礼等各种筵席酒宴。

寿膳房，位于团河行宫东南角的南宫墙外。大宫门以东，自成院落。中间有穿堂，南有角门与茶膳房相连。是为皇太后设立的膳房。

宫门

团河行宫共有三处宫门：大宫门、二宫门和东二宫门。

①大宫门

大宫门为团河行宫正门，位于行宫宫殿区偏西，在西所宫殿的中轴线上，由门楼、后厦、南北踏步和东西宫墙组成。大宫门为行宫正门，共三楹，由门楼、后厦、南北踏步和东西宫墙组成。门楼平面呈长方形，进深一间，面阔三间。

团河行宫大宫门

大宫门前有一对铸工精细、栩栩如生的铁狮子，显示出皇家的尊贵、威严与气派。

②二宫门

大宫门北行而进，正面为二宫门。二宫门坐北朝南，由门楼、北后廊、南北侧踏步组成。门楼平面呈长方形，进深一间，面阔三间，中间落空。院内两旁有东、西配殿。

二宫门与大宫门之间两侧对称建有军机处。军机处也称"军机房""总理处"，是清朝时期的中枢权力机关。在团河行宫中，皇帝将军机处放置于大宫门内东西两侧，在璇源堂召见大臣议事，身处行宫时也能照常处理国事内务。

③东二宫门

东二宫门，位于宫殿区东侧院落，其西为二宫门，北为清怀堂，与清怀堂处于同一南北向的中轴线上。东二宫门坐北朝南，由正门楼和北后廊组成。主门楼平面呈长方形，中间落空。北后廊，位于宫门北侧，与主体建筑相平行。

东二宫门进门是一座木制大影壁，其上彩画仙鹤，壁座为一对夹杆石，浮雕麒麟，雕工精细。影壁也称"照壁"或屏风墙，最初具有极强的礼制象征。

东二宫门所在的宫殿区位于团泊东南部，是团河行宫中建筑的主要分布区域。宫殿区分为东西两所，都为三进院落形式。西所从南往北中轴线上依次有大宫门、二宫门、璇源堂、涵道斋。东所则为大宫门、东二宫门、清怀堂、风月清华。

④大角门

大角门，位于团河行宫西南角、过河亭以西的南宫墙上，通往长尾鹿圈。团河行宫的大角门，仅是用来连通长尾鹿圈的一个小便门。

（6）团河行宫之水域

"南苑美景属团河"。其实，说团河美，主要是"水"美。

团河位于南海子西南隅，这里与南海子西北隅的一亩泉水系一样，均是永定河冲积扇摆动过后留下的地下水溢出带。这里涌泉众多，地势低洼。据乾隆皇帝考证，这里共有 94 泉。（"近经细勘，则团河之泉可指数者九十有四。"《海子行》诗注）形成团泊，成为凤河之源。《日下旧闻考》记载："团河之源旧称团泊……河南北旧宽六十余丈，东西五十余丈。乾隆四十二年，重加疏浚，复拓开数十丈。"团河行宫在经过疏浚团河的同时，历时五年建成。乾隆皇帝在《团河行宫作》诗注中写道："其团河前后新开水泊，泉源畅达，清流溶漾，水汇而为湖，土积而为山，利用既宜，登揽尤胜，因于其旁构筑行馆，以供临憩。"可清楚地看出，修行宫前先开挖旧团泊，形成东、西二湖。同时，以挖湖之土，堆积成山。因此，行宫所有建筑都是以团河水系为依托，沿湖靠山而建成。

西湖面积最大，呈龟背形。史料记载，"周围二百二十九丈五尺"。（1993年测量为 716 米）

东湖面积较小，史料记载，"周围一百六十二丈"（1993 年测量为 499米）。实际上，这里被设计成宫殿群的后花园。

为了保证东、西二湖有充足的水源，在西湖的西北岸修了一条长约 150米地下石砌的引水涵洞暗渠（史料称进水箱），把行宫北侧泡子里的水通过这条暗渠源源不断地引进西湖。同时，又开挖了团河行宫东部和南部的护宫河（又称筒子河），并在东宫墙之北和西湖南岸的南宫墙北修建有两处出水口。东出水口沿宫墙外向南，经小石桥西转过浮桥、大石桥向西汇入凤河。西湖出水口在西湖南岸的宫墙北，建有一座闸门（进深 7.85 米，宽 2.45 米），出水口为雁翅形（翅长 6.75 米，翅端间距 12 米）。木制闸门，闸门外立 6 根石柱，为减缓水速而设。闸上建有过河亭，闸、亭结合，相得益彰。河闸起到控制湖中水位的作用，水位低时关闸蓄水，汛期开闸排水疏入凤河。这样既不会使湖水变为死水而腐败，又不致因暴雨而漫溢，形成团河行宫，蓄、泄兼得的给排水系统。《总管内务府现行则例》引用乾隆皇帝对建团河闸座时所谕："启闭闸板察看水势均关紧要"。为此，乾隆皇帝命团河行宫"专设闸军十名，轮流看守，随时启闭。"

在东西两湖上，与水有关的建筑众多，其中有石桥六座：

一座为大石桥，位于大宫门南侧，南山口之北河上；二座为东宫墙北桥，位于东宫墙北端，实为东湖出水口，东宫墙从石桥上穿过；三座为东宫墙南桥，位于东宫桥南端，军机房侧的河上；四座为东山桥，位于军机房向南，东山拐角的两山豁口处；五座为过河亭桥，位于西湖出水口，南宫墙从桥上穿过；六座为南闸桥，位于凤河源头之南。

浮桥两座：一座建在南山拐角处的两山口北的河上。另一座建在大石桥向西与凤河源间的河上。

木桥三座：一座建在鉴止书屋的南对面，东、西两河以该桥为分。史料记载："木板桥长三丈，宽一丈二尺"；一座建在东湖中心岛连通东岸，史料记载："木板桥长二丈五尺，宽八尺。"另一座建在东湖中心岛连通西岸，史料记载："木板桥长二丈五尺，宽八尺。"

码头二座：一座建在西湖西岸濯月漪东侧，有临河码头石岸。史料记载："码头一座，面宽一丈二尺，进深一丈一尺，高五尺"。另一座建在西湖东岸漪鉴轩西侧，有山石泊岸码头，与西岸码头隔湖相望。

船坞二座：一为小船坞，位于西湖西南，长约十余米，北端封闭。二位大船坞，位于小船坞之上，石基长 25.6 米，船可在内通行。

这些建筑，既可在游幸东、西二湖时过桥渡湖时实用，又点缀了山湖景色，是团河行宫景观中重要的组成部分。

团河行宫占地约四百亩，四周圈建有约四里的宫墙。史料记载："大墙东西宽一百三十三丈四尺；大墙南北进深九十丈七尺。"（东西折合长 444.6 米，南北长折合长 302.3 米）宫墙高度约三米。

宫墙四角设有堆拨房专人看守，宫墙内外均有土山，上植青松翠柏，蜿蜒起伏，犹如两条青龙，头南尾北将团河行宫盘绕当中，十分壮观。

（7）团河行宫之村落

团河行宫历时五年建成，是清王朝在南海子（南苑）建造的第四座行宫，也是规模最宏伟豪华的一座行宫。据中国第一历史档案馆所藏《南苑团河行宫殿宇各项房间数目清册》记载：行宫内殿房间计 320 间；游廊并扒山游廊计 132 间；亭子计 5 座；宫外各处公所并苑户房间计 151 间。管理这样一座规模如此之大的行宫，必然需要相当数量的管理人员打理。

团河行宫 3D 复原图

据《大清会典》记载：南苑四处行宫各派一名苑丞、七名苑副管理。各行宫设立苑户：旧衙门行宫十八名，新衙门行宫十六名，南红门行宫三十二名，团河行宫三十二名。这些苑户，无疑都是皇家信得过的满族旗人。

团河行宫苑户各给养赡地 28 亩，并在行宫东侧建苑户住房 19 联，每联 4 间，共计 76 间；门楼二座，成为现在团河村的雏形。从乾隆四十二年（1777 年）团河行宫建成至宣统退位（1912 年），生活在团河行宫外的行宫苑户，充当着团河行宫的忠实仆役。他们在行宫内，或洒扫殿堂，或种植花木，或饲养牲兽，或司理膳食。如果皇帝临宫驻跸游幸，还要组织全体苑户清水泼街，黄土垫道，除有任在肩的苑户公人外，他们的眷属不论男女老少，都要穿戴一新，在宫门外跪迎皇帝辇车。

不但如此，在皇帝驻跸期间，苑户们还必须暂时腾出平日住的苑户房让给随扈皇帝而来为数众多的侍从住，自己及家人则挤住在旁边的小屋里。

苑户们虽以司理行宫杂役为职责，必要时，还要完成奉宸苑分派给的其他任务。如每年秋季，苑户们必须完成海户们完不成的大量割草任务。不过，不论是海户还是苑户，都盼望皇帝来南海子驻跸游幸，因为皇帝游幸过后，都要赏给海户和苑户们数量不菲的赏银或物品。如道光二十七年（1847年），道光皇帝至南苑行围，赏南苑看守行宫苑户一月钱粮，并赏海户银一千两。从史料中看，凡皇帝游幸南苑驻跸团河行宫或别的行宫，每次必赏苑户和海户钱粮，几乎已成惯例。就是到了光绪二十九年（1903年）三月癸酉，光绪皇帝奉慈禧太后最后一次游幸南苑，驻跸团河行宫，在当时大清帝国已日趋衰败，国库十分拮据之时，光绪皇帝（实际掌权人慈禧太后）仍赏团河行宫新旧苑户一月钱粮，并赏了海户等银两。

据最后一位见过慈禧太后的团河村老人赵连岐生前回忆：慈禧老佛爷来团河宫的时候，村里的人们都早早就开始准备着，清水泼街，黄土垫道。等到慈禧老佛爷和光绪皇帝的车辇来到的时候，村里的大人小孩都出来跪在路边迎候着，大人嘱咐孩子不准闹，不准乱跑乱看。远远地看到皇帝和皇太后乘的辇车来了，有好多骑马的护卫，还穿着黄马褂，大人和孩子都抻着脖子看。等车辇快到跟前了，大人们都趴下去磕头。他当时太小，被大人托着举过头顶，亲眼看见慈禧老佛爷掀开车帘向跪迎的人群招了招手，车辇就进了团河宫。后来听大人讲，慈禧老佛爷和皇上还赏了村里人一个月的钱粮。

据团河村老人讲，团河村杨氏先人是团河行宫最早的苑丞，村中一直有"宫老爷杨氏"的说法。负责管理长尾鹿（即麋鹿）圈的是于氏先人，村中一直还有"鹿老爷于氏"的说法。史料记载，团河行宫最后一任苑丞（宣统元年）为祥奎。

团河行宫自乾隆四十二年（1777 年）建成始设苑户，至今已 240 余年。团河村已由最初的 32 户发展到现在的近 2000 口人，其中大多数是满族旗人的后代，成为北京地区典型的满族村之一。根据 2007 年 10 月的调查，团河村满族姓氏为薛、黎、杨、赵、姚、王、徐、马、于、蒋、冯、阮、袁、张、关、孟、普、柴、范、徐、孙、李、付、方、金 25 个。

其中赵氏人口 403 人；王氏人口 277 人；于氏人口 244 人；张氏人口 192 人；杨氏人口 184 人；黎氏人口 164 人；柴氏人口 89 人；阮氏人口 78 人；关氏人口 55 人；蒋氏人口 46 人；薛氏人口 43 人；姚氏人口 36 人；袁氏人口 35 人；李氏人口 33 人；徐氏人口 21 人；孟氏人口 20 人；普氏人口 15 人；范氏人口 10 人；孙氏人口 10 人；方氏人口 10 人；金氏人口 6 人；付氏人口 6 人。（以上数字源于罗克俭主编《宫门旗人》一书）

团河村 1946 年属大兴县南苑区团河乡。1952 年属北京市南苑区团河乡。1956 年属南苑区金星乡。1958 年 9 月改属大兴县红星公社金星大队。以村中大水井为界，分为团河南、团河北两个队。1984 年属金星乡。2000 年因合乡并镇，随金星乡并为西红门镇。

（8）团河行宫之变迁

南海子始终与国家的命运联系在一起，国兴亦兴，国衰亦衰。明末，随着明朝帝国的衰败，南海子也随之衰落。被明代诗人陈子龙在《南海子》诗里形象地写道"皂雕已放韩卢死，苑墙离离白日闲"。到了清末，大清帝国又由盛转衰。南海子又随之走向败落。在清代诗人宜泉笔下写成"三宫冷落宸游少，惟见长扬引路频"（《南苑即景》）。

清晚期，康乾盛世已不在，大清帝国已"无可奈何花落去"。内忧外患接踵而来。清朝政府哪还有闲心顾及南海子？到光绪十六年（1890 年），永定河决口泛滥，南海子苑墙多半被冲毁，海子里大量的麋鹿等珍禽异兽逃了出去，任海子外的饥民捕食。而倒塌最严重的是南海子西墙的西红门段，已严重威胁团河行宫的安危。来年三月，户部急奏光绪皇帝，要求拨款修葺南海子苑墙。光绪皇帝立即准奏。但是，由于当时清政府已国库空虚，根本无力拨款，使光绪皇帝的批复成了一纸空文。

光绪二十四年（1898 年），光绪皇帝"为振国威"，打算在南海子举行一次阅武活动。为此，奉宸苑奏请朝廷拨款四十万两对南苑三宫等处进行"作速兴修"。结果，又因帑银不足，不但未能修葺南苑三宫，连这次阅武活动也被迫取消。

到了光绪二十六年（1900 年），外国列强组织八国联军乘虚侵入北京烧杀抢掠。是年 8 月，侵略军又洗劫了南海子，他们焚烧寺庙，抢掠行宫，射杀异兽。日本、英国侵略军先后闯入团河行宫，把行宫中能揣身带走的珍宝抢走，使团河行宫遭到严重破坏。

光绪二十八年（1902 年），清政府在严重的经济困难形势下，被迫决定放弃南海子（南苑）皇家苑囿的行围狩猎、演武阅兵等功能，实行"招佃垦荒"。团河行宫、旧衙门行宫和新衙门行宫（南红门行宫已被八国联军烧毁）已成为南海子里的陈旧的"摆设"。

大清帝国倒台后，政权落在北洋军阀政府手中。窃国大盗袁世凯病死后，北洋集团群龙无首，很快分裂成若干派系。其中主要是以段祺瑞为首的皖系；以冯国璋为首的直系和以张作霖为首的奉系。他们为争夺北京政权，相互争斗。最终爆发了 1920 年的直皖战争和分别爆发于 1922 年、1924 年的两次直奉战争。在军阀战争爆发前的 1921 年 1 月，"经北京政府内务部批准，清室内务府将南苑内各行宫的陈设全部移至故宫。"（《大兴县志》）从此，团河宫彻底失去了皇家的气派，成了军阀的占用之所。

在直皖战争爆发前，北京政权实际上独揽在皖系军阀段祺瑞手中。段利用手中的权力，把团河行宫据为自己的行宫，经常住在这里。冯国璋病死后，直系军阀大权落在了曹锟、吴佩孚手中。不久，直系军阀与奉系军阀结成反皖同盟，谋划推倒皖系北京政权。段祺瑞察觉后，为了讨伐曹锟、吴佩孚直系军阀，段祺瑞在团河行宫组建成立了"定国军"总司令部，自任总司令。结果，直皖战争以皖系完败而告终。

1922 年 11 月，冯玉祥以陆军检阅使身份至南苑就职。是年冬，为旌表在反对袁世凯称帝的"护国战争"和讨伐张勋复辟等战争中牺牲的将士，冯玉祥在团河行宫以北置地三十亩，建起了一座"昭忠祠"。命士兵把团河行宫大宫门前的一对铁狮子移到"昭忠祠"门前，开启了拆挪团河行宫文物的先例。1958 年，这对铁狮子惨遭砸碎，被投进了"大跃进"的炼钢炉。

1923 年，冯玉祥把自办的官佐子弟学校"育德中学"迁进了团河行宫。因该校被办成了半工半读学校，学员边读书边劳动生产，生产军服军被、军鞋军帽，学校还设有木工等工种。这样，团河行宫的一些殿宇又成了"育德中学"的生产车间。其间，团河行宫遭到了不同程度的毁坏。

1935 年 6 月，国民革命军第二十九军驻防平津地区，军部设在南苑兵营。团河行宫内驻有一个骑兵营和随军福利厂 200 余名伤残军人。

1937 年，侵华日军挑起了"卢沟桥事变"。7 月 27 日又开始大规模突袭毫无戒备的南苑二十九军兵营。当时兵营仅有留守的二十九军军部机关人员、军官教育团、特务旅两个团和一个骑兵团。还有由 1700 多名热血青年组成的连枪还不会使用的"学兵团"。

南苑保卫战是先从团河保卫战打响的。据《大兴文史资料》记载：7 月 27 日下午，日军轰炸机在团河上空投下炸弹，顿时尘土飞扬，砖瓦横飞。接着，日军向驻扎在团河行宫里的中国军队发起进攻，遭到了行宫内中国军队的顽强抵抗。在炮火中，团河行宫里的大部分古建筑遭到严重的摧毁。日军占领南苑后，为了修建南苑机场和黄村、南苑火车站等，开始大规模拆毁团河行宫，使团河行宫受到最为严重的毁坏。

抗日战争胜利后，国民党军队接管了南苑。为了修建南苑机场周边工事，又开始拆用团河行宫里的砖石木料。就这样，团河行宫里的主要建筑基本被拆得一干二净。

据《团河行宫》一书记载：新中国成立后，团河行宫遗址曾先后被几个单位长期占用。1952年，北京市园林部门曾派人调查，团河行宫有无文物保存价值。调查结果是：不列为市级文物保护单位，建议由南苑区政府管理。此后分别由黄村林校、团河农场、金星乡、团河村几经易手管理。1957年被划归北京市园林局作为绿化用地，但仍未得到应有的保护和修缮。

1968年，北京卫戍区建通讯站占地6000平方米，建房40间，建国防工事5处，均挖开土山，然后复原。其中为建南山主堡，在北侧挖坑取土近2万立方米，成方坑二处，占地500平方米。

行宫周围土山，部分被运走修了团河路和京开公路；部分被团河村用于平整北部河套地。团河村还曾在宫殿群遗址上建过猪场、鸡场和牛棚。此外，某驻军单位还曾建起肥皂厂500余间。

特别是处于"文革"期间的1970年，大兴县"革委会"在黄村（河北林校操场）建万人露天会场需要砖石，即把东、西二湖的驳岸石与船坞上的条石一起拆走。

1974年，金星分场又在十字房遗址处，建农业中学用房60余间，占地5000平方米。

1977年，北京市化工局在南山环建仓库一座，占地45亩，建库房约1700平方米。

就这样，团河行宫内除了一座残破不全的御碑亭还顽强地矗立在西湖岸边外，昔日曾被誉为"京都第一行宫"的团河行宫，已经面目全非，彻底成了一片废墟。

1982年7月，在众多关心团河行宫有识之士的呼号下，大兴县建委写出报告，建议把团河行宫纳入黄村卫星城总体规划，建成供人们游赏的文化公园。县政府对此十分重视，1983年3月王维彦副县长即召开接收团河行宫会议，并派出工作人员进驻团河清点地上文物。

为了保护团河行宫这一历史文化遗产，大兴县政府在九三学社北京建筑设计院支社欧阳骖工程师的帮助下，制定了团河行宫遗址公园的规划方案。1984 年 7 月，招请承德市文物局古建修缮队将团河行宫遗址中的御碑亭、东湖岛上的翠润轩、木桥和山石驳岸进行了修复。竣工后，特请时任全国人大民族委员会副主任委员的爱新觉罗·溥杰先生亲笔题写了"团河行宫"匾额。虽然这次修复仅是一小部分，但为后来大规模修复团河行宫开了个好头，打下了基础。

2016 年，团河行宫终于迎来了曙光。在北京市文物局的大力支持下，大兴区政府责成区文物管理所，招用古建单位开始对南海子里的团河行宫和德寿寺实施全面的修缮复建工程。经过三年的紧张施工，到 2018 年底，两项修复工程土建任务基本竣工。一座严格地按原地基、原图纸施工的团河行宫又重新展现在人们的面前。成为新大兴的新亮点！

（9）团河行宫之传说

团河行宫曾被誉为京都第一行宫，乾隆皇帝为建造团河行宫倾注了太多的心血，成为他的最爱。以后再来南海子游幸，大都驻跸在团河行宫。直到嘉庆元年（1796 年），当上太上皇，已 85 岁高龄的乾隆，仍乐此不疲地来南海子游幸，驻跸团河行宫。因此，在南海子内外，流传有许多有关乾隆爷在南海子的民间传说。其中有"乾隆与双柳树的传说""乾隆封凉水河不结冰的传说""乾隆与杀官桥的传说""乾隆与小龙河的传说""乾隆与半边桥的传说"和"乾隆修海子墙的传说"等。

而有关乾隆与团河行宫的民间传说就更多、更生动传奇了。其中有"神龟荐宫址""飞来的柏树""姜太公建钓台""仙女拓湖面""十字房的故事""碑文饰皇过""天降镜虹亭""金蛙生贵子""梦建龙王庙""神将护柏树""璇源堂对弈""敞厅遇仙记""铁狮惩和珅""行宫七寸蛇""皇子戏梅花""归云岫教子""白鳝壮龙体""神龟示皇寿""戴耳环的金鱼""神奇的团河井"和"团河的蛤蟆不叫"等传说。

"飞来的柏树"说的是团河行宫建好后，乾隆皇帝要求宫内要遍植一搂粗的柏树，以显示皇家园林的气派。这一任务就落在了一位复姓司马的园隶头上。司马接到这个差事后，知道完不成就有杀身之祸。这天夜里，独自到刚堆筑好的行宫土山上，打算服毒自尽，一死了之。正当他要服毒之时，突然狂风大作，吼声如雷。司马手端的毒药碗也被刮落地上。司马也吓得昏了过去。昏睡中，见从空中下来两位自称是哼、哈二将的神兵天将，说是来帮助司马完成植柏成命的。狂风过后，司马睁开了双眼，见行宫院里，已遍植好数百棵一搂粗的柏树。司马非常感动，忙向梦中哼哈二将出现的方位跪倒下拜，感谢神将的救命之恩。

这个传说虽不可信，但也反映出当时的实际情况。据园林专家调研，团河行宫里的古柏的树龄要比团河行宫大几十年。显然是团河行宫建好后，为了急于成景，不惜把别处景观的较大柏树移植到团河行宫里，这才产生了"飞来的柏树"的传说。

"十字房的故事"说的是大贪官和珅为了讨好乾隆皇帝，知道乾隆最喜欢十公主固伦，就在营造团河行宫时，特意在西湖岸边别出心裁地建造了一座别具一格的"十字房"，定名"十公主房"。并导演了一出"十字房里见公主"的好戏，到时候给乾隆皇帝一个惊喜。

团河行宫建好后，乾隆皇帝因故三年还未到此一游。这次，打算拜谒东陵驻跸盘山多日后，再回跸南海子，游幸盼望已久的团河行宫。和珅知道乾隆皇帝已有月余未见时已芳龄五岁的爱女了，就事先把固伦公主母女接到团河行宫。同时，和珅也把和固伦公主同岁的儿子接了来，好与固伦公主一起玩耍。

这天，乾隆皇帝在和珅的陪扈下，兴致勃勃地游幸了团河行宫。游完东区，又乘船游览西区。从船坞上岸后，来到了十字房门前。和珅故意让乾隆皇帝亲自推开了门，见爱女固伦突然出现在眼前，乾隆惊喜万分，一下子就将其搂在怀里。接着，和珅又把自己的儿子带到乾隆皇帝面前叩头行礼。乾隆见和珅的儿子长得眉清目秀，也非常喜欢，当场赐名丰绅殷德。又见两个孩子如金童玉女非常般配，就指婚固伦公主与丰绅殷德配成姻缘。

"团河的蛤蟆不叫"是说乾隆皇帝头次驻跸团河行宫下榻在涵道斋。谁料到，被东、西二湖里的蛤蟆叫声吵得怎么也不能入睡。恼怒的乾隆即传来和珅，命他立即解决蛤蟆的吵叫问题。和珅赶忙叫来随侍们，一人拿一根柳条，围着湖用柳条抽打水面，才使蛤蟆暂时停止了叫声。可没过多会儿，蛙声又起，随侍们只能再以柳枝抽打水面。搅得乾隆爷一夜没睡好不说，也累得随侍们筋疲力尽。和珅想总这样也不是个办法，就假拟了一道圣旨，命令团河里的蛤蟆在乾隆爷驻跸期间不准鸣叫。到了晚上，和珅就到湖边郑重其事地面向湖里宣读了圣旨。没想到，湖里的蛤蟆还真的停止了鸣叫。

这个传说肯定是瞎编，但据团河村老人说，团河里的蛤蟆不叫确实是不假，但绝不是"圣旨"之功。究其原因，据科学考证，是因为团河之水为地下涌出的泉水，水温偏凉，影响了蛤蟆的发情期，因此也就不叫了。

"神龟示皇寿"的传说讲的是八十五岁高龄的乾隆当了太上皇后，在嘉庆皇帝的陪伴下驻跸团河行宫。在东湖钓鱼台钓上了一只大龟，令人惊奇的是，在大龟的龟盖上，隐约有"八九"的图案。被在一旁的和珅看见了，立即向乾隆爷道贺。说是神龟示寿，乾隆太上皇至少能活到八十九岁。乾隆听了非常高兴，又重赏了和珅。后来证明，乾隆爷果真活到了八十九岁。

"戴耳环的金鱼"传说的是乾隆皇帝在一位爱妃的陪伴下游幸南海子驻跸在团河行宫。皇妃在宫女们的簇拥下正在湖边赏花观景，突然发现湖里有一条大金鱼游到水边的浅水处。皇妃发现这条金鱼肚子很大，看出是条即将甩籽的金鱼，由于身体游动不便，被困在了浅水处。皇妃见了，就把耳朵上的一对金耳环摘了下来，让宫女给金鱼戴上，并把它从浅水处放进深水里，金鱼摇着尾巴游走了。从此以后，每当乾隆爷与皇妃游幸团河行宫，戴着耳环的金鱼都会游到此处，摇头摆尾显示一番，以感激皇妃的救命之恩。

"苑户房的传说"说的是，当年团河行宫修建竣工后，为了料理行宫，乾隆皇帝决定从满族旗人中调来三十二人为苑户，各给地 28 亩，并设苑丞一名，苑副一名。为了解决苑户们的居住，又敕命给苑户们盖苑户房。传说，决定苑户房所建位置时，乾隆皇帝传来团河行宫苑丞，问他愿意建在行宫东侧还是西侧，苑丞回答任由皇上做主。乾隆爷说，选建在行宫西侧，将来做官的多，戴枷的也多。如选建在行宫东侧，出的虽是平民，但人丁兴旺。苑丞听罢，毫不犹豫地回答道：愿建在行宫东侧。就这样，在团河行宫的东侧，建起了苑户房十九联，每联四间，共计七十六间，门楼二座，这就是团河村的雏形。

现团河村一位柴姓老人说，当年乾隆爷的话真的应了验，团河村由当初的三十二人，发展到现在的二千多人，不就是人丁兴旺吗？而再看看团河行宫的西侧，后来成了团河农场，还真是官多，罪犯（戴枷者）也多嘛！其实，这仅是一种巧合。

"神奇的团河井"是说团河村中曾有一眼砖井，村里人都称之为"大井"。虽叫大井，但井口并不大，是一块厚厚的大石板中间凿出一圆孔做成的井口，传说这眼大井是乾隆爷敕命挖的。过去，全团河村的人都是喝这眼井水长大的。团河村的老人说，这井水甘甜好喝，打上来直接饮用，从不闹肚子。而且水量充足，从未干枯过。当时国民二十九军一个团驻扎团河村，人喝马饮，加上全村人饮用，大井始终保持在一个水位上。后来，随着环境的变差，水位急剧下降，大井终于面临干枯。村里只好组织强劳动力，在离大井几十米的地方又打了一眼井。奇怪的是，虽然也打出了水，但味道就大不一样了，村民都不愿喝新井的水，后来也就随之废弃了。至今，凡团河村饮用过大井水的老人，还都十分怀念这口大井。

总之，南海子里，特别是团河行宫，相关的民间传说还很多，亟待我们努力挖掘、认真整理、积极传承。这也是南海子文化的重要组成部分。

元灵宫

在南海子皇家苑囿里，明、清两代共建有皇家庙宇二十二座，其中七圣庙三座、龙王庙二座、真武庙二座、关帝庙五座，另有德寿寺、镇国寺、永慕寺、药王庙、菩萨庙、永佑庙、马神庙、喇嘛庙、娘娘庙、元灵宫各一座。这些庙宇，一部分始建于明代，一部分始建于清代。不过，这些庙宇都早已遗迹泯灭了。

在南海子北隅，小红门内的元灵宫就是清朝入主中原后敕建的第一座皇家庙宇，也是南海子内众多皇家庙宇中规模最大的一座。据《日下旧闻考》载：元灵宫占地四十亩，山门三楹，南向，额曰"宅真宝境"。内为朝元门，中构元极殿十有二楹，圆殿重檐，置门二十有四。内奉玉皇大帝像，恭悬御书额曰"帝载元功"。联曰："碧瓦护风云，别开洞府；丹霄悬日月，近丽神皋。"殿后为元佑门，内为重檐凝始殿五楹，内奉三清、四皇像，御书额曰："上清宝界"，联曰："颢气氤氲，一元资发育；神功覆帱，万汇荷生成。"前有配殿，东为翊真殿，奉九天真女梓潼像。西为祇元殿，奉三官像。大殿前左右立两通碑，上镌康熙御制诗。最后依墙有宫门围房十六楹，中三楹为静室。元灵宫是仿明代京城"光明殿"建造而成，宫内最具特色的建筑是元极殿，圆殿重檐，有十二间，二十四门，类似于天坛祈年殿。清高宗乾隆《谒元灵宫》诗注中所云："是宫建于顺治年间，盖仿京都光玥殿之制，光明殿则明朝所建也。"

南海子
史话

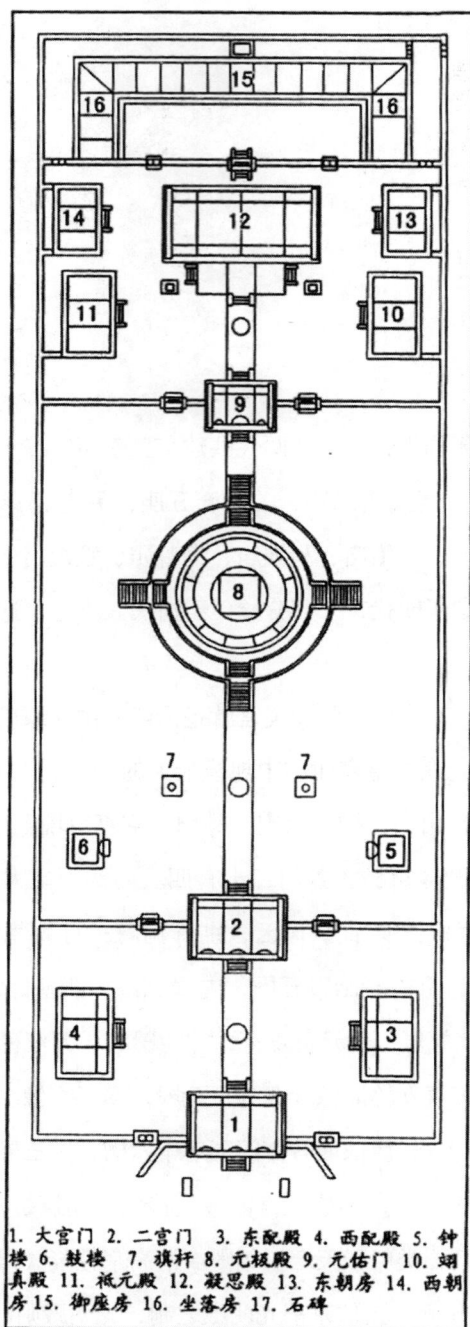

1. 大宫门 2. 二宫门 3. 东配殿 4. 西配殿 5. 钟
楼 6. 鼓楼 7. 旗杆 8. 元极殿 9. 元佑门 10. 翊
真殿 11. 祇元殿 12. 凝思殿 13. 东朝房 14. 西朝
房 15. 御座房 16. 坐落房 17. 石碑

元灵宫平面图

元灵宫是一座道教庙宇，始建于清顺治十四年（1657 年）。为什么顺治皇帝在这时候要建这样一座纯属汉人尊奉的道教庙观呢，这有当时的社会背景。

清军入关后，各种政治矛盾错综复杂，以满汉之间的民族矛盾尤为突出。虽然可以依仗满洲八旗武力来稳固皇权，但清廷上层统治者明白，以文化底蕴不高的塞外小族，要来统治一个具有深度文化的农耕文明，谈何容易？"马上"可以得天下，但"马上"未必能治天下。入主中原仅仅标志着一个朝代的更替，而要建立稳固的政权，必须争取广大中原人士的认同。消除汉族人对清朝统治者心理上的隔阂和抵触，缓和民族矛盾。因此，必须实行"满汉一家"的政策。

在"崇儒重教"思想指导下，顺治皇帝对于汉族宗教开始逐渐放开，并曾谕旨礼部："先前曾禁止满、蒙、汉私自修建寺庙，或往寺庙上香，送孩童入教，随喇嘛斋戒受戒等。现天下一统，满、蒙、汉诸官民等，若欲兴建寺庙，修复破旧寺庙，往寺庙上香，送孩童入教，随喇嘛斋戒受戒等，无论男女，皆可随意，钦此。"这是顺治皇帝亲政后发布的一条重要政令，标志着汉传宗教文化（包括佛教、道教）开始恢复并进入一个新的发展时期。特别是纯为汉教的道教尤为活跃，而道教之祖老子的思想在中国历史上曾被各代帝王所推崇，从汉武帝到唐玄宗；从宋徽宗到明太祖，均以老子的道家思想作为治国安邦的主流思想。因此，也引起了聪慧好学的顺治皇帝的高度重视。正是在这种形势下，顺治皇帝才在南苑（南海子）始建了清入关后第一座皇家庙宇元灵宫。

史料载，元灵宫内主要供奉玉皇大帝及三清、四皇、三官等道教尊奉的诸位天神。

玉皇大帝，道家全称其为"昊天金阙无上至尊自然妙有弥罗至真玉皇上帝"。道教认为玉皇是众神之王，在道教神阶中修为境界虽不最高，但神权最大。除统领天、地、人三界神灵外，还管理宇宙万物的兴隆衰败，吉凶祸福。每年腊月二十五，玉皇要亲自下界，巡视察看各方情况。每年正月初九是玉皇的"圣诞"之日，传言天上、地下各路神仙在这一天都要隆重庆贺，是时道教宫观要举行隆重的庆贺活动，被称为"玉皇会"。

清末元灵宫

元灵宫中还供奉有"三清"（即玉清元始天尊、上清灵宝天尊、太清道德天尊），"四皇"（即上宫天皇大帝、中天北极大帝、东极青华大帝、南极长生大帝），"三官"（即赐福上元大官、赦罪中元地官、解厄下元水官）以及与元始天尊并列的九天玄女均为道教尊奉的诸位天神。

清圣祖康熙皇帝也非常看重元灵宫，每游幸南海子必瞻元灵宫。并御制《南苑元灵宫诗》，并将诗文镌刻在凝思殿两侧御碑上。

南苑元灵宫诗

杰阁横霄峻，清都与汉翔。

规模开壮丽，星宿灿辉光。

碧瓦浮空翠，金铺映日黄。

门当啼鸟静，户有异花香。

细草沿阶发，新槐拂槛凉。

迂回疏辇路，藻彩绘雕梁。

警跸临仙境，瞻依问谷王。

敬钦崇太昊，继述忆先皇。

岁月碑文古，乾坤事业昌。

茫茫扶大造，皞皞体穹苍。

恭己身无倦，斋心念不忘。

时巡非逸豫，几暇岂游荒？

卫骑骖骥列，华旄宛转飏。

南薰披万物，北斗起千祥。

瑞气亭前见，佳辰昼更长。

休歌白云曲，吾道在惟康。

　　元灵宫又称玉皇阁，是一座皇家寺院，闲人严禁入内。就连皇帝身边的经筵讲师起居注官，未经御批也不能擅自进入。时任康熙皇帝经筵讲官、大学士张英在《德寿寺恭纪应制》诗序中写道：进讲完毕，皇上对我和翰林学士傅达礼说："南苑中有玉皇阁、德寿寺二人曾游览否？"傅回奏说："此乃禁地，非奉命不敢入。"康熙皇帝即御准二人前往观瞻，并命各写成五七言排律诗进呈。张英等奉旨观瞻后即各自写了《玉皇阁》应制诗。

　　以后的清朝各代帝王凡来南海子游幸，进北大红门后，均先至元灵宫拜谒，然后至旧衙门行宫驻跸，几乎已成规制。史料记载，元灵宫曾经康熙、雍正年间多次修葺。又于乾隆三年（1738年）和乾隆二十八年（1763年）两次大修。乾隆二十九年（1764年）重修元灵宫后来此拜谒，御笔作《谒元灵宫即事诗》：

百年天宇焕今朝，庆落涓辰对赫昭。

浮柱神扶俯寥廓，洪阶躬陟仰岧峣。

穆然匪冀乔伫遇，颙若惟祈风雨调。

古柏蒙笼护悬圃，微飔疑奏九灵箫。

据当地老人回忆，元灵宫建筑宏伟，宫门前有一用灰砖砌成的长约二十多米的大影壁。殿前有一尊高约三米的铜制大香炉，三足、圆身、双耳、三层炉顶，矗立在汉白玉质炉座之上，显得高大无比。元极殿顶部由蓝色琉璃瓦覆盖，最顶端用"风拨铜"铸造成一巨大圆球，在阳光照耀下，金光闪闪，七八里之外都能看到光亮。据说铜球里是空的，可以席坐四个人，可见体积巨大。元极殿旁有钟楼和鼓楼，鼓声如雷，钟声洪亮，据说二十里开外都能听得真切。

元灵宫元极殿与天坛祈年殿、皇穹宇、大光明殿、堂子拜天殿及承德普乐寺旭光阁，构成六座著名的圆形殿，在我国古代建筑史上占有重要的位置。可惜，这样一座著名的皇家庙宇先是毁于八国联军的洗劫，后又遭奉系军阀拆毁，据时为元灵宫住持的李世清于 1927 年二月呈报记载，元灵宫被奉军拆毁："有兵士把守庙门，内有百数工人拆毁殿宇，运料进城。"

几年前，笔者接到一位家住小红门的朋友电话，说元灵宫遗址上的厂房都已被拆除了，让我前去看看。我二话没说，骑车来到了位于小红门村西侧的元灵宫遗址。果然，这里已被拆成一片空地，到处是残砖碎瓦。在一位久居元灵宫旁边的刘先生指点下，很快找到了元灵宫元极殿的位置。又根据史料中元灵宫平面图，确定了"元佑门""翊真殿""祇元殿""凝思殿"及"御座房"等位置。然而，这些当时元灵宫的主要建筑，现在除了"位置想象"以外，什么都不存在了。正当我十分沮丧之时，刘先生又把我带到路边一旧房子后，指着房的后山露出的一块汉白玉石头说："现在元灵宫仅剩下这块王八屁股了。"我眼前一亮，兴奋地摸了摸这块石头，不假思索地说："这正是凝思殿前原址上西侧碑座。"因为仅碑座的后半部分露在墙外，无法看到墙里的前半部分，笔者很想到墙里看个究竟，却被刘先生拦住说："看不到了，王八脑袋早就被砸掉了。"我遗憾地摇了摇头。刘先生又指了指路北侧一片房子说："这些房原来都是元灵宫里的，解放初期，这里成了元灵宫小学校。直到现在，这里还是教师家属宿舍。"我好奇地走过去，从位置上可以看出，这些房正是当时元灵宫的御座房。经过多年的改建修葺，虽用的还是当年元灵宫的旧砖旧瓦，但原来御座房的格局、式样早已是面目全非了。

如今，这里已是高楼林立，成了小红门地区拆迁用房的居民区了。昔日元灵宫的一点影子也没有了，真的遗迹泯灭了。后人想知道元灵宫，只能在书本上查看资料了。

南海子
史话

德寿寺

（1）德寿寺之营建

在地铁亦庄线旧宫站西南方向约一里许，新复建起一座宏伟华丽的庙宇。仅从黄琉璃瓦顶即可看出规制为最高等级。这就是著名的皇家寺院德寿寺。

《日下旧闻考》记载：德寿寺在旧衙门行宫偏东，顺治十五年（1658年）建。后毁于火，乾隆二十年（1755年）重加修葺。山门前东西两侧，建有两座牌坊，东牌坊额曰化通万物；西牌坊额曰觉被群生。大殿奉释迦佛及阿蓝迦舍佛。御题额曰：慧灯圆照、善狮子吼。联曰：沙界净因留月印；檀林妙旨悟风香。又联曰：慧镜慈灯广种善根垂福祐；溪声山色远从贤劫证圆通。院内有穹碑两通，恭勒御制重修德寿寺碑记，并御制诗章。御座房三楹，乾隆四十五年（1780年）建。东室联曰：禅味每从闲里得；道心常向静中参。西室联曰：竹秀石奇参道妙；水流云在示真常。

顺治皇帝为什么在此营建德寿寺？这与当时的历史有关。

当时北京地区正值"天花"（又称痘症）肆虐，为了"避痘"，清朝统治者将明代管理南海子的新、旧两座提督署官衙改建成行宫。由于环境好，顺治皇帝常驻跸在旧衙门行宫。从史料记载中可看出，顺治皇帝仅在位18年，却有三分之一的时间在旧衙门行宫度过的。

关于顺治皇帝敕建德寿寺的主因，历史上有两种说法。

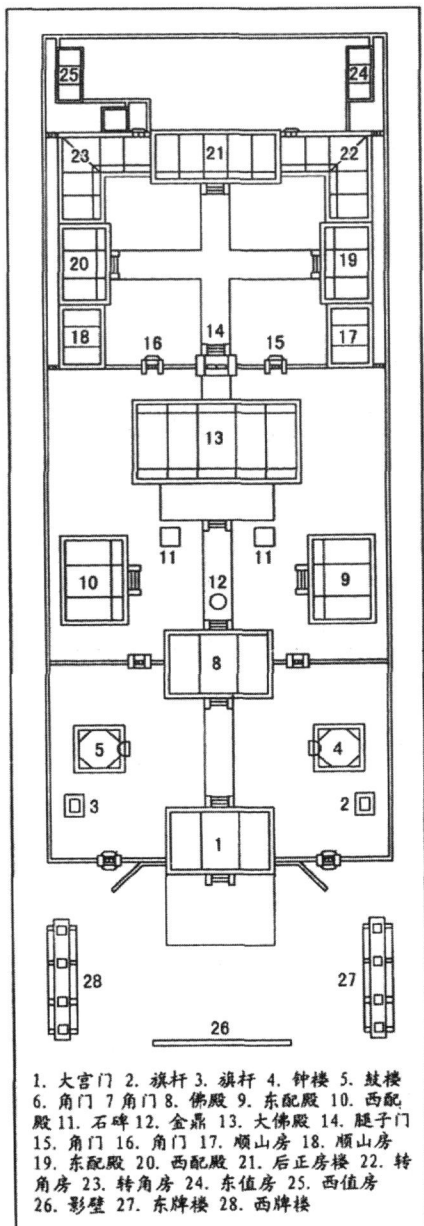

1. 大宫门 2. 旗杆 3. 旗杆 4. 钟楼 5. 鼓楼
6. 角门 7. 角门 8. 佛殿 9. 东配殿 10. 西配
殿 11. 石碑 12. 金鼎 13. 大佛殿 14. 腿子门
15. 角门 16. 角门 17. 顺山房 18. 顺山房
19. 东配殿 20. 西配殿 21. 后正房楼 22. 转
角房 23. 转角房 24. 东值房 25. 西值房
26. 影壁 27. 东牌楼 28. 西牌楼

德寿寺平面图

　　一说是，顺治九年（1652年），顺治皇帝曾在旧衙门行宫前的草场上，以"南苑畋猎，不期而遇"名义举行仪式，迎接藏传佛教领袖五世达赖喇嘛。为了纪念这一重要的历史事件，敕命在举行迎接仪式的场地上建造德寿寺。

　　另一说是，顺治十四年（1657年），顺治皇帝开始笃信佛教。因常驻跸旧衙门行宫，为了焚香拜谒方便，就以为孝庄皇太后祝寿之由，敕建了德寿寺。

　　从史料看，后一种说法更可信。顺治十四年初，顺治皇帝在赴南海子途中路过海慧寺，在随扈太监的安排下，进入寺院，初次见到海慧寺住持高僧憨璞性聪和尚。仅短短的交谈，即引起顺治皇帝的极大兴趣。对憨璞性聪和尚印象颇深。以后又多次被召进宫，更成为旧衙门行宫的常客，顺治皇帝开始笃信佛教。憨璞性聪还把木陈等高僧举荐给顺治皇帝。在这些高僧的影响下，顺治皇帝笃信佛教几乎到了痴迷的程度。因此，在经常驻跸的旧衙门行宫旁建造德寿寺也就不足为奇了。

　　康熙十五年（1676年），时任内阁中书的翰林苑侍读学士高士奇在《夏日扈从圣驾幸南苑恭纪》诗注中写道："上赐游德寿寺，寺有鼎炉，制造精工。碑文载世祖章皇帝祝太皇太后万寿无疆，特建此寺。"高士奇作此诗时，距始建德寿寺仅18年，这是笔者见到的距始建德寿寺时间最接近的史料记载，说明顺治皇帝是以为其母后祝寿的名义建造的德寿寺。

　　顺治十七年（1660年）四月，德寿寺竣工，顺治皇帝非常高兴，御驾在元灵宫宴请为德寿寺作《敕建德寿寺记》的木陈和尚。木陈是顺治皇帝高度敬仰的高僧，史料记载，一席费金五百三十两之多，且馈赠之物难以数计，对其撰写记文大加赞赏。可见顺治皇帝对德寿寺的建成是何等重视。

　　顺治时期始建的德寿寺，后因失火被焚，就连寺中曾立有一通正面镌刻有木陈和尚撰写的《敕建德寿寺记》；背面镌刻"万寿无疆"四个大字的"万寿碑"也不见了踪影，估计是随着乾隆二十年（1755年）的一场大火而被焚毁。乾隆二十一年（1756年）和乾隆四十五年（1780年），乾隆皇帝两次敕命修葺德寿寺，所以现存的有关德寿寺的文物史料多为乾隆时期修葺后所留存。不过，从乾隆御制《重修德寿寺碑记》中，也能感觉出顺治十五年（1658 年）始建的德寿寺的大概规模："南苑德寿寺创于世祖章皇帝御宇之十有五年，规制崇丽，庭中金鼎，范冶精致，乐善堂集中所为赋《宝鼎歌》者也。皇祖行蒐南苑，时常临幸瞻礼。"

顺治十七年（1660 年），德寿寺落成的喜讯未给这位少年天子带来好运。当顺治皇帝正准备驾临新建成的德寿寺，参加为大雄宝殿供奉的释迦牟尼佛和阿蓝迦舍佛举行开光大典时，从紫禁城传出噩耗：顺治皇帝的爱妃董鄂妃薨逝。顺治皇帝万念俱灰，终因伤悼过甚，身体虚弱，染上天花而晏驾归天，最终也未能参加德寿寺的开光盛典。

康熙皇帝也曾极为仰慕德寿寺，每幸南海子，必瞻德寿寺。曾作《德寿寺》诗：

持身崇孝理，清净契真如。
岁久开金寺，时来降玉舆。

康熙皇帝勤于经筵，日不辍讲。即便来南海子举行狩猎阅武活动，也要把经筵讲学带至南海子，这样，随扈的侍讲官大学士也随驾南海子。经筵多在旧衙门行宫的前殿进行，讲毕，康熙皇帝还特准侍讲大学士们观瞻近在咫尺的德寿寺，并命每人作诗咏德寿寺诗。因此，时为侍讲官的张英、高士奇、孙在丰、傅达礼等翰林大学士均留下了多首有关德寿寺的应制诗。其中大学士张英作《德寿寺恭纪应制》诗：

宝刹流金碧，弘开御苑东。
梵钟连禁柳，精舍傍宸枫。
贝阙悬金镜，丹楹架彩虹。
香云幽径满，花雨上林红。

碧草生经室，青莲隐佛宫。

瑶阶看竦峙，宝鼎独玲珑。

翡翠含云气，雕镂夺化工。

铎声如转漏，殿影欲凌空。

讵是禅居丽，皆因帝力雄。

庄严金粟地，常在五云中。

另一位侍读大学士高士奇在《夏日扈从圣驾幸南苑恭纪》诗中写道：

碧宇丹楹白玉墀，薰天宝鼎铸蛟螭。

入门处处瞻殊胜，细读当年万寿碑。

（2）德寿寺之题记

乾隆皇帝更是把德寿寺作为游幸南海子必需的"参礼之所"。别的不说，仅为德寿寺赋诗就多达二十余首，几乎是每幸南海子，必咏德寿寺，乾隆四年在《德寿寺》诗中盛赞道：

招提建百年，胜境压诸天。

树古龙蛇矫，坛高云雾连。

珠幡飘赤篆，宝鼎幕祥烟。

暂去空林杳，犹闻钟磬传。

乾隆二十年（1755 年），因德寿寺僧人燃烛不慎，引起一场大火，将德寿寺焚毁，乾隆皇帝非常痛惜。很快作出决定："以其为列祖圣迹所留，亟命更造殿宇，仍旧名以志弗忘"而"特敕重修"。

史料记载，重修后的德寿寺"营建特别宏敞，金碧丹垩，蔚然杰构"，有山门三楹，南向有一座巨大的影壁，东西建有木牌坊两座，东牌坊上题曰："化通万物"；西牌坊题曰："觉被群生"。步入山门，前院内东为钟楼，西为鼓楼。楼前旗杆耸立，珠幡高悬。北部有佛殿三楹，转过佛殿进入中院，正北大佛殿五楹，东西有配殿各三楹。大殿内供奉释迦佛及阿蓝迦舍佛。上悬乾隆皇帝御笔题额曰："慧灯圆照"，"善狮子吼"。殿内有两副楹联，一联曰："沙界净因留月印；檀林妙语悟风香"。另一联曰："慧镜慈灯，广种善根垂福佑；溪声山色，远从贤劫证圆通"。大殿阶前立有两座大青石穹碑，镌刻乾隆皇帝御制《重修德寿寺碑》。经大佛殿后门步入后院，迎面是后正楼，共五楹；有东配殿、西配殿各三楹。整座寺院松柏苍翠，"松竹韵虚籁；花药绽春蕊"；"芙蓉半庭秀，李白海棠红"。真是花木繁茂，香浮宝殿，被乾隆皇帝赞誉为一座"花宫"。其规模之大，建筑之伟，成为南海子皇家寺院之冠。乾隆皇帝赋《德寿寺》有感而发：

花宫火劫后重新，败是成因成败因。

调御丈夫都不较，如然法尔示于人。

德寿寺大殿阶前的两通穹碑高大宏伟，雕工精细，为京都地区罕见。其通高各七米五；龟座长三米三；高二米零五；碑身面宽一米八；厚九十三厘米。碑首四龙盘顶，碑身四边浮雕飞龙祥云。西首碑正面镌刻乾隆皇帝于乾隆二十一年（1756年）御制《重修德寿寺碑记》：

南苑德寿寺创于世祖章皇帝御宇之十有五年，规制崇丽，庭中金鼎，范治精致，《乐善堂集》中所为赋定鼎歌者也。皇祖行蒐南苑，时常临幸瞻礼。越乾隆二十年毁于火，以其为列祖圣迹所留，亟命更造殿宇，仍旧名以志弗忘。工蒇，所司以碑记请。南苑为较猎地，陂隰广衍，草木丰美。羽毛蹄角，充牣杂沓。岁时之暇，行围较射，以搜军实，习武备，其于佛事不相涉也。而营建特为宏敞，金碧丹垩，蔚然杰构，此岂徒以侈美观已哉？洪惟我世祖肇造区夏，乂安元元，出水火而衽席之，凡可利益斯民者，罔弗修举。念大雄氏教能福佑群生，虔致崇奉，即一游豫亦不忘邀福庇民德意。兹寺之所为作也。朕常幸南苑，周视檐宇，仰瞻像设，墨然想见当日帱覆万有为民祈福之忱，辄低回不能去。夫后人所以缵承前休者，惟其心不惟其迹，则兹寺固其迹也。而前人所以垂示来兹者，传其迹乃传其心，则兹寺即其心也。郁攸弗戒，遗址仅在，虽开天之迹，懿烁海宇，无藉一寺以传，而敛时五福，用敷锡厥庶民，随在沾被，流露于琳宫宝网间，盛美庸可弗志？踵而完之，所不容已也。后之人抚苑囿之繁盛，仰兰若之庄严，因以念开创时虽燕闲骑射，设周陜，逐禽左，足以骋怀游目，而佑庇斯民之思，犹未尝一刻置。其于法宫明堂之上更何如也！则庶几勤民家法，即一寺而昭示无穷，而朕祗绍谟烈，弗敢失坠之意，亦藉以表见云。偈曰：有大招提，在南海子。庄严楼阁，照曜半空。此南海子乃羽猎场。飞者，走者，蹄者，角者，或群或友，纷纭霍绎，云何其中，有此净土？以何因缘，何德慧故？曰我世祖，即如来身，手扶金轮，安立世界。于凡世间，跂行喙息，十方生众，无不悲悯。此悲悯心，乃至刹那，一瞬之间，未尝间断。以故有时，游幸兹苑，行围较猎，羽林欲飞，期门七萃，前呼后哨，挽强摧坚，足可快心，为乐忘疲，而是悲悯，亦无不在。以是因缘，创此宝刹，邀福庇民，为游豫时，参礼之所。花官梵宇，一一涌现，成祇树洹，香积珍施，珠碧珊瑚，种种环异，历百年来，宝鼎特峙，常新不坏。无何一朝，不戒于火。曰非火毁，世尊慈缘，醒悟大众，如旧藏物，习见不觉，一时失却，惆怅追思，思得复见，还我旧观。忽睹是物，顿复本原，了了在目，欢喜赞叹，胜于前时。是一毁者，正为显出，此悲悯心，指示后世。然而是心，不以寺见，若竟无寺，于何见心？故今重建，青鸳兰若，金碧辉朗，一如其旧。礼斯寺者，当思昔时，讲武行乐，不忘赐福，普庇三千，大千世界。此悲悯心，如金莲花，随地涌出。如长明灯，六时不断。如大云雨，卉木药草，随分受润。则知今日，重建殿宇，乃是凭仗，继续因缘，阐如来心，演如来事，滋栴檀林，护琉璃界，历千万劫，利益众生。

德寿寺重修后，为了避免再发生类似的失火，乾隆皇帝做出决定，今后德寿寺"只令苑隶看守，弗居僧人"。也就是由苑户看守，不再居住僧人。从此，南海子始有庙户。史料记载，清代南海子共设庙户三十八名，各给养赡地四十八亩。守护德寿寺的庙户为李姓，人称"庙户李记"。笔者曾走访了一位庙户李记的后人李岐荣，他家祖祖辈辈都为皇家守护德寿寺。值得一提的是，直到修复德寿寺之前，负责看护德寿寺遗址上御碑亭的仍是庙户李记的后人。

德寿寺双碑

（3）德寿寺之见证

德寿寺自乾隆二十一年（1756年）重修后，到乾隆四十五年（1780年），又有幸得到了一次修葺。翻开这段历史，这与西藏六世班禅进京朝贺有关。是年八月十三日，适值乾隆皇帝七十寿辰。六世班禅罗布藏巴闻讯后，主动表示要亲自进京入觐朝贺。乾隆皇帝听说后非常高兴，欣然允其所请。

乾隆皇帝对六世班禅入觐朝贺极为重视，不仅在承德避暑山庄为六世班禅修建了一座须弥福寿庙（俗称小布达拉宫），又在北京香山静宜园仿西藏庙宇建筑风格建造了一座宗镜大昭之庙（简称昭庙）。同时，在南海子皇家苑囿的德寿寺内改建了"御座房三楹"，并又将整座德寿寺修饰一新，用以热情接待六世班禅。

南海子
史话

德寿寺双碑楼

乾隆四十四年（1779年）六月十七日，六世班禅罗布藏巴率领高僧随侍等二千余人，从扎什伦布寺出发，浩浩荡荡历时一年，"自后藏跋涉二万里"，于乾隆四十五年（1780年）七月二十一日到达承德避暑山庄，祝贺乾隆皇帝七十万寿，受到了乾隆皇帝的隆重接待。之后，乾隆皇帝于八月二十八日从避暑山庄启程到东陵、西陵祭祖拜谒。九月中旬，乾隆皇帝"恭谒东陵毕，取道南苑，恭谒西陵，班禅又于此寺谒见"。这点，乾隆皇帝在《乾隆戊申季春再叠庚子诗韵》诗注中写得非常清楚。在德寿寺会见后并"因命于是寺驻锡"，请六世班禅在德寿寺中讲经弘法。史料载，乾隆皇帝在德寿寺接见六世班禅时，因乾隆皇帝事前已认真学习近两年的藏文藏语，所以与六世班禅用"唐古忒语"交谈，"夙习唐古忒语，故与喇嘛言，不须译人也"。使六世班禅感到格外亲切。

乾隆皇帝也对此次六世班禅进京朝觐，相谈十分投契，"相看如旧识，会意亦通辞"，大有相见恨晚之感。乾隆四十五年（1780年），乾隆皇帝在《德寿寺》诗中写道：

德寿禅林成世祖，尔时达赖喇嘛朝。

何期一百经年久，又见班禅祝嘏遥。

适我东归西去便，许其驻锡谒峦翘。

翻经持律寻常谨，可悟钟声披七条。

乾隆皇帝在诗注中曰："五辈达赖喇嘛以顺治九年十二月来京，时我世祖驻跸南苑，即于此迎谒，赐宴，至今百二十余年。班禅额尔德尼祝釐来觐，又复于此谒见，后先辉映，实为国家盛事。今岁以余七旬初度，敬谒东陵礼毕，取道南苑，恭谒西陵，适为经行顺路……"

不幸的是，乾隆四十五年（1780 年）十一月二日，六世班禅因患"天花"在北京黄寺不治圆寂。乾隆皇帝闻此噩耗，万分悲痛："猝然圆寂，实出朕之意外，于心极为不忍，不胜哀伤。"

乾隆四十七年（1782 年），乾隆皇帝又来到南海子德寿寺瞻礼，为二年前圆寂的六世班禅祈祷，黯然作《德寿寺叠庚子诗韵》：

> 庚子两陵叩七衰，班禅适值觐中朝。
>
> 东来西去佥于是，究理谈元事匪遥。
>
> 何意其冬寂随示，现身出世望徒翘。
>
> 征心辨见如相拟，此在楞严第几条。

乾隆五十三年（1788 年），乾隆皇帝又来南海子德寿寺瞻礼，这时已距与六世班禅于此寺会见八年矣，而乾隆皇帝仍对六世班禅念念不忘，又作《德寿寺再叠庚子诗韵》诗，以示追忆：

> 庚子戊申阅八载，班禅追忆此来朝。
>
> 阐宗似彼真无二，祝嘏嘉其不惮遥。
>
> 谈偈梵宫无理契，拜膜藩部众诚翘。
>
> 化身七岁通经始，春至禅枝更发条。

乾隆皇帝在诗注中又写道:"班禅额尔德尼以庚子岁为予七旬万寿,自后藏不远万里至避暑山庄祝釐。嗣予恭谒东陵毕,取道南苑恭谒西陵,班禅又于此寺谒见,偻指已阅八载矣。"

乾隆五十五年(1790年),乾隆皇帝再一次来到德寿寺,虽已过十年,仍不忘六世班禅给他带来的无限怀念,又作《题德寿寺》诗一首:

> 庚子临斯地,班禅来祝釐。
>
> 相看如旧识,会意亦通辞。
>
> 示寂何遽尔,不迁原在兹。
>
> 西方化身出,宣法任其为。

乾隆皇帝在诗注中说:"庚子,予七十寿辰,班禅额尔德尼远来祝嘏,因命于是寺驻锡。""班禅额尔德尼以庚子七月至避暑山庄,十一月初二日示寂。今其呼必勒罕已出世八载,以其为衍黄教之宗,去来真幻亦不置问"。

清世祖顺治和清高宗乾隆两位皇帝分别在南海子接见西藏五世达赖和六世班禅(一次在还未建德寿寺的场地上;一次在德寿寺内)。对当时增进民族团结,巩固国家统一起了重要的历史作用,的确是具有重大历史意义的事件。难怪乾隆皇帝一再写诗题咏,称之为"国家盛事"。德寿寺正是见证了这段历史。

随着大清帝国的倒台,南海子的衰败,皇家苑囿内的行宫、庙宇也不可避免地遭到遗弃。民国初期,南海子被直、皖、奉三系军阀占领。他们为争夺北京政权,在此相互对峙、混战。其间,对南海子皇家苑囿里的古建筑,造成严重的破坏。南海子东部的永佑庙、元灵宫和德寿寺均遭到奉系军阀毁灭性破坏。德寿寺仅留下了那两通穹碑孤独而顽强地"固守"在遗址。

2006年,大兴县政府为保护文物古迹,为德寿寺双碑分别建筑了碑亭,以防对碑体的风化。并规划出两万平方米的保护范围,防止非法占用。

2012年,为配合复建德寿寺工程,经国家文物局批准,北京市文物研究所对德寿寺遗址进行了考古发掘。发现德寿寺地基保存完好。2014 年始，德寿寺复建工程正式开工。经过近四年的紧张施工建设，到 2018 年底，土建工程竣工。一座宏伟崇丽的德寿寺又重新展现在世人面前。

（4）德寿寺之宝鼎

在南海子皇家苑囿里，历史上曾有一件国宝级的文物。清代凡随扈皇帝而来的翰林大学士，凡见到此物者，无不为之赞叹！乾隆皇帝更是对其钟爱有加，专门赋诗颂咏，并敕命将诗赋镌刻穹碑上，使其流芳千古。这就是曾置于德寿寺大殿前的一尊古鼎。

鼎是我们祖先所创制的一种礼器。东汉文学家许慎在《说文解字》里说："鼎，三足两耳，私五味之宝也。"鼎最初用作食物器皿，成为宴会、狩猎等场合的必备器具。鼎有三足圆鼎和四足方鼎，最早的鼎是黏土烧制的陶鼎，后来才有了青铜铸造的铜鼎。传说夏禹曾收九牧之金铸九鼎于荆山之下，以象征九州，并在上面镌刻魑魅魍魉的图形，提醒人们防其伤害。自从有了禹铸九鼎的传说，鼎就从一般的炊器而逐渐演化成祭祀神器，又发展成传国重器。历商至周，都把定都或建立新的王朝称为"鼎"。鼎在中国古代即被视为立国重器，是国家和权力的象征，是历代统治者用来"明尊卑，别上下"的标志器物。鼎字被赋予"显赫""尊贵""盛大"等引申的含义，如一言九鼎、鼎鼎大名、鼎力相助、三足鼎立等等。

鼎是中国古老文明的见证，也是中华民族文化的载体。根据禹铸九鼎的传说，我国的青铜冶炼和铸鼎技术已经四千多年。现中国历史博物馆收藏的"司母戊"大方鼎是商王为祭祀其母戊而铸造的。此外出土的著名鼎还有"大盂鼎""大克鼎""毛公鼎"和"颂鼎"等，都是西周时期著名的青铜鼎，成为国家瑰宝。直到现在，鼎仍是代表中华民族的顶级宝器，在世界独有独尊，成为中华文化内涵的重要标志。为庆贺联合国成立五十周年，中国政府向联合国赠送了一尊青铜巨鼎——世纪宝鼎，矗立于联合国总部，供全世界人民瞻仰。

南海子德寿寺宝鼎是怎样的尊贵呢？据说是一尊铸造于商代的青铜大鼎。就连二百八十年前还未即位的乾隆皇帝，当时都称其为"古鼎"。由于该鼎已于清末消失，所留的文字资料又甚少，我们只能从乾隆皇帝和清朝各代的翰林学士颂咏古鼎的诗赋中了解一些概况。

康熙年侍读讲官、翰林院大学士张英在旧衙门行宫前殿为康熙皇帝侍讲毕，特命其和另一位侍讲官傅达礼观瞻德寿寺，曾作《德寿寺恭纪应制》诗。诗中写道："瑶阶看崃峙，宝鼎独玲珑。翡翠含云气，雕镂夺化工。"

另一位曾任康熙年内阁中书兼翰林院侍读的高士奇，观瞻德寿寺后，在《夏日扈从圣驾幸南苑恭纪》诗中，对所见到的德寿寺古鼎赞道："碧宇丹楹白玉墀，薰天宝鼎铸蛟螭。"并在诗注中又特别注明："上赐游德寿寺，寺有鼎炉，制造精工。"

乾隆皇帝对德寿寺古鼎更是赞不绝口，早在还是宝亲王时，一次随驾到南海子瞻德寿寺，即被殿前古鼎所折服，按捺不住仰慕之情，挥毫作《德寿寺古鼎歌》：

龙宫巍巍紫气轩，辉耀榱甍焕崇垣。

寺名德寿庵罗园，刹竿高挂珊瑚旛。

停鞭卸辔山门前，一滴欲寻曹溪源。

东瞻紫雾明朝暾，清凉顿觉隔尘喧。

香浮宝殿谒世尊，兀然古鼎吐云烟。

何人镕冶工雕镌，金翠斑斓历岁年。

上文雷回下云纟，狰狞状类狮子蹲。

籀书斯篆迹难分，世次那辨癸与辛。

蝌蚪盘屈蛟龙奔，周彝虞敦恍犹存。

葆精凝润疑琼璠，寒光欲流不可扪。

日月照射轮朝昏，濯洗全资雨露恩。

在昔盛事传横汾，此鼎神异迈等伦。

我欲负之千蹄犍，移向帝阙镇厚坤。

充以大武佐鱼豚，万斤木火为之燔。

有实大亨养圣贤。

乾隆皇帝在《古鼎歌》中，一赞古鼎体积硕大："万斤木火为之燔"；二赞古鼎形状伟："狰狞状类狮子蹲"；三赞古鼎铸造精："金翠斑斓历岁年"；四赞古鼎铭文工："籀书斯篆迹难分"；五赞表锃亮："寒光欲流不可扪"。在整首诗中，乾隆几乎用上了最好的赞美词汇，来颂咏德寿寺宝鼎，称赞"此鼎神异迈等伦"，就是它的神采到了无与伦比的程度。他甚至都想变成一头神牛，将德寿宝鼎负起，移至宫阙之中，来镇守乾坤，"我欲负之千蹄犍，移向帝阙镇厚坤。"由此可见，乾隆对德寿寺宝鼎的颂扬到了美轮美奂的程度。

乾隆皇帝为德寿寺赋诗多达近二十首，总喜欢把古鼎写入诗中：

"珠幡飘赤篆，宝鼎幂祥烟。"《德寿寺》

"古鼎无言传妙偈，何须方丈悟风幡。"《德寿寺古鼎示僧》

"烟浮鼎上云，鸟啄窗间纸。"《题德寿寺禅房》

"古鼎益蔚翠，邮知秋复春。"《德寿寺》

在御制《重修德寿寺碑记》中，乾隆皇帝也没忘把古鼎写入碑记："南苑德寿寺，创于世祖章皇帝御宇之十有五年，规制崇丽，庭中金鼎，范冶精致，《乐善堂集》中所为'古鼎歌'者也。"并把《德寿寺古鼎歌》镌刻在德寿寺殿前两通穹碑东首碑的正面上。可见乾隆皇帝对德寿寺古鼎是多么仰重。

遗憾的是，这尊著名的古鼎早已随着德寿寺被拆毁而不见了踪迹。

关于德寿寺宝鼎的去向，历来被人认为于庚子之年（1900 年）被洗劫南海子的八国联军掳走。对此，也有人提出质疑。当年，外国列强焚毁洗劫南海子中的寺庙、行宫不假，确实盗走了许多文物宝贝。但从史料中可以看出，被他们盗走的大都是便于携带身上，相对体积、重量较小的物件。而像德寿寺古鼎这样体积硕大，重达上千斤的器物，是很难弄走的。当时他们对北京故宫殿前的鎏金大缸，仅刮走表面的金皮而未盗走整体大缸就是例证。

那么，德寿寺古鼎究竟下落如何？多数人认为，还是毁于军阀手中的可能性更大。

德寿寺全图

1916年，袁世凯病死，北洋军开始形成诸多派系，主要分化为直、皖、奉三系军阀。即冯国璋、曹锟、吴佩孚领导的直系；张作霖领导的奉系和段祺瑞领导的皖系。他们为夺取北京政权，围绕北京相互对峙、较量。由于南苑（南海子）是北京的南大门，又是军事重地，所以几次军阀较量，南苑（南海子）都是主要争夺的目标。使这里的无辜百姓遭受战火涂炭不说，南海子内的大多行宫、寺庙大都用作了部队的宿营地。为了战争的"需要"，军阀队伍对行宫、寺庙任意拆毁。南海子内的行宫庙宇在经过八国联军洗劫后，又遭到了军阀部队的彻底毁坏。当时，占用德寿寺的是奉系军阀部队。笔者曾走访过庙户李记的后代，现已年逾八旬的李岐荣先生。他家自乾隆时期至清末，均以庙户身份祖祖辈辈为皇家看守德寿寺。据他听其父辈讲，军阀士兵肆意拆下德寿寺的檩条椽木，粗大的被运走，短小的就劈柴用于烧火做饭了。当询问古鼎的下落时，他摇着头说：没听老人说过，最大的可能就是被军阀部队砸碎卖铜换酒钱喝了。

如今，德寿寺土建工程已经竣工。寺内的佛像、装饰、陈设也将逐步进行。听大兴区文物管理所侯所长介绍，工作人员正在从国家相关部门查询资料，为仿制德寿寺古鼎找到依据。我们相信，德寿寺的山门重新打开迎客之时，一尊与历史上德寿寺古鼎相媲美的金鼎，定会展现在游客们的面前。

永佑庙

永佑庙又称仁佑庙，位于德寿寺东南二里的凉水河东岸。因庙内供奉天仙娘娘碧霞元君，民间又俗称娘娘庙。又因该庙顶琉璃瓦深黄近铁色，还被当地称为铁瓦娘娘庙。

《日下旧闻考》记载："永佑庙山门三楹，大殿三楹，后宇九楹。""永佑庙在德寿寺东南二里许，康熙十七年（1678年）建。大殿曰延真，殿中奉天仙碧霞元君。御题联曰'漫教胜鬘霏花雨；应有那伽卫法筵'。有东西配殿，东曰：协佑殿。西曰：弘育殿。后宇联曰：'花官具见严而妙；别室还饶清自嘉'。皆御书。"

《宸垣识略》记载："永佑庙在德寿寺东南二里许，康熙十七年建。门殿三层，中奉天仙碧霞元君，为孝康祝釐之所。"

孝康，即孝康章皇后，乃康熙皇帝生母。也就是说，永佑庙是康熙皇帝为生母孝康章皇后祝釐而敕建的。

孝康章皇后（即后被封为慈和皇太后）佟佳氏，少保都统佟图赖之女，初入宫册为妃。顺治十一年（1654年）三月，生皇三子玄烨，即康熙皇帝。康熙皇帝继位后她被尊封为慈和皇太后。康熙二年（1663年）病逝，年仅二十四岁。

关于孝康章皇后，在东北还流传着一个美丽的传说。

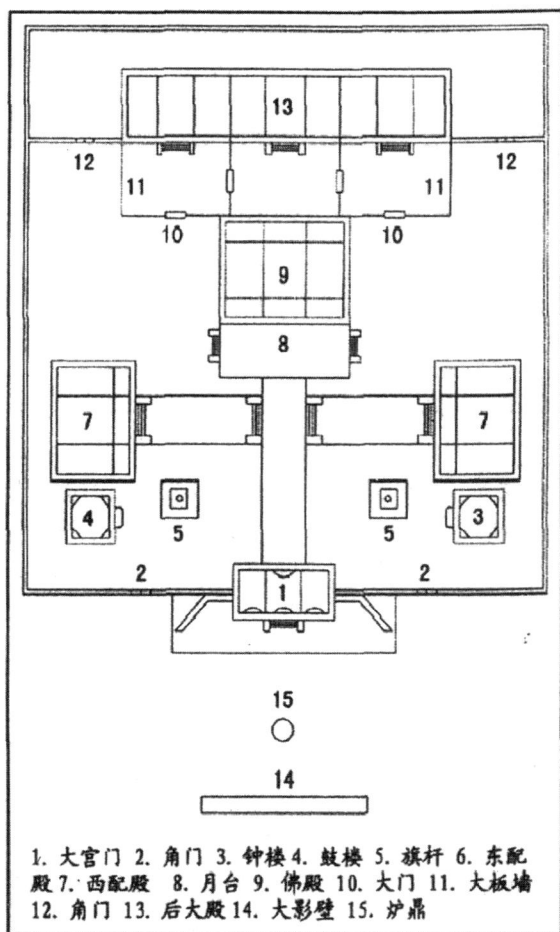

1. 大宫门 2. 角门 3. 钟楼 4. 鼓楼 5. 旗杆 6. 东配殿 7. 西配殿 8. 月台 9. 佛殿 10. 大门 11. 大板墙 12. 角门 13. 后大殿 14. 大影壁 15. 炉鼎

永佑庙平面图

相传当年顺治皇帝偶做一梦，梦见关外及辽西方向龙脉影壁山附近有一小镇，小镇内有一棵梧桐树发出霞光万道，仔细看时，原来有个绝世佳人站在梧桐树下。顺治正要相迎，那美人却一闪而去。第二天，顺治皇帝就把梦中之事告诉了钦天监主事。钦天监主事随即说道：微臣昨晚观天象，也看到辽西方向星相不一般，在星光笼罩下，有一卧龙山峦，那里定是娘娘所在之地，皇上何不早日接入宫中，以结圣缘？顺治皇帝听罢龙颜大悦，即刻下旨，命钦天监前去访寻。

南海子史话

在关外辽西龙脉影壁山下有一连山镇，驻守着一位定南大将军，名叫佟图赖，他曾是当年皇太极麾下一员大将。他膝下有两子一女，女儿年方十三岁，长得天生丽质，乃绝世佳人。寻妃的钦天监按顺治皇帝梦中所指地点，找到门前栽有梧桐树的佟府，见到佟图赖，传下圣旨。佟图赖便把女儿引荐到钦天监近前，钦天监见其果真是天香国色，就把她带回宫中。顺治皇帝一看，龙颜大悦，于顺治九年（1652年）将她册封为妃，顺治十一年（1654年），十五岁的佟妃生下了三皇子玄烨，即康熙皇帝。

当然，这仅是一个传说，不足为信。当时佟妃生下了皇子玄烨，正是顺治皇帝热恋董鄂妃时，所以佟妃也和皇后一样一直被冷落，直到顺治皇帝去世，情况也没有改善。按照皇宫规矩，后妃生下皇子就被奶娘抱走抚养，亲生母亲很少见到自己的亲生骨肉。后来玄烨又因出痘被送往宫外隔离，母子相见更难上加难。被皇帝长期冷落，又见不到亲生骨肉，佟妃每晚只能独守空闺，以泪洗面，身心受到严重摧残。直到康熙即位，她的地位才青云直上，与孝惠章皇后并称为两宫皇太后。然而，还没等到自己的儿子报答养育之恩，年仅二十四岁的她于康熙二年（1663年）撒手人寰。在她病重期间，康熙皇帝日夜在她身边服侍，亲自为她尝药，甚至忘了吃饭和睡觉。据康熙皇帝后来回忆，幼年的他和母后很少接触，偶见母后，所见的是她黯然的眼神和无限的忧伤。只有他继承大统后，母子才可以毫无障碍地相见。因此康熙皇帝对生身之母非常缅怀和思念，特在南海子敕建永佑庙以祝釐。

史料记载，康熙十七年（1678年）十二月十八日，永佑庙落成。康熙皇帝即奉孝庄太皇太后驾临永佑庙瞻仰拈香。（"上随太皇太后幸南苑……太皇太后驾诣新建仁佑庙上香。"《康熙起居注》）后来，凡清代帝王东陵大祭回跸南海子，入双桥门后，沿着专修的一条御路（与现在的亦庄北环路基本吻合），先驾临永佑庙拈香，稍憩后再过凉水河至旧衙门行宫驻跸，几乎已成规制。

乾隆二十三年（1758年），乾隆皇帝到永佑庙瞻礼拈香，作《永佑庙》诗：

永佑于何创，仁皇祝太任。

经翻花落昼，寺古树连阴。

雨足滋忍草，春深多语禽。

欲寻少年迹，无处觅三心。

永佑庙坐北朝南，占地仅有六亩。从史料平面图看，前为山门三楹；进庙门两侧为钟、鼓楼；东、西配殿各三楹；中为佛殿三楹；后为后正楼十一楹。

永佑庙与德寿寺的命运一样，均毁于奉系军阀之手，早已遗迹泯灭，只留下个"娘娘庙"地名。

官准南海子招佃垦荒后，先有清东陵修缮官满族人张九春兄弟二人在庙东侧置地建起"公合堂"。陆续又有京商吕培初在庙南侧（土楼子）置地建起了"大德堂"；满清旺族之后普氏在其东侧置地建起了"普庄子"；清宫钮太监在庙西北侧置地建起了"钮庄子"。后来各庄子拆小并大，合为了一个村落。因当地民间都称"永佑庙"为"娘娘庙"，所以该村也就自然被称为"娘娘庙"了。

21世纪初，因实施旧村改造，娘娘庙村就地建起了十三栋居民楼，并重新定名为"瀛景园"。从此，永佑庙（仁佑庙、娘娘庙）的名字只能从史料中查找了。

永慕寺

永慕寺位于南海子小红门西南，旧衙门行宫西北，今旧宫镇南场村东南侧原南场小学校址附近。因早已遗迹泯灭，连地名都没有留下。

《宸垣识略》记载："永慕寺在小红门西南，康熙三十年建，大殿五间，东西配殿各三间，后为经库，为孝庄祝釐之所。"《日下旧闻考》记载："永慕寺，康熙三十年建。乾隆二十九年重修，寺额圣祖御笔也。大殿奉释迦佛像，圣祖题额曰：'香云法雨'。皇上御书联曰：'心珠朗映大千界；性海常通不二门。'"清楚表明，永慕寺是清圣祖康熙皇帝为祖母孝庄太皇太后祝釐敕建。

在康熙皇帝一生中，有一位伟大女性令他至死都难以忘怀，那就是他的祖母孝庄太皇太后。正如成年后的康熙皇帝多次所讲："忆自弱龄，早失怙恃，趋承祖母膝下三十余年，鞠养教诲，以至有成。设无祖母太皇太后，断不能致有今日成立。罔极恩，毕生难报"，"朕自幼蒙太皇太后教育之恩，至为深厚"。

这些确实是他的肺腑之言。孝庄对康熙可谓是无微不至的关爱，学习上培育，生活上关怀，政治上庇护，朝政上辅佐，在应对除鳌拜、削三藩、征布尔尼、收台湾等重大事件过程中，她凭借自己在朝中的崇高地位和威望，给予孙儿最有力支持。她以政治家的战略眼光，在幕后发挥着旁人无可替代的作用，这一点举朝尽知。

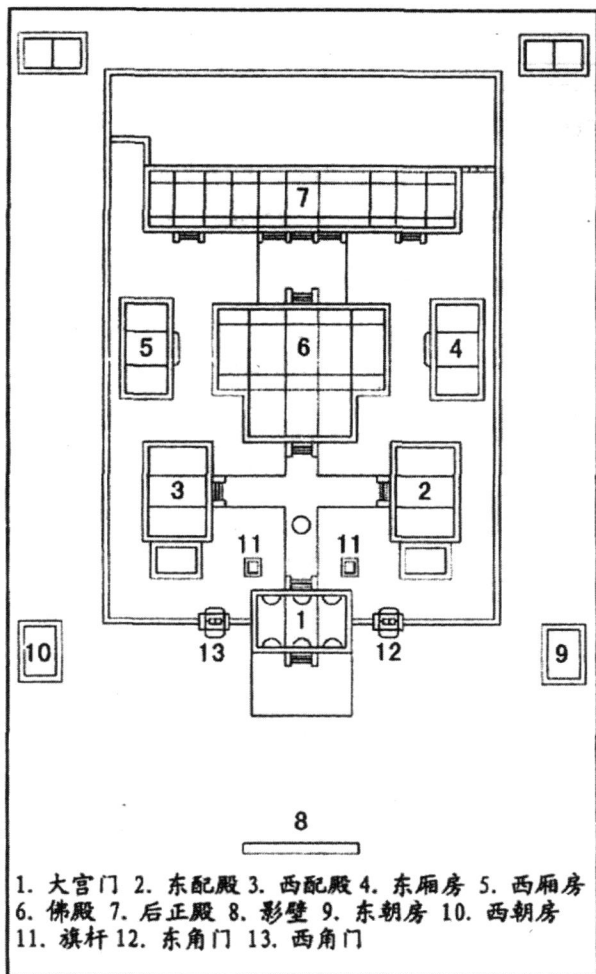

1. 大宫门 2. 东配殿 3. 西配殿 4. 东厢房 5. 西厢房
6. 佛殿 7. 后正殿 8. 影壁 9. 东朝房 10. 西朝房
11. 旗杆 12. 东角门 13. 西角门

永慕寺平面图

  人的情感是双向的。孝庄为孙儿呕心沥血，康熙对祖母也是孝敬有加。对此，史料曾记有朝臣这样的详述："我皇上至德纯孝，奉事太皇太后三十余年，报四海九州之养，尽一日三朝之礼，无一时不尽敬，无一事不竭诚。居则视膳于寝门，出则亲扶于雕辇。万机稍暇，则修温清之仪；千里时巡，恒驰络绎之使。此皇上事太皇太后于平日，诚自古帝王之未有也。"

  对康熙皇帝而言，每日向祖母请安问候并非例行公事，而是发自内心对祖母的孝敬。每当康熙皇帝出巡，也总是时时想着祖母。每当地方官员进贡珍果特产，他都会差人送进慈宁宫敬奉给祖母。一次他游幸南海子，正是南海子果园里的鲜果初熟的季节。他立刻想到祖母，即遣人将刚摘下的鲜果送进慈宁宫，恭请祖母品尝。他在《驻跸南苑遣使恭进太皇太后鲜果诗》中写道：

日永离宫节候新，熏风早已献嘉珍。

赤瑛盘内千鲜果，奉进瑶池第一人。

孝庄晚年患有严重的皮肤病。为给祖母疗病，康熙皇帝十年间曾六次敬奉祖母赴宣化府的赤城汤泉、昌平县的北汤山泉和遵化州的福泉山汤泉洗温泉疗养，最长一次达七十三天，最短一次也有四十五天。从以上可看出康熙皇帝对祖母是多么孝敬。

康熙二十六年（1687 年）冬，孝庄太皇太后因"疹患骤作"，溘然长逝，享年七十五岁。康熙皇帝割辫服哀，居慈宁宫守孝。

康熙三十年（1691 年），为给孝庄太皇太后祝釐祈福，康熙皇帝亲自选址，在南海子旧衙门行宫西北侧三里许，为孝庄太皇太后建一黄教庙宇，以永世仰慕之意，钦定为永慕寺，并御笔题写了额匾。每次再来南海子游幸，必到永慕寺拜谒拈香，以表对祖母永世仰慕之情。

乾隆皇帝对皇祖康熙皇帝为其曾祖母所修建永慕寺也非常崇敬，每至南海子，必到永慕寺拜谒。经查阅史料，乾隆皇帝曾于乾隆四年（1739 年）十一月、乾隆五年九月、乾隆七年二月、乾隆九年二月、乾隆二十八年二月、乾隆二十九年十一月、乾隆三十二年三月、乾隆三十六年四月、乾隆三十八年三月、乾隆四十七年二月、乾隆五十一年二月、乾隆五十三年三月、乾隆五十五年二月、乾隆五十九年三月、乾隆六十年闰二月和嘉庆元年（1796 年）三月计先后 16 次至永慕寺行礼拈香，并于乾隆二十九年（1764 年）对永慕寺进行了重修，以示仰慕之情。

乾隆皇帝曾七次赋诗永慕寺。

乾隆二十八年（1763年）作《永慕寺》诗：

圣藻焕痕钗，依依永慕怀。

见之于大舜，盖以奉思斋。

翠荫禅林叶，绿回忍草荄。

猎余游净界，诗句自安排。

乾隆二十九年（1764年）重修永慕寺后又作《永慕寺》诗：

永慕建康熙，孝庄虔祝釐。

遥年重焕若，此日落成之。

佛岂故新系，寺资修葺为。

无须称大舜，家法仰昭垂。

乾隆三十二年（1767年），再作《永慕寺》诗：

皇祖建斯寺，追思庄后遥。

向年重葺宇，此日又凭寮。

梵乐僧迎奏，风幡心与飘。

问予永慕者，钦曰在神尧。

乾隆三十八年（1773年），又写《永慕寺》诗：

建置始神尧，额名永慕标。

斯干开梵宇，贻厥奉东朝。

意净钟声度，心安幡影飘。

巡檐阅前什，岁月个中消。

乾隆五十一年（1786 年）还写《永慕寺》诗：

永慕孝庄仁祖建，诚祈思佑宄皇营。

慎终追远曷其极，祖忆宗思述以并。

南苑斯增即境戚，前园徒忆侍颜情。

瓣香调御瞻合掌，难悟无生及有生。

乾隆五十三年（1788 年）还写有一首《永慕寺瞻礼》诗：

竺宇近邻西，虔瞻两载暌。

金仙不动念，梵侣有来徯。

旛影净空色，呗声契筅倪。

畅春建恩慕，前事述重提。

乾隆五十五年（1790 年）再写《永慕寺》诗：

寺据行宫右，向西所必经。

并提创恩慕，深鞠仰慈宁。

此去叩八秩，如流逾十星。

梵严即世教，皇祖缅遗型。

此外，乾隆皇帝为了继承家法，于乾隆四十二年（1777 年），在畅春园东北侧，仿效南海子永慕寺规制为其母也修建了一座恩慕寺。正如乾隆皇帝在作于乾隆五十五年《永慕寺》诗注中所记："皇祖为太皇太后建此寺于南苑，皇考为皇祖建恩佑寺于畅春园。丁酉，予为圣母建恩慕寺于恩佑寺侧，则兼二寺之义也。"

此后的嘉庆、道光皇帝也继承家规，每到南海子，也必至永慕寺行礼拈香。

史料记载，嘉庆皇帝曾于嘉庆元年（1796 年）、五年（1800 年）、九年（1804 年）、十年（1805 年）、十二年（1807 年）、十三年（1808 年）、十五年（1810 年）、十七年（1812 年）、十八年（1813 年）、十九年（1814 年）、二十三年（1818 年）、二十四年（1819 年）计 12 次拜谒永慕寺。道光皇帝也曾于道光四年（1824 年）、五年（1825 年）、十年（1830 年）、十二年（1832 年）、十五年（1835 年）、十八年（1838 年）、十九年（1839 年）、二十二年（1842 年）计 8 次拜谒永慕寺。

从此，永慕寺再没有帝王光临过。据说，永慕寺于咸丰十年（1860 年）被英法联军烧毁。如今，一点遗迹也没有了。

南海子史话

宁佑庙

　　"海子居中地，灵祠奉祀虔。"这是乾隆皇帝在《宁佑庙瞻礼诗》中的诗句。清楚标明了宁佑庙位于南海子皇家苑囿的中心位置（今南海子公园西南隅，红星医院西侧中兴庄变电站院内）。这也是庙东侧村庄名中兴庄的原因。"中兴"乃"中心"也。

　　《日下旧闻考》记载："宁佑庙在晾鹰台北六里许，雍正八年建。大殿奉南苑安禧司土神像。恭悬世宗御题额曰：'薰风布泽'，皇上御题额曰：'福疆蕃育'。山门内碑亭一，恭勒御制《海子行》诗，诗载前卷。"

　　雍正皇帝为何要在南海子建一座皇家的土地祠宁佑庙？这与雍正皇帝的治国方略有关。

　　清世宗雍正皇帝虽是一位历史上有争议的皇帝，但却是一位改革进取的帝王。尤其表现在他对农业生产的重视。为了劝率百姓力田务本，率先在全国推行"耕耤礼"。每年他还在春耕伊始，在先农坛亲自扶犁耕地，以显示对农耕的重视。他曾说："农人辛苦劳作以供租赋，不仅工商不及，不肖士大夫亦不及也"。他曾写过这样一首诗：

农事惟邦本，先民履亩东。

翠华临广陌，彩辂驾春风。

礼备明神路，年期率土丰。

劝耕时廑虑，何敢惜劳躬。

正因为雍正皇帝重视农耕，使全国粮农出现了好势头，国力也开始日渐昌隆。

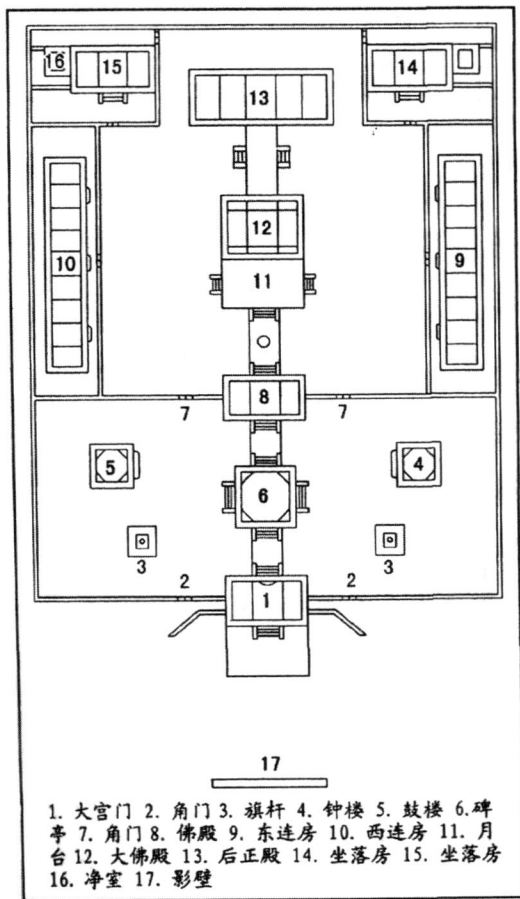

1. 大宫门 2. 角门 3. 旗杆 4. 钟楼 5. 鼓楼 6.碑亭 7. 角门 8. 佛殿 9. 东连房 10. 西连房 11. 月台 12. 大佛殿 13. 后正殿 14. 坐落房 15. 坐落房 16. 净室 17. 影壁

宁佑庙平面图

雍正皇帝就是在这种国力好转的形势下，钦定在南海子中心地域，划地一顷，建起了宁佑庙。他要以祭祀安禧司土地神的形式，向臣民表明"以田为本，力抓农功"的治国大略。

史料记载，宁佑庙占地一顷。坐北朝南，山门三楹，山门前有影壁。进山门中为碑亭，亭内立乾隆宁佑庙瞻礼碑。左、右为钟楼、鼓楼。前为佛殿三楹，两侧有角门。进二层院，中为大佛殿三楹，殿前为汉白玉质月台。东、西两侧各有连房九楹。后为后正殿五楹，殿两侧有坐落房各三楹。在清初《大兴县城南里社图》上，仅绘入宁佑庙一处里社庙宇，可见其地位的重要。

乾隆四十一年（1776 年）仲春月，正是二月二土地神生日，乾隆皇帝到宁佑庙观瞻，作《宁佑庙瞻礼》诗：

> 海子居中地，灵祠修祀虔。
>
> 来瞻仲春月，建置卅余年。
>
> 松已龙鳞作，碑新虬篆镌。
>
> 安舆频奉像，益寿祝绵绵。

敕命在进山门中央立碑，北面恭勒《宁佑庙瞻礼》诗。并将乾隆三十六年（1771 年）所作《海子行》诗恭勒于碑的南面：

> 元明以来南海子，周环一百六十里。
>
> 七十二泉非信征，五海至今诚有此。
>
> 诸水实为凤河源，藉以荡浑防运穿。
>
> 岁久淤阏事疏治，无非本计廑黎元。
>
> 蒲苇戢戢水漠漠，凫雁光辉鱼蟹乐。
>
> 亦弗恒来施矰缴，徒说前朝飞放泊。
>
> 迤南有台高丈余，晾鹰犹踵前明呼。
>
> 其颠方广不十丈，元院何以容仁虞。
>
> 二十四园泯遗迹，耕地牧场较若画。
>
> 是何有于国用资，裕陵诏谕量斯窄。
>
> 所存新旧两衙门，中官尔日体制尊。

一总督更四提督，有如是夫势焰熏。

内虚外怨祸来乍，大军曾此经南下。

阄逃不知何所之，纵横路便黄羊射。

胜朝庑殿但存名，颓垣落桷埋榛荆。

葺为驷厩飞龙牧，时得良骑出骏英。

沿其成例海户守，刍菱往焉雉兔否。

设概听之将无禽，如杀人罪则何有。

少时习猎岁岁来，猎余亦复撅吟裁。

五十年忽若一瞥，电光石火诚迅哉。

即看平原双柳树，叠为宾主凡几度。

世间万事付不知，风摆长条祇如故。

在《海子行》诗中，乾隆皇帝把当年因治理京畿水系而对南海子进行的考察结果都写入诗和诗注中。实际成了一篇叙述南海子历史形成和地理概貌的论文。

到道光时期，因宁佑庙之"宁"与道光名旻宁之"宁"相忌讳，被更名为"安佑庙"。

1900年庚子国变，宁佑庙与南红门行宫的命运一样，被侵入北京的八国联军烧毁。只剩下了那通宁佑庙瞻礼碑。直到现在仍顽强地屹立在遗址上，见证着时代变迁历史沧桑。

宁佑庙遗址上的乾隆御制碑

南
海
子

史
话

关帝庙

　　关帝庙（俗称老爷庙），供奉的是三国时期蜀汉大将关羽。历史上，北京城内所建关帝庙多达百余座。在南海子所建皇家庙宇中，关帝庙也建有五座之多。分别是旧宫关帝庙、庑殿关帝庙、东红门内关帝庙、旧东红门内关帝庙和大屯角门内关帝庙。其中影响较大的是旧宫关帝庙、庑殿关帝庙和东红门内关帝庙。

　　旧宫关帝庙位于旧衙门行宫南侧里许，始建于明代嘉靖年间，被当地人俗称老爷庙。史料记载：该关帝庙占地八十二亩，坐北朝南，门外有座三丈长的大影壁。山门一楹；前殿、二层殿、后殿各三楹。前殿供奉关帝，二层殿供奉真武帝，后殿供奉三世佛。山门上额刻有"伏魔禅林"，山门两侧各有一旁门，庙内有夹杆石一对，北侧建有钟鼓楼。前殿明间悬有"协天大帝"匾额，内檐悬有"浩然正气"匾额。二门北侧是二层殿，后出抱厦，有东西配殿各三楹。后殿有廊柱，两侧有耳房各三间，殿外檐上悬有"万佛灵霄"匾额，庙后有和尚坟塔两座。明代帝王每来南海子游幸，必到关帝庙拈香，祈求关帝护佑。满清入主中原后，清代帝王来南海子行围常驻跸旧衙门行宫，因此常来关帝庙拜谒。据《清史稿·道光实录》载，仅道光皇帝在十二次游幸南海子期间，十一次拜谒旧宫关帝庙。据说，发生在嘉庆年间的天理教造反，史称"紫禁城事变"的主犯林青，就是从当时宛平县的宋庄被诱捕后，先关押在旧宫关帝庙里。因紫禁城发生事变时，嘉庆皇帝正在承德避暑山庄，闻讯后即返京回銮。

途中驻跸燕郊行宫，夜里偶做一梦，梦中恍惚有恶魔出现。危急时刻，突然关帝持刀出现，擒住了恶魔。嘉庆皇帝被惊醒，乃是一梦。忽接奏报，逆匪头子林青已被捉获。嘉庆皇帝大喜，认为这是关帝显灵救驾。因此谕旨将匪首林青暂囚南海子关帝庙，由"关帝"看管。这才有了"关帝庙内囚林青"的传说。

民国二十八年（1939年），军阀吴佩孚在驻军南苑期间，见旧宫关帝庙已破败不堪，非常崇拜关老爷的吴佩孚即筹款对关帝庙进行修葺。庙中大部分匾额换上了吴佩孚的手书。直到20世纪40年代末，关帝庙还保存尚好。据现健在旧宫村老人回忆：想当初，旧宫老爷庙从十里之外就能望见其红墙、黄瓦；熠熠生辉的雄姿。到新中国成立后，关帝庙被旧宫机务队占用。不过，当地人仍称这里为老爷庙。如今这里早已遗迹泯灭，在庙的遗址上建起了"旧宫新苑"小区。

庑殿关帝庙位于庑殿村西北侧。据《大清会典》载，庑殿西关帝庙总占地面积三百六十亩。是南海子内占地最多的皇家庙宇。此庙始建何时，未查到史料。但笔者走访庑殿村老人，言之始建于明代，当时庑殿乃明代行宫，殿前一左一右，建有文、武二庙，左为文庙，供奉文圣孔子；右为武庙，供奉武圣关羽。后随着明朝的衰败而荒废，庑殿成了皇家的御马厩。到乾隆三年（1738年），乾隆皇帝开始修葺南海子。在入大红门处新建了一座更衣殿，并重修了庑殿关帝庙。从此，清代帝王每来南海子行围狩猎，入北大红门后，即在更衣殿更衣，换上便装，然后到庑殿御马厩挑选坐骑，再到庑殿关帝庙拈香拜谒，以求关老爷在这次行围狩猎等活动中保佑平安。从这时起，南海子行围狩猎活动才算正式开始。

据说，庑殿关帝庙的关公为立像，而其他关帝庙的关公多为坐像。这是因为，清代帝王自为天子，不情愿拜谒坐着的关公，因此才将关公像塑成了立像。

庑殿关帝庙直到20世纪60年代遗址还尚在，正殿内还存有关公塑像。但在"文革"初期，也被"破四旧"运动给彻底毁坏了。

在绘于清代一张南海子图上，曾绘有两处东红门。一处在凉水河南岸，一处在凉水河北岸。在两处东红门里都标有一处关帝庙。原来，明代东红门原本在凉水河南岸，后因常被洪水冲毁，到乾隆四十四年（1779 年），乾隆皇帝借修海子墙土筑易砖砌之机，将东红门移到了凉水河北岸。原旧东红门里及门里的关帝庙也就随之废弃了。而又在新建的东红门里再建了一座关帝庙。这才出现图中有两处东红门和两座关帝庙。

据《大清会典》记载，后建东红门里关帝庙坐西朝东，庙门正对东红门，门前建有一座大影壁遮挡。影壁内侧还建有一座小影壁，上镌有"万事隆昌"四个大字，传说是乾隆皇帝御笔。关帝庙为两进大殿，前殿供奉武圣关羽，后殿供奉释迦牟尼佛。大殿两侧建有配殿，20 世纪 50 年代初，曾用作东红门小学教室，如今这里也早已被拆为了平地。

总之，南海子里的五座关帝庙都早已遗迹泯灭了。

虎　城

在南海子晾鹰台西北侧二里许，历史上曾建有一处"虎城"。说是虎城，其实就是圈养老虎的虎圈。南海子为什么要设有虎城呢？这要从康熙皇帝的一次北巡说起。

康熙二十三年（1684 年），康熙皇帝北巡黑龙江沙俄的边境地区。时任黑龙江将军的萨布素为取悦康熙皇帝，举行了一次"殪虎"活动。即由四十名勇士在康熙皇帝的注视下，将一只刚从铁笼中放出的斑斓猛虎团团围住，手持特制长枪，与发狂的猛虎进行搏斗，最后将猛虎刺死。

虎城示意图

康熙皇帝看后兴奋异常。黑龙江将军就乘机把这四十名勇士献给了康熙皇帝。康熙皇帝非常高兴地收下了这份"厚礼"，并把他们编入上三旗，充入禁卫军。从此，清代禁卫军中多了一支特种部队——虎枪营。

为何称为虎枪营？原来是以他们使用的特殊武器"虎枪"来命名的。与其他长枪相比，虎枪的枪杆更长、更粗。虎枪的枪头也与其他长枪不同，枪刃为圭形，刃中起棱，枪头与枪杆相套的铁管特长。最特别的是，在枪刃处左右各有一段鹿角，下面垂下两根长长的皮条。这些都是用于刺杀猛兽而特别设计的。枪锋锐利，即便兽皮韧厚也能刺穿；枪杆套长，是防止刺中时被猛兽咬断木杆；枪头刃中起棱，是刺入兽体内可割断筋脉；而刃处鹿角棒用皮条勒紧，以防刺杀入枪太深而伤及自身。有趣的是，虎枪与虎枪兵享有同等的"待遇"。皇帝举行行围或殪虎活动在猎场驻跸行在时，照例要"赐食"给虎枪兵和虎枪。正如乾隆皇帝御制《仪枪行》诗注中记载："每日传膳例有虎枪之赐，皆仪枪者食之。"可见当时对虎枪的尊崇待遇之高。

从此，在以后的秋狩木兰，春蒐南苑的行围狩猎活动中，又增加了一项"殪虎"活动。在康熙、乾隆两朝已形成为典制，称之"殪虎之典"。（"清时，帝王春蒐，有晾鹰台杀虎之典"《清稗类钞》）《养吉斋丛录》中对南海子晾鹰台殪虎之典活动更有详细描述：

"晾鹰台在苑之迤南，六飞春蒐，有晾鹰台殪虎之典，台上张幄次，台下虎枪处人员列侍。台前置虎笼，大绹笼数匝，而引其端于十余步外。大驾既莅幄次，虎枪处人取绹之端，骑马绕笼疾行以解之。绹尽，而笼之门以启。虎囚槛已惯，往往伏不支，台上随驾之侍卫，承命以火枪俯击之，或又嗾猲犬吠笼侧，虎乃奋迅而出，虎枪人咸屏息以待，虎至则三数人争刺之，突围出则逐而杀之。头枪、二枪，管虎枪处及领侍卫大臣察明，上闻颁赏白金、荷囊有差。"

康熙、乾隆皇帝极为喜欢殪虎之典。特别是乾隆皇帝，史料记载其八十四岁高龄时仍饶有兴致地于南海子晾鹰台观虎枪营专为他举行的殪虎之典。正如乾隆皇帝于乾隆五十九年（1794年）所作《入南红门叠庚戌年韵》诗注中所写：

"昔年，皇祖每于南苑殪虎行围，予年十二时即随侍。教学火枪，指示发机，视准。越今七十三年，事如在目，恒不敢忘恩眷。今日自桐柏村至此，驻跸尚早，因于膳后乘骑至晾鹰台，驻马观虎枪侍卫等殪二虎一熊。其一虎逸出，有三等侍卫温纯追及，用枪毙之，即擢为头等侍卫，并赐黄褂，旌其奋勇。其别殪虎，首先施枪之骁骑校西朗阿，亦加赏缎疋，银两，以示劝焉。"

那么，殪虎之典，虎从何来呢？

其实，用于南海子被殪之虎是事先从东北地区捕捉后关进铁笼，再千里迢迢运到南海子的。因南海子殪虎之典多在晾鹰台举行。所以，就在距晾鹰台不远的地方设置虎圈，将老虎运至这里喂养，这就是"虎城"。

"虎城"由虎枪营驻防把守，待皇帝游幸南海子举行殪虎之典时，虎枪营兵事先将所殪之虎装进铁笼运出虎城至晾鹰台下。虎枪营兵手持虎枪把铁笼团团围住。等待晾鹰台上皇帝殪虎开始的命令。乾隆皇帝曾于乾隆三十六年（1771 年）写有《射虎行》诗：

> 虎圈养虎林丞守，官家备物无不有。
>
> 饲以久徒费以多，殪之每试伙飞手。
>
> 南苑殪虎宜何处？往例晾鹰台陈旅。
>
> 虎枪比肩立周阹，於菟欲避无去所。
>
> 出柙莫问谁之过，曳尾那有猛风作。
>
> 槛中积威约致然，马迁语固非虚播。
>
> 弯弧偶亦射毙之，比屏兔耳何足奇。
>
> 木兰昔乃真射耳，忆子布言今弗为。

如今，南海子"虎城"早已没了痕迹，连个地名也没有留下来。若不是清代地图上还有标记，后人恐怕难以知晓。从老地图所标位置看，"虎城"应在原"四义庄"的大概位置。

《乾隆起居注》记载：乾隆十五年（1750 年）三月初二日，"驾至南红门内水围，晚刻宁佑庙行围。"乾隆皇帝也曾作《水围》诗：

舟围创举合禽渔，岂必三虞稽礼书。

比拟扬雄何太陋，长杨枉自诩周陉。

此外，乾隆皇帝还作有《南红门捕鱼》诗：

烟蓼亚寒汀，澄波漾秋浦。

垂纶玉镜明，潜鳞堪指数。

萧然秋意深，数声离岸橹。

渔笛横西风，云山入新谱。

又作《南红门池上咏》诗：

昔来池上游，春日方载阳。

今来池上游，蒹葭已苍苍。

逝者诚如斯，因悟往未尝。

吹波鲤鱼风，垂垂蓼影长。

渔歌起烟外，鸥波漱河梁。

清浊谁致然，有怀彼沧浪。

在望围楼下不远处，清代舆图标有一处"渔猎处"，也证明了这里曾是帝王在南海子举行水围的地方。

试想，在如此野趣横生，凫雁翔集的情景下，登望围楼观水围场景，是何等心旷神怡。不论是顺治、康熙还是乾隆皇帝，尤其是对祖母孝庄太皇太后孝敬有加的康熙皇帝，若在此举行水围，定会奉祖母前来登上望围楼，兴高采烈地观看水围的。

在一张清代舆图上，清楚地绘有望围楼图样：楼基建在海子墙上，楼台座为城砖所砌，略高出海子墙，从下至上呈梯形。台上中间建有一楼，五脊四坡，蓝琉璃瓦顶。因与南大红门相距不远，从绘图上比较，望围楼顶基本与南大红门顶高度相当。

望围楼早已不复存在了，只在历史舆图上留下标记，给后人留下了无限想象的空间。

白马坟

在南海子凉水河南岸，历史上曾有过一座大土丘，当地人称之"白马坟"。据说土丘下埋葬着乾隆皇帝最心爱的一匹白色的宝马良骑。

史料载，乾隆皇帝有十匹骏马良骑，分别是万吉骦、阚虎骝、狮子玉、霹雳骧、雪点雕、自在骑、奔雪驰、赤花鹰、英骥子、蹑云驶。而这十匹御马中，他最喜欢的是一匹全身雪白的马——万吉骦。

乾隆与宝马万吉骦

史料记载，万吉骦。浑身雪白，身高四尺二寸，长七尺一寸五分。乾隆四年（1739 年）十一月，在南海子晾鹰台举行首次大阅，乾隆皇帝骑马检阅八旗兵阵，所乘御马即是万吉骦。此大阅场面被绘制在《乾隆大阅图》之《阅阵》卷上。画卷中乾隆皇帝被绘于中间，穿甲戴盔，戎装裹身，骑在宝马万吉骦之上，被列成弧形的八旗骑士簇拥前进，威武壮观。另外，在现存于故宫博物院由清代著名宫廷画师王致诚（法国人）所绘《十骏图册》上，万吉骟被绘在十骏之首。可见万吉骟在乾隆皇帝的心目中，位置是何等显要。

乾隆十一年（1746 年），万吉骟因年老不得不"退休"，被养在南海子庑殿御马厩里。乾隆皇帝非常惋惜和恋恋不舍，每到南海子游幸，还特意来探望万吉骟。并作《万吉骟惜辞》诗：

> 我有十骏骏皆良，孰居首者万吉骟。
> 天闲十二尽腰褭，此马德胜最所藏。
> 岂无籋云蹑星材，或失之柔或失刚。
> 惟我万吉安且闲，恰如房杜弗见长。
> 今来老矣难服御，雄心向我尤昂藏。
> 星缨月题不忍加，权适其性而徜徉。
> 尔骟，尔骟，
> 善适其性而徜徉，我亦因之悟幻常。

在上驷院庑殿御马厩中，专门为皇帝驯化、试骑的人被称为阿敦侍卫。据说，负责育养驯化万吉骟的是位满族王姓阿敦侍卫，深得乾隆皇帝赏识。万吉骟老死后，按乾隆皇帝旨意，就把万吉骟埋在了南海子凉水河南岸。王姓阿敦请旨要为万吉骟看坟，即得到乾隆皇帝恩准，并封给王阿敦土地数顷。王阿敦便在白马坟西北侧建一庄园，始称"东兴庄"。由于此地块因排序第九号而被俗称"九号"，因此，东兴庄始终没被叫开。直到现在，当地人仍称之"九号"村。今九号村的王姓多为王阿敦侍卫的后人。

据当地老人说，解放以前，九号村仅住有三四十户人家。主要居住在"东九号""北院"和"西场"三处宅院。而居住人最多的是"东九号"大院。这是一座前后两层的深宅大院。该院落坐北朝南，右侧为宅院的大门道，门道旁开有门房两间。进门道后，建有东、西厢房各三间。再往里是二层院的二门道，进二层院，面对正房五间，也有东、西厢房各三间。这里原本是王阿敦侍卫家族的宅院之一，其后人王文淳、王文治等就居住在这里。

在"东九号"宅院的西北侧，是另一处宅院，被称为"北院"。当初也是王氏家族的宅院，其后人王德禄一家就住在这里。

在"东九号"宅院西侧，还有一处被称为"西场"的宅院。当初是否也是王家房产，现已无人说得清。新中国成立后，这里住有王、刘、魏、赵、尹、等姓氏人家。

"白马坟"早在20世纪70年代就夷为平地了。进入新世纪后，连"九号村"（东兴庄）也被拆迁了。如今，在原村址上建起了"鹿海苑"小区，九号村的村民都上了楼，过上了现代化的新生活。关于"白马坟"的故事，恐怕只能在人们茶余饭后听老人聊古了。

饮鹿池·双柳树·昆仑石

在南海子居中偏西的一个地方，历史上有一处由三个小水塘形成的自然景观，被称为"小海子"。由于这里泽润甸芳，草木丰美，苑囿里的麋鹿常到这里饮水食草。因此，又被人称为饮鹿池（在清前期绘制的南海子舆图上，分别注明"北饮鹿池""西南饮鹿池"和"东南饮鹿池"）。在清代各时期的南海子舆图上，都把饮鹿池范围用长方形黑线框起来。说明这里当时就建有围墙（或是铁栅栏墙），使之形成苑中之园，成为各代帝王来南海子最喜欢游幸的地方。由于在北饮鹿池东岸，长有两株相拥而生的"双柳树"，由此而衍生出了一个凄美的传说故事，更给饮鹿池增添了几分神秘而浪漫的色彩。

传说这两株柳树，是一对相恋男女的化身，他们从小青梅竹马，相亲相爱。后遭歹人迫害，两人在结合无望的情况下，相拥相抱，双双跳入小海子殉情而死。乡亲们把他俩打捞上来，俩人仍抱在一起。人们不忍将他们分开，就一同葬在小海子岸边。不久，在他们坟上长出两株柳树，相拥而生，茁壮成长。人们都说这是他俩的化身。更令人惊奇的是，很多年以后，当其中一株枯死后，人们就在其旁再补植一株，但无论怎么精心种植，却就是不能成活。当另一株也干枯了，人们一起植上两株，即根深叶茂，仍相拥而生，茁壮成长。

清乾隆皇帝特别喜欢饮鹿池这里的绚丽景色，尤其喜欢那有着凄美传说故事的双柳树。当他还是宝亲王的时候就常来南海子，就被饮鹿池和双柳树所吸引，当他看到双柳树仅存一棵时，有感而发作《双柳树》诗：

双双高柳拂长空，繁枝低亚相青葱。

不知植此者谁氏，秋来疎叶凌西风。

露洇平原猎骑出，得意谁知消岁日。

南苑徘徊双鸟飞，烟柳萧条仅存一。

漫言草木本无情，可怜独树伤无朋。

寒郊仿佛灵和殿，月上空余子影明。

　　乾隆五年（1740 年）秋八月二十四，乾隆皇帝奉皇太后游幸南海子，在饮鹿池畔又见双柳树，再作《南苑双柳树》诗：

南苑双柳树，昔年何葱菁。

两株立平原，千丝织晚晴。

因循失其一，独树若无荣。

至今行路人，犹道双柳名。

岂无补植者，枯萎率不生。

嗟哉草木质，尚有相怜情。

徘徊不能去，长歌代柳鸣。

　　乾隆九年（1744 年），乾隆皇帝又一次来到南海子饮鹿池，站在双柳树下，思绪万千，又吟《双柳树》诗一首：

南苑双柳树，厥名亦已久。

临池弄清阴，婉婉盖数亩。

岁月与俱深，麋鹿相为友。

昔曾枯其一，秋风自凄吼。

何人见怜之，补种复成偶。

我闻未枯树，却种曾枯后。

迭为主与宾，遑论新兮旧。

曰名不如实，斯柳以名寿。

乾隆十一年（1746年），乾隆皇帝再来南海子饮鹿池，又写了一首《南苑双柳树复枯其一叠韵志感》诗：

种柳补成双，双双期未久。

经年此一过，独树临芜亩。

昔为旧者伴，今待新为友。

停鞭契菀枯，真似狮子吼。

彭殇本齐年，宾主亦其偶。

大椿过八千，朝槿荣其后。

底事重欢悲，强分新与旧。

灵和傥悟此，是谓无量寿。

乾隆十八年（1753年），乾隆皇帝对南海子双柳树到了如痴如醉的程度，他又作了一篇《南苑双柳树赋》：

广甸春风，骎春骑兮玉骢。伊双柳兮宿识，欣向荣兮菁葱。念此地兮少游，绪纷触兮吾衷。昔曾损一，独树孤踪。伊谁补种？新四旧同。其旧复枯，宾为主翁。而何新宾，代嬗莫穷？树不能言，长言以通。若夫东门徒期，上林复起。嵇康则夏月居之，张绪则当年似已。桓司马之金城所种，攀枝泫然；陶渊明之彭泽所栽，酬觞醺矣。虽亨屯之略殊，总未出乎情之所使也。尔其枯肠生稊，老夫得其女妻。虽云过以相与，何妨聊复宜之？岂知夫何能故者，曰世不再来者惟时。则见牂牂老叶，萧萧败枝，强摇金以梳风，慢写玉以临池。对嫩条而常觉忸忸，忆昔侣而那置依依。值秋风而不禁，溢朝露而岂辞！好事者怜之曰，树可亡也，名不可亡也。幻者常之幻也，常者幻之常也，乃复移植新者而使成双焉。盖经余见者，三十年之间新旧迭为宾主者凡三矣。嗟夫！旧阅新而成故，故何新之恒齐？奇合偶而成双，双何偶之弗离！觌两树之如斯，虽万事其可知。暮而隐几，若有星宿之昆前而言曰：大椿过八千，朝槿荣其后，是谁之诗乎？曩何为而弗惜，今何事而余悲乎！且夫建木则大五千围，蟠桃则历九万岁，劫至数盈，要蠹节瘁；不闻名以实传，实以名寄，如两树之阅沧桑而永世焉。昌昌生意未婆娑，方来日月其正多，不亡者存感则那？言讫而去，若尼拘使者之相过也。

乾隆把《南苑双柳树赋》书写成十幅条幅，将御笔挂在南海子新衙门行宫裕性轩西屋墙壁上。此条幅如今散落民间。

除此之外，乾隆皇帝还把南苑双柳树写于两首诗句中，均镌刻在了御制碑上。在《海子行》诗中写有"平原双柳树，叠为宾主凡几度"。在山东泰山《五大夫松》诗中写有"南苑双柳树，我曾赋其故"。这样算来，乾隆皇帝曾先后七次诗赋南苑双柳树，可见乾隆皇帝对双柳树多么情有独钟。他曾谕旨南苑郎中："树可亡也，名不可亡也"，要"随时补植"。

不仅如此，乾隆皇帝于乾隆五年（1740年），敕命疏浚开挖饮鹿池，使其景色更加幽静美丽。并于西岸立昆仑石，将御笔《南苑双柳树》和另外三首《海户谣》《春云》《杂言诗》镌刻在昆仑石四面。又于乾隆九年于饮鹿池东侧敕立一座石幢，将另一首御制《双柳树诗》镌刻于石幢上，以作永久纪念。《日下旧闻考》引《南苑册》载："蒙天章题咏，遂为苑内名区矣。"南海子双柳树从此更是声名鹊起，成为皇家著名的游览胜地。

南海子昆仑石与北京另外七块昆仑石一样，均为乾隆皇帝独创的碑型。顶部为半圆形，底座为长方形，象征着天圆地方。底座雕刻海水波浪，象征浩瀚无边。南海子昆仑石通高 2.6 米，碑身高 1.8 米，宽 1.02 米，厚 0.62 米。碑座长 2.5 米，宽 1.1 米，高 0.75 米。碑座两侧各有一个长、宽均为 0.48 米的水槽，种植桧柏等植物。

1982 年，南海子昆仑石于西毓顺庄出土，成为南海子为数不多的文物遗存，弥足珍贵。而那座石幢却一直还未被发现，可能仍埋藏于地下。令人欣慰的是，二百余年来，一直有后人在原址补植双柳树。现昆仑石北侧的双柳树，据说植于 20 世纪 40 年代末，现仍枝繁叶茂、葱茏成荫，仿佛在向后人不停地讲述着那动人的传说。

南苑昆仑石

南海子
史话

蚂蚁坟

在明、清以来的不少史料中，都记载南海子有座"蚂蚁坟"的事。如明代刘侗、于奕正合撰的明代地方志《帝京景物略》中就记载："南海子西北隅，岁清明日，蚁亿万集，叠而成丘，中一丘，高丈，旁三四丘，高各数尺，竟日散去。今士人每清明节往群观之，曰：'蚁坟'。"

关于南海子蚂蚁坟的具体地点，1940年12月15日北京《民众报》登载："北京南苑西北方，约八里许，有蚂蚁坟一处，乾隆以前，每年清明日，即有蚂蚁数万，叠成小丘……"另外，1941年1月5日北京《实报》亦登载："蚂蚁坟在南海子，为一大高阜，下有蚁穴，聚蚁无数万……"据此可以推断，蚂蚁坟方位当在南海子西北隅的三台子附近。看来，当时"蚂蚁坟"因其硕大无比，已成为南海子一大奇观，引来众人专程来观看，并引起报界的高度关注。

蚂蚁坟实际上就是巨大的蚂蚁窝。明代李时珍在《本草纲目》中记载："蚁处处有之，有大、小、黑、白、黄、赤数种，穴居卵生。其居有等，其行有队。能知雨候，春出冬蛰。壅土成封，曰蚁封，以及蚁垤、蚁塿、蚁冢，状其如封、垤、塿、冢也。"

南海子蚂蚁坟之所以闻名，除了其体积硕大外，还流传有一段凄壮的传说。

传说在辽代末年，以天祚帝耶律延禧为代表的契丹贵族日趋腐化，残暴地欺压女真族，女真人阿骨达称帝建大金国后，攻打辽国。金兵势如破竹，连连取胜。辽军兵败如山倒，节节败退。金军乘胜追击，攻下了辽陪都燕京（时称南京）。辽军不甘失败，反攻燕京，据说就在南海子西北隅一带，辽、金两军在此展开了一场血战。金军将士个个冲锋在前，越战越勇。而辽军将士个个贪生怕死，越战越孬。最后，辽军被金兵彻底战败，十余万辽兵尸横遍野，血流成河。战后即被就地掩埋。这些来自北国的辽兵，战死在了异乡，成了一个个的孤魂野鬼。传说每到清明时节，这些思念家乡的孤魂即化为虫沙（蚂蚁）聚居一起，共诉念乡之苦。

于此传说，《帝京景物略》中亦有此记载：南海子蚂蚁蚁"传是辽将伐金，全军没此。骨不归矣，魂无主者，故化为虫沙。感于节序，其有焉。"另外，民国时期出版由张江所著《燕都风土丛书》中也记载："败军士化蚂蚁，南苑西墙每年清明蚁聚成堆，名蚂蚁坟。"该书还写有一首《蚂蚁坟》诗：

> 多少沙虫化，金源有覆军。
> 至今寒食近，蚂蚁自成坟。

其实，蚂蚁坟是一种自然现象，世界各地均有，只是有大小之分罢了。南海子西北隅形成的巨大蚂蚁坟与当时南海子西北隅林木繁茂、土壤沙化、人烟稀少等地理环境条件相关。至于为何清明时节出现群蚁聚集现象更易理解，惊蛰后一个月为清明，正是百虫结束冬眠开始活动之时。因此，出现"蚂蚁坟"现象也就不足为奇了。

"七七事变"后，曾跟随宋哲元将军参加抗战的近代诗人、书画家郭凤惠，为缅怀南苑抗日牺牲的英雄，以南海子"蚂蚁坟"为喻，也写有一首《蚂蚁坟》诗，看后令人感慨万端：

> 槐国纷然浪策勋，谁家缯币化烟云。
> 可怜蝼蚁工求穴，无奈虫沙是败军。
> 历数已收阿什国，清明谁上黝驹坟？
> 只今南苑疆场路，凭吊重拈遐叔文。

南海子史话

海户屯

海户屯，顾名思义即海户屯居的地方。

海户，始于明永乐十二年（1414年）初建南海子皇家苑囿时，在南海子里从事生产劳动的特殊役民。他们一直沿袭到清末，前后存在了近五百年。

明代内阁大学士彭时说：南海子"籍海户千人守视。每猎则海户合围"。明代文学家刘侗在《帝京景物略》中写道："南海子元旧也。我朝垣焉，四达为门，庶类藩殖，鹿、獐、雉、兔禁民无取，设海户千人守视。"

最初的海户是怎样形成的呢？据《大明会典》载：南海子内"凡牧养牲口，栽种果蔬等项，永乐年间先由北京效顺人充役。后于山西平阳、泽、潞三府州起拨一千户，俱照边民事例，给予盘缠、口粮，连当房家小，同来分派使用。"这清楚地表明，最初南海子的海户是由北京大兴、宛平附近的顺天府人充当的。后正值明代实施从山西等地少人稠地区向北方地广人稀地区大移民，便从山西平阳、泽州、潞州三府中起拨大约千人移民，来南海子充当海户，从事南海子内的劳役生产。他们除在南海子内从事种植、养殖等劳动外，还要从围外协助帝王春蒐秋狝的狩猎活动。

但自明中期开始录用社会自宫者（自宫，即男子私割阳具）的恶例后，社会上自宫风气一发不可收，经常有大批的自宫男子聚集到皇宫前要求录用，成为社会的一大祸端。在这种情势下，明朝廷才想出把上林苑南海子作为收纳大量自宫者的场所，把大量的自宫者强迫发往南海子充当海户种菜。据史料统计，从明英宗天顺三年（1459年）至明武宗正德元年（1506年）近五十年里，南海子收纳自宫者累计多达万人以上。这样一来，本来社会地位就不高的海户，又被自宫者拖到了社会最底层的"贱人"境地。不过，这些自宫人最终自生自灭，到清初还基本维持当初海户的人数状况。

清代沿袭了明代在南海子内设海户的制度。据《大清会典事例》载："南海子（南苑）海户原为一千八百人，设千户二人，总甲二十二人，小甲八十八人，巡青海户四十八人，门军八十一人，海户一千五百九十九人。康熙二十七年增设海户四百人，康熙五十一年裁减千户二人，总甲十人，小甲四十人，门军四十五人，海户五百零三人；乾隆二十四年，于海户内增设头目二人，乾隆六十年在总结内委副头目二人，裁汰海户四百人。这样，海户总计一千二百人，共编为十甲，每甲以总甲一人，副总甲一人，小甲四人管理，每五甲以海户头目一人，副头目一人统辖。其中，顶戴海户头目二人，各给养赡地一顷八十亩，副头目二人各给养赡地一顷二十亩；总甲十人，各给养赡地一顷二十亩；副总甲十人，各给养赡地九十亩；小甲四十人，各给养赡地五十五亩；海户九百二十二人，各给养赡地三十四亩；巡青海户四十八人，各给养赡地五十亩；门军三十六人，各给养赡地三亩，庙户三十八人，各给养赡地四十八亩；鹿户十八人，各给养赡地三十亩；灶役头目十二人，各给养赡地六十六亩；灶六十人，各给养赡地四十四亩；书吏二人，各给地二顷六亩。另有匠役十六人，各给养赡地二十八亩。"

从史料上看，海户们的基本生活较明代有所改善，但仍处于社会底层。如遇自然灾害，生活仍很艰难。明末清初著名诗人吴伟业曾作《海户曲》诗，其诗句中写道："大红门前逢海户，衣食年年守环堵。""新丰野老惊心目，缚落编篱守麋鹿。兵火摧残泪满衣，升平再睹修茅屋。"乾隆皇帝也很同情海户的艰苦生活，曾在海户地遭受涝灾，颗粒无收的情景下，见海户们衣衫褴褛，面带菜色，非常同情，即决定从国库拨帑银二千两以解决来年粮种，并自责有推卸不掉的责任。事后作《海户摇》诗，敕命镌刻在南海子昆仑石上：

鹿　圈

在清朝各代绘制的南海子舆图上，多处标有牛圈、马圈、鹿圈、羊圈、猪圈，甚至还有骆驼圈。而标有鹿圈的仅有南海子凉水河南岸这一处。并逐渐形成了一个远近闻名的"鹿圈村"。

南苑蓁鹿图

据《大兴县地名志》记载："明永乐初年，扩充南海子，在此一带建养鹿圈驯养麋鹿供帝王巡游狩猎。清朝初年有王、周、皮、郭、姜、吴、韩、双姓者八户满族人居此建庄，遂有鹿圈村之名，时属庆丰署。"（庆丰署是清廷掌管牛羊畜牧的部门）另据《大清会典事例》记载："乾隆五十一年（1786年），将静宜园喂养的祭祀用的鹿以及由盛京所进的幼鹿，交由南苑鹿圈喂养。鹿有缺额，捕捉苑内散养的鹿只来补充。养鹿和捕鹿，由鹿户十八人负责。"

由此可知，鹿圈始于明代，是专门豢养麋鹿的场所。清初由满族姓者八户始居于此，遂成村落，才有了鹿圈村名，一直延续至拆迁前。

据鹿圈村老人讲，鹿圈村由东西两部分组成，中间有一条名为"时令河"的小溪，溪水从村南三海子流出，向北流入凉水河，一年四季奔腾不息。小溪两侧东西各两处水坑，是清末泛洪水时冲出来的。每到雨季，坑塘蓄满了水，绿柳垂荫，岸芷汀兰，非常美丽。

在南海子内，鹿圈成村最早。因这里当时是豢养麋鹿的唯一场所，所以是皇家非常重视的地方。再加上这里地势较高，水美草丰，环境幽雅，受到管理南海子的众多满族官员的青睐，纷纷将家眷迁来此处。很快，这里也同南海子各大行宫附近的村落一样，成为"从龙入关"而至此的满族人聚居的地方。

最早到此定居的王、周、姜、皮、郭、吴、双、韩姓八户满族旗人中，姜、王、皮、郭四户曾任南苑苑丞；周家是皇庄头；韩家为果园头；吴家为御马头；后来又迁入了"那、傅、普、白、陈"等满族人家。使鹿圈村逐渐发展起来，成为南海子内较大的满族村落。

王记先祖随"龙"入关后，即被清廷派至南海子（南苑）任苑丞一职。

苑丞，为清代官名，是内务府所属奉宸苑及苑囿、行宫等处，掌管分理苑囿河道、督率苑户等苑囿中人陈设洒扫及轮班值宿等事的专职官员。原名"总领"，乾隆二十四年（1759年）改称"苑丞"。据《大清会典》记载，"南苑（南海子）设苑丞七人，六品衔；苑副十有三人，八品衔；委署苑副六人，九品衔"。从上述史料中得知，苑丞是南海子（南苑）皇家苑囿里掌管具体事务的主要官员。

据王家后人王志生、王继贤说，王家先祖是在清道光年间任南苑（南海子）苑丞一职的。前一任是姜记，后一任（也是最后一任）是郭记。

当时的王苑丞人称王老爷，是十足的八旗子弟的派头。每天不是提笼架鸟就是放鹰捕猎，平时还喜欢斗鹌鹑。此外，这位王老爷还是个戏迷，为此，他竟在家里养了个唱八角鼓戏的小戏班子。

就这样，在这位贪玩心盛的王苑丞主管下，南海子（南苑）里出现了"盗伐树木""偷猎牲兽""私开地亩"等严重现象。

道光皇帝察觉后大怒，即令对负责南海子（南苑）的奉宸苑进行整顿，首先撤了奉宸苑卿禧恩之职。（"诏以南苑牲畜不蕃，禧恩久管奉宸苑，废弛疏懈，罢其兼领。"《清宣宗实录》）连主管南海子（南苑）的奉宸苑卿都撤职了，这位王苑丞更不可能幸免。他不但被罢职，还被发配戍边。从此，王氏家境败落。

衰落后的王家没有了"铁秆庄稼老米树"的俸禄，其后人只能靠自食其力来维持生计。这才有了后来鹿圈村的王记"四大户"，也称"四大铺"。即王记"灯笼铺"；王记"肉杠铺"；王记"饽饽铺"和王记"豆腐铺"。又被当村分别称为"灯笼王记""肉杠王记""饽饽王记"和"豆腐王记"。

王苑丞被革去苑丞之后，郭姓俊峰被任命为新一任苑丞，也成了鹿圈最后一任苑丞。到清光绪二十八年（1902年），官准南海子招佃垦荒，从此南海子也就没有了苑丞。郭家的后人只能凭着皇上封赏的养赡地，仍过着衣食无忧的日子。民国以后，郭家一支成了鹿圈村首富，人称"郭记大院"。到解放后的土改时期，郭记大院被当地政府没收，把这里改成了鹿圈小学。

鹿圈周家是清代在南海子（南苑）所设五所皇庄中的庄头之一，也是最早来鹿圈村定居安家的满族旗人，为皇家管理粮庄，除按规定向"会计司"缴纳钱粮以外，如遇皇帝行围狩猎，还要负责随侍枪手饭食。

清代庄头实行的是世袭制度，老庄头不在了，由其子孙充承。现在，周家后人还收藏有两张乾隆五十年（1785年）和嘉庆十六年（1811年）由清廷内务府会计司颁发的"庄头执照"。一张是准许"周天临"顶替"周双德"任庄头之职；另一张是准许"周成"顶替"周天临"任庄头之职。从两张"庄头执照"中可以看出，从乾隆五十年（1785年）至嘉庆十六年（1811年），"周天临"任南海子（南苑）庄头共计二十六年。如果从康熙九年（1670年）南海子（南苑）始设皇庄，至光绪二十八年（1902年）南海子（南苑）废圈招佃垦荒，周家祖祖辈辈世袭充任庄头长达232年。

遗憾的是，笔者还未调查出那十八位鹿户的后人在哪里。仅听说了一个外号张塔的人，当年在南海子偷猎麋鹿，被官家扒房并驱出南海子的事。据当村老人说，张塔先在麋鹿常去的地方挖好陷阱，在陷阱上盖上杂草，使麋鹿误入而将其捕获。为了怕人知晓，炖肉时故意将破布条扔进烟囱里，以烧布条之味掩盖炖麋鹿肉的味道，但最终还是犯了案被官府拿获。

光绪十六年（1890年），永定河决口，洪水泛滥，殃及南海子，海子墙多半被冲毁。鹿圈地处南海子东部凉水河畔，因此受灾更为严重，苑内豢养的麋鹿等珍稀动物大部分跑出苑外，任人捕食。灾后，奉宸苑命南苑郎中派人将所剩麋鹿集中起来，迁至团河行宫的南侧圈养。鹿圈从此没有了麋鹿，只留下了鹿圈村名。

令人高兴的是，1985年在鹿圈村南三海子建起了"南海子麋鹿苑"，放养着清末从这里消失，而在国外得以繁衍，又重返故里的中国特有物种麋鹿。成为我国第一座以散养方式为主的麋鹿自然保护基地。使南海子成为既是麋鹿的发现地，又是麋鹿的消失地，还是麋鹿的重归地。

如今，鹿圈村已被拆迁，村民已搬至东南侧二里许新建起的泰和园小区。在鹿圈村原址上建起了中信新城小区。令人欣慰的是，在中信新城小区内一条东西街道，被定名为"鹿圈路"，总算留下了一点"鹿圈"的痕迹。

南
海
子
史
话

神机营

清咸丰十年（1860 年），英法组成联军入侵北京，史称第二次鸦片战争。清军与英法联军在通州八里桥展开激战，由于武器落后，大刀长矛敌不过洋枪洋炮，清军八旗劲兵被英法联军战败，以致北京城门洞开。咸丰皇帝以"秋狝木兰"为名，仓皇逃往热河。大清帝国蒙受了城下之辱，使圆明园被烧毁不说，还被逼与侵略者签订了丧权辱国的《北京条约》。惨痛的教训使朝臣们纷纷上书，奏请朝廷整顿京师武备以御外侮。咸丰十一年（1861 年）十一月，垂帘听政的慈禧太后懿旨，派议政王奕䜣、醇郡王奕譞等筹备组建一支拱卫京师的精锐部队——神机营。

神机营之称始于明代，是明朝京城禁卫军中三大营之一，是明军中以火器为主要武器的部队，在创立大明朝中起到了至关重要的作用。在与敌方交战中，火器发挥了很大威力。因当时就已经使用上了"火炮、火铳、火蒺藜、火枪"等火器，使朱元璋的部队所向披靡。到明永乐初年，神机营的火器又有了很大提高，使火器应用更趋专业化，神机营也成为明朝军队的主要兵种。

清军入主中原后，清朝统治者由于担心汉人的火器制造会威胁其统治地位，所以禁止地方再研制火器，甚至禁止民间从事火器铸造，以至 1840 年西方列强突然打入国门时才发现，清朝的火器技术还不及明末时期的水平。也就是在这样的形势下，清朝统治者才想起沿用明制，组建"神机营"。

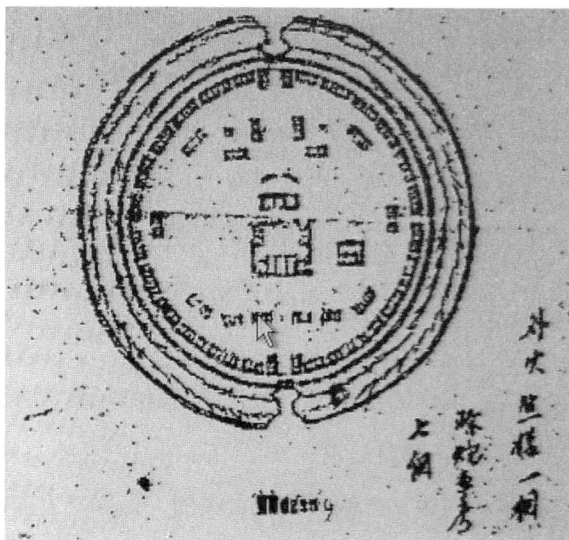

神机营盘图

据清震钧所著《天咫偶闻》记载："神机营署，在煤渣胡同（今王府井大街东安市场处）。同治初，设选八旗精锐别立此营。总以亲王大臣，无定员。其下全营翼长二人，其下分为文案、营务、印务、粮饷、核对、稿案六处。各有翼长、委员。此外军火局、枪炮厂、军器库、机器局各有专司，共兵一万五千余名。自设立后，八旗京官竞来投效。文案处委员至一百六十余员，营务处一百八十余员，而书手不在此数。"

如此庞大的神机营机制，办公、操练均在煤渣胡同进行显然场地不够。同治元年（1862年）经奏准，神机营各营队除在分教练场地操练外，每年春秋二季，须分拨马步官兵赴南苑扎营，合队集中操练。因此，在南苑（南海子）开始建起了一座硕大的神机营营盘。

据《钦定大清会典事例》记载，清同治十年（1871年）"奏准为南苑驻操各营建立兵房。至十二年（1873年）凡成马步队营盘二十二座，瓦房五十九间，灰房七百十三间，土房三千六百四十六间，营门四十六座，濠墙四千四百二十四丈"，占地约有数十顷。从北京图书馆光绪年间绘制的《南苑全图》上可看出，南苑神机营二十一处兵营中，有马队十处，马炮队一处，抬枪队四处，炮营、洋枪队各二处，排枪、中营各一处。神机营分为左翼、右翼、中营，共驻扎官兵一万四千余人。从另一张中国国家图书馆所藏《南苑神机营右翼骁骑营骑马队》示意图上可以看出，营盘分练马场和兵营两部分，约各占一半。其中北部为正圆形练马场。内周边外围为跑马道，内围是拴马桩和喂马槽。正中位置是骁骑兵用房。南部绘有营房及小面积圆形操练场各十一处。

在神机营盘东南十里许的凉水河东岸，还设有神机营"粮台"（即后来的大粮台村）。据史料记载，粮台是清代军队沿途所设的负责军粮的机构。设总理事一人，内设文案、内银、外银、军械、火器、侦探、发审和采编等八所。在粮台北侧里许，还专设有东、西两座兵营守护粮台，东为"密字营"（当地称东营子），西为"奕字营"（当地称西营子）。

神机营在组建之初对农民义军打过几个胜仗，受到慈禧太后的褒奖，因而使其地位陡升，八旗官员竞相投效，使神机营机构日益臃肿。到同治七年（1868年），神机营各种职官多达五百四十余人，竟比兵部还多三百余人。官兵上下渐染八旗骄奢恶习。慈禧太后听说后大为震怒，严令裁查整顿，神机营军纪才稍有好转。光绪皇帝即位后，改由奕譞的儿女亲家僧格林沁的儿子伯彦纳谟祜统领神机营，但这时神机营形成的恶习已积重难返。

更严重的是，神机营由于是朝廷的骄兵宠将，官兵每日都趾高气扬地巡逻在北京紫禁城及三海地域，经常惹是生非。发生在光绪二十六年（1900年）神机营霆字营枪八队队长恩海枪杀德国驻华公使克林德事件即是一件傲慢无知且不计后果的鲁莽行动，使之成为八国联军入侵北京的导火索。

尽管清朝政府于光绪二十四年（1898年）对神机营再度进行整顿变通营制，从全军中挑选精壮官兵万人作为先锋队分为两班，一半分驻各兵营，一半驻扎南苑，每年二、三、四、五、八、九、十、十一的八个月份，按每两个月为一班，更番到南苑神机营盘操练。但这些措施却没有取得强军的效果，在两年后的"庚子国变"与八国联军的对抗之中，这支被誉为拱卫京师的精锐部队神机营，不堪一击，被打得溃不成军，一败涂地。和四十年前英法联军攻占北京一样，清朝廷再次落荒而逃。所不同的是，四十年前京师陷落，促使组建起神机营；而四十年后的京师再陷落，却导致神机营的崩溃。从此，神机营渐形废弛，销声匿迹了。而设在南苑（南海子）那座硕大的神机营盘也废弃不用了。

从清末一张《南苑全图》上可以清楚地看到南苑神机营盘所在的具体位置：庑殿村东侧至凉水河西岸地域，即现在庑殿路东侧的"巧克力城"一带。据当时参与建设吉百利巧克力工厂的南郊农场副场长杨甫堂先生讲，建巧克力车间施工时，曾挖出许多砖头瓦砾。经向解放前夕负责接管该地域的农场老干部吕福财老先生打听才知道，这里曾是一座很大的兵营，直系军阀占用过，侵华日军占用过，国民党军也占用过。从一张绘制于1923年的南苑地图上，在该处位置还清楚标有"马队"，就明确说明了这一点。新中国成立后，该地域被收为国有，成为北京最早成立的"国营五里店农场"的一部分。现在很少有人知道这里曾是清末一座神机营硕大的营盘了。

南海子
史话

皇封的"南胜庄"

"南胜庄"的名字在南海子知者甚少，但若说"牛家场"，就知者甚多了。殊不知，"牛家场"原名就是"南胜庄"，而当初的"牛家场"仅是"南胜庄"的一角而已。读者可别小看这座南胜庄园，它是乾隆皇帝御封，连"南胜庄"都是乾隆皇帝赐名的。

故事要从乾隆三十六年（1771 年）乾隆皇帝发动第二次大小金川战役说起。

大小金川位于四川西北部，住有藏民数万人。当年这里虽受朝廷节制，但仍保留土司制度。因部落之间的矛盾，两金川常发生冲突形成内乱。为此，乾隆皇帝曾先后两次派重兵平叛。没想到，这个仅有弹丸之地、数万人口的大小金川，却致清廷先后投入了近六十万人力、七千万帑币，其代价远远超过乾隆的其他任何一次武功。经过屡换战将，多次血战，历时五年，终于取得了第二次大小金川战役的胜利，为此，清军将士死伤逾万人。

要知道，乾隆皇帝是多么看重这场战役的胜利。当战役打得最困难的时候，乾隆皇帝顶住朝廷上下的压力，执意修建南海子团河行宫。为等候大小金川战役胜利的消息，他竟在团河行宫建成三年后，才心安理得地来此游幸驻跸。

大小金川之役在乾隆皇帝的一生中确实占据重要地位，被称为其十大功绩之一。战役胜利结束后，乾隆皇帝对战役的有功将领进行了大张旗鼓的表彰。

评定出金川战役五十位功臣，还将各位的画像挂于紫光阁。其中，列位第十的是一位名叫牛天畀的将领。乾隆皇帝对其更是高看，被视为英雄。

牛天畀（1717—1773），字馨宜，山西省太谷县范村镇上安村人。乾隆七年（1742年）中武进士，授三等侍卫。乾隆十三年（1748年）被升江西都司。后历任广东将军标游击、湖北德安营参军、中军参将，积功累升为湖北襄阳镇总兵。乾隆三十六年（1771年），任四川川北镇总兵。奉旨率军征伐金川，次年攻克甲金达，与大军会合，乾隆皇帝赏戴花翎。后连续攻克斯当安寨、木耳寨，并切断敌军粮道。乾隆皇帝又赏赐荷包紫金锭。乾隆三十八年（1773年）奉旨授贵州提督。是年六月，闻木果木大营情况危急，即率兵赴援。敌兵汹涌而来，他跃马当先冲向阵前。从早战到午后，身上多处负伤，仍英勇奋战。不料战马忽然前倒，仍徒手杀敌，最后战死沙场。

正因为此，牛天畀被乾隆皇帝赞为绿营健将，按一品大臣给以抚恤，赐谥号"毅节"。还亲笔为其撰写了祭文和碑文，并审定了《牛天畀传》。不仅如此，乾隆皇帝还破例在南海子皇家苑囿里，为牛天畀子孙特封给土地二十四顷，并以寓意大小金川战役胜利之义，赐名"南胜庄"。

南胜庄位于南海子东北隅（今亦庄开发区北环路以北）。西至王槐庄；北至闫家场；东至东海墙海户地界。之所以封地二十四顷，据牛家后人说，乾隆皇帝看出牛天畀的"畀"字是由"田"和"廿"组成，而"田"字又有四口，因此才定封二十四顷。

牛天畀时有四子，由其长子、三子和次子的儿子牛士良来京受封。因在山西老家就是牛天畀的次子当家，因此，南胜庄归牛士良主管。因地多势大，南胜庄很快成了城南地区首屈一指的富豪。不但南胜庄家大业大，还在城里开了两家买卖。一家是位于永定门里的"兴隆粮店"；另一家是位于煤市街的"恩源居炒疙瘩饭店"。外号"牛老西儿"的牛士良也自然成了远近闻名的阔财主。

到1902年官准南海子招佃垦荒，几乎一夜间，南海子里建起了上百座私家庄园，而南胜庄因是皇封之地，始终没有被涉及。这也是后来为什么如此大

南海子史话

方便。

史料记载，康熙皇帝的御马即喂养在南海子御马厩中。时任康熙皇帝随扈大学士张英在一首南苑纪事诗中写道："天闲晚向柳荫开，铁驷花骢尽上材。牵向御前都记忆，何年贡自渥洼来。"并在诗注中写道："上幸南苑，马厩良马甚多，一一记其所贡之人。"

众所周知，乾隆皇帝一生亦最喜欢宝马良驹，以拥有十骏而骄傲，以四骏更为自豪：万吉骦、阚虎骝、佶闲骝和锦云良。这四匹宝马均育养在南苑（南海子）。

清中期前南海子所设六处外厩中，所育养的主要是皇帝骑乘的御马，而皇城内厩喂养的马匹，每年四月至十月草盛季节才进南海子里放青，数量并不是很大。另外，为了使南海子草场有计划地适度放牧，清廷还对南海子内各级官吏个人蓄养的自用马匹及牛、羊数量上有严格控制。据《总管内务府现行则例》记载："康熙十一年四月奏准南苑官员人等在南苑内牧放马牛，凡笔帖式领催等每名准养马三匹；听差人准养马二匹；九门章京准养马五匹，乳牛二头；马甲准养马三匹；厩长准养马三匹；乳牛二头；厩副厩丁准养马二匹；庄园头准养马十匹、牛三十头。"另据乾隆十五年（1750 年）奏准，喀尔喀蒙古族首领博尔济吉特氏"拉日王多尔济准在南苑牧放马匹只准牧放三十匹以内，索特呐木多布齐只准牧放二十匹以内，吗呢巴达拉亦只准牧放二十匹以内。"可见当时清廷对南海子牧放马匹数量控制之严。

到了嘉庆时期，南海子（南苑）六马厩仍承担着圈养官马（主要是御马）的任务。不过，随着宸游减少，管理开始松弛，后期竟发生有大量私马官养的损官肥私的状况，其中内务府总管大臣丹巴多尔济竟将家马一百二十余匹在南海子（南苑）马厩中喂养。被查出后，受到了嘉庆皇帝的惩处。

至道光时期，内忧外患严重地威胁着大清帝国。特别是英帝国的军舰在江苏沿海一带活动十分猖獗。清廷派兵抗英却连连失利。道光皇帝急调兵防堵。据《道光朝实录》记载，道光二十二年（1842 年）五月谕："因夷在江苏一带猖獗，已由察哈尔调兵丁二千名，前赴天津防堵。"又谕："前令铁麟等将察哈尔领放直隶牧青马匹，全数调会京师，并令于上驷院太仆寺牧群内挑选二千匹管带来京。所有此项马匹抵京后，即于南苑牧放。"仅过了二十天，道光皇帝再谕："据谕堃、斌良奏，上驷院牧群骟马一千二百匹，业于五月二十七日启程。太仆寺牧群骟马八百匹业于五月二十五日启程。此项马匹抵京，著培成、贵成、巴里善一同送往南苑照料牧放。著分为三班，每人五日一班，轮流更换。"为了加强牧养军需马，道光皇帝特将南苑原有六个御马厩，裁撤了二厩。

到咸丰时期，国事日艰。既要抵抗外夷入侵，又要面对太平天国义军。因此，军队所需马匹更为紧迫，南海子（南苑）成为调集放牧军需马的主要牧场。据《咸丰朝实录》记载，咸丰八年（1858 年），谕军机大臣："调察哈尔备用马二千匹，迅解南苑牧放，并令另选马二千匹备用。"是年七月又谕："现在金陵贼巢未克，江北防贼剿吃紧。此时天津防务较缓。著僧格林沁，于所带马队内内挑选三四百名，酌拨马队二百名，所请另拨马二百五十匹，即由南苑捐输马圈拨给，俟僧格林沁等，所派马队官兵，赴南苑领取，带往浦口也"。仅过一个月，因僧格林沁嫌所调马匹质量不好，道光皇帝又谕曰："现在南苑牧放马匹，屡次调拨，膘壮者亦少。著该署部院，即在太仆寺牧群并捐输马匹内，挑选膘壮马八百匹，迅速派员解京，交南苑牧放，以备牧放。"

清末南苑牧马老照片

另据《内务府来文》记载，从咸丰十年（1860年）十月二十五日起至十一年（1861年）三月二十日止，南苑累计喂养军需马六万一千九百二十七匹。还曾有从南海子（南苑）一次就调出一千四百匹的记载。该史料中还记载同治二年（1863年）九月二十七日至同治三年（1864年）三月三十日"共合计喂养军需马二万八千八百一十九匹"和同治七年（1868年）夏秋二季"南苑出青牧军需马二万六千四百九十二匹"。

以上记载说明，清晚期南海子（南苑）育养御马已成次要，成了朝廷牧养军马的重要基地。

浮开地亩

到了清中期以后，南海子虽在清前期被康熙、乾隆皇帝推上了鼎盛，但之后却迎来了"嘉、道中衰"。由于内忧外患，大清帝国逐渐走入衰败。嘉庆、道光期间，为承祖制，嘉庆、道光皇帝还能勉强来南海子举行围猎活动。到咸丰时期，根本就看不到咸丰皇帝来南海子的记载了。而以后的同治、光绪在位期间虽也到过南海子一两次，那也只不过是摆摆样子而已。正像清末诗人宜泉在《南苑即景》诗中所写："三宫冷落宸游少，惟见长杨引路频。"

南海子明显走入衰败是从嘉庆年间开始的。

随着大清帝国由盛转衰，清帝王来南海子游幸越来越少。又因永定河久不治理多次泛洪殃及南海子，使南海子逐渐走入了衰落。由于朝廷拨给南海子的管理费用严重不足，南海子的基层官员在奉宸苑的默许下，以浮垦地亩，私自放垦、收押租银的方式，来弥补资金的不足。

本来，自明永乐十二年（1414 年）设南海子皇家苑囿开始，猎场所占面积，牧场所占面积，海户养赡地所占面积，都有合理布局。到了清代，虽然增设了几处皇庄，增加了苑户养赡地，但用地布局仍处在合理范围内。其中狩猎场约占百分之五十六；放牧场约占百分之二十七；皇庄、养赡地约占百分之十四；其他占地不足百分之三。对此，清廷有严格的控制规定。其中就有若增加养赡地，须报朝廷御批后方可放垦。但自嘉庆年以后，由于管理资金的不足，管理南海子的基层官吏，就以浮报亩数，私自放垦的对策蒙骗朝廷。这样，既解决了一些资金不足，又可从中中饱私囊。这即是"浮开地亩"。

据"军机处录副奏折"记载：嘉庆元年（1796 年），丰绅殷德未经奏明招佃租出地十九顷四亩；嘉庆八年，英和任内奏明招佃租出沙地一百七顷五十二亩；嘉庆九年，英和任内招佃时未奏归入年终报销折内租出地七顷二十亩五分；嘉庆十年，那彦宝任内开垦备差地二十二顷；嘉庆十一年，那彦宝任内租出地三顷四十七亩六分三厘、沙地租出地十五亩；嘉庆十二年，文任内招佃时未奏归入年终报销折内租出地十一顷四十七亩，又租出沙地二十七亩三分五厘等。仅此，私自放垦达一百七十余顷。以上均是朝廷查出的于南海子出现的浮开地亩实情。更为严重的是，浮垦地亩的现象，并没有引起嘉庆皇帝的高度重视。直到道光十八年（1838 年），因道光皇帝到南海子围猎时发现苑内牲兽过于稀少而下令彻查，南海子浮垦地亩现象才被暴露。道光皇帝大怒，"诏以南苑牲畜不蕃，禧恩久管奉宸苑，废弛疏懈。"而罢免了奉宸苑大臣禧恩，并谕内阁："南苑为讲武之地，自应培种林木庶育牲畜，断不宜增垦地亩。"为此，道光皇帝下令："自奉旨之日为始，予限二年，其曾经管理各员及已故各员子孙，饬令将各该任内租垦各户口，陆续给予赡养资本，谕令迁移，务使所开各地亩，尽行抛荒。亦不准稍有逼勒，致令失所。至此二年内地租银两，著加恩豁免。"

按道理，众人本应遵旨退佃，但事情并不像道光皇帝想的那样简单。由于与垦荒招佃方所签订的十八年的地租已提前收纳完，如立即限期退租抛荒，导致近五十户佃农"一时失业，无以资生"，会造成以权凌弱而加大社会矛盾。因此，尽管道光皇帝加大了对南海子的管理力度，但抛荒令之后，南苑（南海子）依然存在私垦现象，始终禁而未绝。

道光二十二年十月，南苑（南海子）郎中经文图向管理奉宸苑事务臣载铨禀称："查得正白旗所管大屯角门北有私开地约十余亩，世泰庄（注：今石太庄）私开地约七十余亩，三合庄私开地约七十余亩，镶黄旗所管毕家湾私开夹空地约八十余亩，牛家场东私开地约三十余亩。道光皇帝听奏后无奈说道：

"稍为履查，即有新开地数顷之多"。尽管道光皇帝又将正白旗苑丞常禄、镶黄旗苑丞常海撤了职，但南海子内私垦地亩现象仍禁而不绝。

因此，在南海子形成的百余座私人庄园中，不全是光绪二十八年（1902年）官准南海子招佃垦荒后才形成的，而是更早以前，因"浮垦地亩"就已形成的私家庄园。虽占少数，却为后来的官准招佃垦荒埋下了楔子。

南
海
子
史
话

水灾人患

到嘉庆时期，由于近些年对永定河疏于治理，每到雨季，河水猛涨，频频告急。南海子位于永定河下游，更是险情不断。

史料记载，嘉庆二十四年（1819 年）7 月 25 日，内务府大臣英和急奏：永定河水势渐涨，由三岔口头工段处泄出，将南苑西红门外以南墙垣冲坏八丈余，水入南苑；有高米店等村难民数百名逃奔海子，现令移赴西红门内暂为存身，备给口食。嘉庆皇帝降旨"著即由广储司拨银一万两，交韩鼎晋、奎耀、汪如渊三人带往办理抚恤事。至南苑墙垣有浸灌情形。英和不能亲往，著传谕奉宸苑卿长申逐加查勘，随时报明具奏。其进苑之水经由何处流出，一并查明复奏。"两天后，嘉庆皇帝又谕军机大臣等："据英和、长申奏，永定河漫水溢入南苑情形并现在筹办避灾难民事宜；现在漫水浸入南苑草甸熟地，水势漫溢，宽至六七里，深至三四尺，著英和俟漫水稍消，遴派善于乘骑员弁赴该二处行宫，详加履勘情形，据实具奏。如查明团河、南红门行宫有被水淹情形，长申自往办理行宫务。"

对这次南海子遭遇水灾，嘉庆皇帝曾作《海子行》诗，生动地描述了当时的水患情形：

永定门外南海子，地势沮洳众流委。
辛酉季夏被涝灾，大堤溃决泛洪水。

东下直灌北红门，浩瀚奔腾巨波澜。

近来触目倍惊心，旧河淤垫新河徙。

到光绪十六年（1890年），永定河又一次泛滥决口殃及南海子。据《丰台区志》记载，此年六月降水871毫米，永定河决口，水势径趋南苑。丰台、黄村、永定门外一片汪洋。洪水从南海子北墙九孔闸冲进海子里，围墙被冲倒，苑内放养的麋鹿等被冲出墙外，任人追杀捕食。另据清末学者震钧在《天咫偶闻》中所记："畿南大水，直至右安门外。大树皆倒，几欲入城。"

据西红门村老人说，永定河决口泛滥过后，在村中"老爷庙"西侧路边和村北头，发现了一座倒在路边的大铁钟和一块大石水槽。该钟高有两米多，直径也近两米，足有上千斤。石水槽更有千斤以上，不知是从什么地方冲来的。大家都对洪水的巨大力量感到吃惊。后来就把铁钟挂在了村里的真武庙；大石槽就被移到九圣庙的水井旁，专门为路过的马车饮牲口了。这两件从上游冲来的大家伙，反映出清代永定河泛洪有多么严重。连大铁钟、大石槽都能冲到几十里外，海子墙的结果就可想而知了。

经过这次洪水冲击，南海子受到严重的毁坏。光绪十七年（1891年），奉宸苑就南海子受水患情况上奏朝廷，请求拨帑银修复。是年六月二十六日，光绪皇帝奏准了"修复南苑围墙工程奏折"。但是，实际执掌大清帝国大权的慈禧太后，以国库拮据，无力出银修复为名被驳回，使光绪皇帝修复南海子的上谕成了一纸空文。

就这样，随着大清朝已走向没落，皇家苑囿南海子也已千疮百孔破败不堪。海子外的一些贫苦百姓乘机到海子里偷猎圈内的麋鹿等动物，很让清廷大伤脑筋。

据《清德宗实录》记载，光绪七年（1881年）三月，光绪皇帝"谕内阁景寿等奏：民匪杨二海在南苑偷打牲兽，经总领章京文喜等捕拿，胆敢施放火枪，将文喜打伤，藐法已极。著交刑部按律惩办。"

南
海
子
史
话

但没平静几年，南海子的偷猎现象越发严重。另据《清德宗实录》记载，光绪十三年（1887年）七月，光绪皇帝"谕军机大臣景寿：六月二十八日，南苑地方有民匪二十余人，偷打牲兽。经官兵捕拿，民犯胆敢拒捕，扎伤马甲德龄身亡。并据该总领章京禀称，常有著名匪徒三十余人，越墙进苑等语。禁苑重地，竟有匪徒持械拒捕。著步军统领衙门、顺天府、五城御史，迅即移咨奉宸苑，按名密拿，严行惩办。"

而光绪皇帝的谕旨，并没有起到多大作用，海子外越墙到海子里的偷猎现象越演越烈。不时有大臣上奏朝廷。据《清德宗实录》又载，光绪十五年（1889年）十一月，光绪皇帝"谕军机大臣晋祺奏，本月十六日，有匪徒多名，进南苑施放火枪，偷打牲兽。当经官兵缉拿，该犯等胆敢抗拒，扎伤马甲。南苑重地，屡有匪徒偷打牲兽，聚众滋事，实属藐法已极。捕务废弛，即此已可概见。著步军统领衙门、顺天府将各犯严行缉拿。务获究办，不准一名漏网。并著顺天府、饬令南路知拣派干役，随时就近访缉。以靖地方，将此谕令知之。"

从以上光绪皇帝谕旨中可以看出，当时南海子外百姓越墙偷猎已到了难以控制的地步。在清末民初，南海子外流传甚广的"石万春大闹海子里"的民间故事，就是颂扬磁各庄村石万春带领贫苦农民越墙偷猎的事儿。后来还被编成了评戏在黄村一带演出。这些都足以反映出，当时的南海子已是"无可奈何花落去"。

招佃垦荒

（1）招佃垦荒之龙票

咸丰时期，大清帝国面临着前所未有的困境：内有风起云涌的农民起义，外有虎视眈眈的西方列强，国内形势纷繁动荡。

咸丰四年（1854 年），大臣嵩龄见南海子已经荒废多年，就捧折本面奏，奏请允准将南苑（南海子）垦荒屯田，以筹措饷银兴办团练。这一疏言，被咸丰皇帝断言驳回："八旗乃天下之本，占其练武之地，万万不可，贸然垦荒，绝难允准。"可刚过三个月，侍读学士德奎又折本奏："奴才知道南苑为八旗演练骑射之地，又为皇帝游猎场所。但近来天下战事频繁，此地荒废已久。奴才近闻有佃户刘瑞等人入内私自耕种，已成事实，可否就势弛禁，令民人耕种，并借此招来乡勇，编组团练。"咸丰皇帝听罢，颇为恼怒，愤愤谕曰："南苑为我朝习武之地，屡经禁止私垦。前有嵩龄奏请，被朕驳蜀犬吠日，汝难道不知？"固执的德奎又回禀道："奴才虽知前事，但今夕异情。现虽有禁垦之令存，然民户实已越境入垦，不如将计编组团练，适可壮士军威。"咸丰皇帝听罢，更是火冒三丈，怒斥德奎道："民人越垦，何不速集兵丁尽速驱出，汝今日狡辩，显系受人怂恿，巧借团练之名，以实现牟利营私之实，甚是可恶。"咸丰皇帝竟谕令将德奎革职交刑部议处。从中我们可以看出，南海子皇家苑囿败落的已无可奈何花落去，咸丰皇帝却还是为了皇家的颜面而强撑着。

到同治时期，内忧外患更为严重，针对漕运梗绝，京师粮价日昂的紧迫形势，时任浙江道监察御史的刘有铭再次奏请开垦南苑（南海子）荒地："自粤匪扰乱以来，漕运既已梗绝，上年苏杭告陷，海运亦复寥寥，近畿所产杂粮素本无多，因之京内粮价日昂……臣思补救之方，欲以效速而行可久，莫若招佃屯垦一法。查南苑处京南偏，旧为巡狩之所，四周绵亘百五六十里，按亩计地，应得八千余顷，除养牲等处外，可垦之地尚有四五千顷，任其废置，既觉可惜……今若招佃垦种，以每亩收粮二石计之，一岁之中可得百万石。以此项散布京畿，京中既可资接济。而附近贫民，皆可前往工作，得佣值糊口，又事之不期益而益者……应请饬下管理奉宸苑大臣会同户部详议章程，并选派贤员前往勘明，除酌留养牲牧场若干，画定界址，仍令苑户滋养牲兽，以备行围之用外，其可垦之地共计若干，迅即出示招募家计殷实、素业稼穑之人，赴部具呈认垦。"

垂帘听政的慈禧太后看了刘有铭的奏折后，并没有发生像咸丰四年那样驳回嵩龄、德奎的情形，而是做出了"著管理奉宸苑王大臣会同户部派员履勘牧场围场有无窒碍"，然后再"妥议具奏"的旨意。但最终还是以"南苑为我朝肆武之地，列圣叠降谕旨，禁止私垦，圣训昭垂，旧制岂宜轻改。现据该王大臣查明，每年招佃征租，为数无几，未便因小利而违成宪，致于体制有乖。所有开垦南苑地亩，著毋庸议。"收场。就这样，南海子（南苑）招佃垦种再次搁浅。

光绪二十六年（1900年）"庚子国变"，清政府在西方列强的枪炮威逼下，被迫签订了丧权辱国的《辛丑条约》，为了筹措巨额战争赔款，使清政府陷入极大的经济困境。国家到了这个地步，慈禧太后也不得不试行新政，采取了一系列变革措施，实行"督办垦务"就是当时的新政之一。史料记载：光绪二十七年（1901年）十一月，清政府准奏山西巡抚岑春煊连续两次上疏"筹议开垦蒙地"的建议，决定任命兵部左侍郎贻谷为督办垦务大臣，赴绥远督办包括察哈尔在内的整个内蒙古西部垦务。与此同时，东北三将军和热河都统也陆续在所辖内蒙古东部各蒙旗全面开始官放蒙地、垦丈蒙古东部地区。光绪二十八年（1902年），贻谷在归化城设立了"督办蒙旗垦务总局"，后来又陆续分设垦务分局，成果非常显著。也就是在这样的形势下，慈禧太后再也不能顾及"南苑本肄武地，例禁开田"的祖制和清宣宗道光"南苑为讲武之地，断不宜增垦地亩"及清文宗咸丰"八旗乃天下之本，占其练武之地，贸然垦荒，绝难允准"的先帝祖训，而是把"督办垦务"的目标，对准了早已荒废多年的皇家苑囿南海子。

光绪二十八年（1902年）六月二十三日，慈禧太后懿旨奏准成立"南苑督办垦务局"，实施以出售《垦务执照》（俗称"龙票"）的形式招佃垦荒。

清末招佃垦荒执照

有关"南苑督办垦务"的相关史料，大兴区研究南海子资深专家李丙鑫先生曾于1983年在中国科学院图书馆发现了一件清宣统元年（1909年）颁发的《南苑督办垦务执照》，成为研究南海子地区发展史非常难得的珍贵历史资料，其文字内容如下：

第壹千贰百玖拾柒号

南苑督办垦务局为发给执照事，照得本苑。

奏准苑内闲旷地亩招佃垦荒认种以广生计等因，于光绪二十八年六月二十三日具奏。奉旨：依议。钦此。钦遵在案。当经本苑拟定招佃章程开列于后，计开：

所有招募认垦之人，即以八旗内务府以及顺直绅商仕民人等，旗人取具图片，绅民取具切实具结，始准领地，均以十顷为制，不得逾数；

地利本有肥瘠之分，应缴押荒等银厘。定上、中、下三等，至将来升科亦按三等分上下忙开征，倘有顽劣之户拖欠钱粮，即将地亩收回另行招佃认种；

招佃户宜有栖身之所，准其自盖土房，不准营建高阁大厦及洋式楼房，亦不准私立坟墓，违者究办；

苑内一经开荒人烟稠密，不免有贸易经营，惟须禀明听候指示空闲地址，不准毗连结成市镇，亦不准开设烟馆、赌局，违者定行究办；

垦户如有不愿承种者，即将地亩交还，应俟升科后体查情形办理。如有更佃等情，务须呈明换给执照，倘有私相租典，借端影射，一经查出，定按原交押荒加倍科罚；

认垦之户各宜循规蹈矩安分农业，其雇觅佣工亦宜慎选良善者，倘有不法之徒寻衅生事搅扰，立即严拿惩办；

以上各节俟三年后再行换给新照，各宜恪遵，不得稍有违误，至干咎戾须至执照者。

右给佃户敦叙堂大兴县人下地叁拾亩收执

宣统元年拾贰月拾玖日（奉宸苑印章）

苑计开地邻四至列后：

坐落大红门南，东至鲁姓，西至岳姓。南至官道，北至王姓地界止。

（原件为纸本。长 78 厘米、宽 56.5 厘米。木版印刷，现存中国科学院图书馆）

从以上《南苑督办垦务执照》条文中不难看出，当时对南海子招佃垦荒的目的很明确，就是"认种以广生计"。为防止无序的乱开乱垦，条文规定了准许招募认垦的对象应是"八旗内务府以及顺天府直隶绅商人士"等，并规定认垦地亩数量以"十顷为限"。根据地亩因地理位置等因素有"肥瘠"之分，条文又规定了按上、中、下三等分别上缴"押荒银厘"。另史料记载，当时上等地每亩白银三两二钱，中等地每亩白银二两半，下等地每亩白银一两七钱。

另外还规定，只允许认垦佃户在地亩内"自建栖身土房"，不准盖"高阁大厦和洋式楼房"，也不准将"坟地"私立于认垦地亩中，更不准许在此开设"烟馆和赌场"。如需进行贸易场所，须上报另行批准空闲之地，但不准"连接城市镇"。垦户如有不愿再承种的，可将所垦地亩交回，不准"私相转让"。条文最后，还要求认垦户遵规守矩，慎重选用"良善佣工"，如果发现寻衅滋事者，将严加惩处等等。说明当时清政府对南海子的招佃垦荒还是带有一定的保护性措施的。

（2）招佃垦荒之庄园

官准南海子实行招佃垦荒新政后，那些符合条件的臣僚、绅商和上层太监等，即刻嗅出南海子是块机会难得的肥肉，就争先恐后来到这里认垦地亩，乘机争购"龙票"。仅短短的不多几年，南海子里如雨后春笋般地建起了一百余座私家庄园。

其中到南海子置办庄园的官宦臣僚有：庆亲王奕劻置办的"九如庄"；兵部尚书荣禄置办的"德茂庄"；协理大臣那桐置办的"千顷堂"；军机处大臣赵尔巽置办的"大白楼"；毅军统领姜桂题置办的"姜家场"。此外，还有清末总管内务府大臣，曾任过奉宸苑卿的继禄置办的"积善庄"；被誉为白马将军依尔根达罗置办的"海晏庄"；八旗将领张姓统领置办的"万聚庄"；清廷户部命官安宗衡置办的"万义庄"；清宫"镇殿将军"吴能置办的"三畲庄"；以及清廷命官朱垂福置办的"吉程庄"等。

在南海子置办庄园的上层太监有：总管太监李莲英置办的"东广德庄"和"西广德庄"；清末总管太监小德张置办的"下十号"；慈禧身边得宠太监李三顺置办的"俊德庄"（大粮台）；光绪皇帝掌管库银太监孙崇合置办的"定丰庄"（二号）。此外，还有为数众多的清宫上层太监乘机来南海子置办庄园。其中有崔老公置办的"合场"；盛老公置办的"天恩庄"；任老公置办的"志善庄"；马老公置办的"积德堂"；刘老公置办的"吉程庄"（小白楼）；崔老公置办的"藕合堂"（志远庄）；常姓老公置办的"吉庆堂"；钮老公置办的"钮家庄"和唐观卿、常润峰两位太监合办的"同心庄"等数十座"老公庄子"。

在南海子置地建庄园的绅商有几十个，约占整个南海子所建庄的四分之一。其中有：盐业银行总经理张殿芳置办的和义庄、京城首饰绅商王坤置办的"太和庄"；广货绅商张广浦置办的"四海庄"；京城同顺当铺绅商李笃庆置办的"笃庆堂"；京城印染绅商吕培初置办的"大德堂"；京城"广善号"木厂绅商置办的"怡乐庄"；山东籍绅商生聿丰、生聿振置办的"大生庄"；京城水业绅商段发科置办的"段庄子"（寿宝庄）以及付姓绅商置办的"富家庄"；于姓绅商置办的"育善堂"；京城布店绅商置办的"清合庄"；郭姓绅商置办的"烧饼庄"；王姓绅商置办的"泰丰庄"（三号）；京城绅商孟广泰置办的"宝丰庄"；京城绅商魏清置办的"裕德庄"和京城粮行绅商于尊祖、姜太清、姜颐敏、王存厚置办的"西五号"等。

在民国初的军阀割据时期，由于南海子（南苑）是京南大门的军事要地，直、皖、奉三系军阀为争夺北京政权都分别在南苑抢占地盘，相互对峙。在驻扎期间，军阀政府出于自身利益，发布"旗地变民产"的政令，使南海子内已建起的私人庄园，大多又都被迫"转让"给了驻扎在这里的大小军阀。其中有：皖系军阀头子段祺瑞占有的"振亚庄"；奉系军阀头子张作霖占有的北大红门西马场周边广阔地亩（后转让给了大京商李律阁）、汉奸军阀江朝宗占有的"积德堂"；皖系军阀张敬尧占有的"玉成庄"（志远庄）；汉奸军阀殷汝耕占有的"寿宝庄"；大军阀王占元占领的"三槐堂"；皖系军阀旅长张奎宾占有的"万义庄"（建新庄）；大军阀，人称"三不知将军"的张宗昌占有的"六合庄"；军阀将领邵文凯占有的"万聚庄"（德茂庄）；军阀将领李满庭占有的"富源庄"；军阀将领谢春盛占有的"泡子坡"；军阀将领董玉良占有的"四海庄"；军阀将领程 × 占有的"程庄子"；军阀将领李润江占有的"亨利庄"等。

南海子庄园图

据 1946 年编绘的《河北省大兴县地图》标载，至新中国成立前，南海子内已有大大小小的由私人庄园形成的自然村落多达近200座。其中有：久敬庄、九如庄、永茂庄、桐荫庄、和善庄、营家庄、乐麟庄、仲德堂、同居庄、福昌庄、欧公堂、甯泊庄、益友庄、保德庄、同兴庄、和义庄、六合庄、四合庄、德善庄、吉庆庄、吴梁庄、积成庄、裕善庄、松林庄、富家庄、富源庄、小聚宝庄、大聚宝庄、广德庄、天恩庄、恒力庄、仁义堂、鸿仁堂、亦庄、段皮裤、荣庄子、宋庄子、初庄子、钮庄子、闫家场、牛家场、董家场、大德堂（土楼子）、北辛庄、南辛庄、俊德庄、俊德堂、常庄子、崔庄子、肖庄子、李家场、隆盛场、王怀庄、海宴庄、乐耕庄、来顺庄、烧饼庄、律庄子、梅庄子、卢庄子、公胜庄、水泼庄、千顷堂、同义庄、石太庄、太和庄、同义庄、合顺庄、通顺庄、三畲庄、三乐庄、隆兴庄、福利庄、浣竹庄、济德堂、福海庄、小白楼、大白楼、双河庄、柳林庄、三德庄、稻田庄、大丰庄、振亚庄、谦和庄、永丰庄、二合庄、惠丰堂、博爱庄、德茂庄、万聚庄、吉庆庄、五福堂、集贤庄、大有庄、大生庄、志远庄、华美庄（万义庄）、天德庄、姜家场、松山堂、信义庄、瀛海庄、义和庄、三怀堂、仁德庄、同心庄、笃庆堂、清连庄、钱庄子、大兴庄、太平庄、怡乐庄、耕禄堂、中兴庄、大聚定庄、敬义庄、嘉禾庄、和善庄、三义庄、崇德庄、宝隆庄、康家庄、力田庄、宝善庄、宝树庄、中立堂、瑞兴庄、宏农庄、四海庄、头号庄、二号庄（定丰庄）、三号庄（泰丰庄）、四号庄、五号庄（东兴庄）、六号庄、七号庄、八号庄、九号庄、下十号庄（大祥庄）、福善庄、东和盛、富谷庄、泉义庄、瑞生庄、万钧庄、兴隆庄、三合庄、毓顺庄等。

明眼人一看便会发现，上述南海子所建起的私人庄园中，绝大多数庄园名称都起得十分文雅，有的像商号，有的像堂号。其含义大都以"兴隆茂盛""吉庆富有""仁义恩德""敬贤和善"为内涵。在二百一十平方公里范围内，集中如此之多的雅化地名群，实属罕见。这是因为，当时来南海子招佃垦荒、置办庄园的主人大都是社会名流，不是达官即是绅商，要么就是上层太监。因为他们身份高贵富有，所以所建庄园名字不能随意而起。要请当时社会文化名人斟酌而定，才形成了如此的雅化地名群。

从这些雅化地名中，可以分析出一些带有人文、历史、地理、文化的规律来：官宦置办的庄园多用"敬贤仁善"；绅商置办的庄园多用"吉庆兴盛"；太监置办的庄园多用"恩德富有"；合伙置办的庄园多用"合顺同义"。有的庄园名字取材于历史典故。如"三槐堂"，就因庄园庭院中植有三株槐树，即取"北宋王祐手植三槐于庭，其子成为宰相"之典故，称为"三槐堂"。有的取材于历史名人名言。如"德茂庄"，出处为汉司马相如《难蜀父老》"汉兴七十有八载，德茂存乎六世，威武纷纭，港恩汪濊，群生沾濡，洋溢乎方外。"寓意道德美盛，德行高尚。因此取名"德茂庄"。有的以人的名号定为庄名，如"笃庆堂"，因京城同顺当铺老板李笃庆在此置地建庄园，本来始称"雍阳庄"，后人为了纪念李笃庆，就将"雍阳庄"更名为"笃庆庄"。还有的庄园因五家合建，取幸福吉祥词，将庄名定为"五福堂"。还有的庄园以庄园主姓氏谐音定名，如"富家庄"，因置办庄园的主人姓"付"，就取之谐音定为"富家庄"了。

概括起来，来南海子招佃垦荒、置办庄园的主要有"官宦旗人""上层太监""富豪绅商"和后来的"军阀头目"等几类人。他们虽抢购"龙票"来南海子招佃垦荒置办庄园，但本人却很少露面，有的甚至到死也没来过自己的庄园里一看。一般这里由管家（二地主）代行管理，征收地租银两。

南
海
子
史
话

营市街

营市街这个地名，许多人感到陌生。其实，它就是南苑镇的前身。也就是说，南苑镇就是从营市街发展而来。这要从清末南海子开始设新军训练营盘说起。

光绪二十四年（1898 年）戊戌政变后，慈禧太后深刻认识到军队的重要性，决定建立一支由自己心腹节制的、强而有力的、效忠于自己的军队，来巩固京畿防务。于是，时刚入值军机处，管理兵部事务，兼钦差大臣、节制北洋三军的荣禄，成了组建这支部队的不二人选。

光绪二十五年（1899 年）二月二十日，清廷正式组建成立由荣禄总节制的"武卫军"。武卫军分前、后、左、右、中五个军，即以聂士成为总统领的"武卫前军"，驻守芦台、大沽、北塘；以董福祥为总统领的"武卫后军"，驻守在蓟州、通州；以宋庆为总统领的"武卫左军"，驻守山海关内；以袁世凯为总统领的"武卫右军"，驻守在小站和天津西南。再就是由荣禄亲率的"武卫中军"，是武卫军中唯一一支经奏准新募的军队。史料记载，武卫中军成军于光绪二十五年（1899 年）五月二十日，集训驻扎于南苑（南海子）。由于武卫中军招募兵源质量的先天不足和训练的不严格，使其成为中国近代史上练兵最不成功，纪律最差的一支军队。结果，于光绪二十六年（1900 年）在突发的"庚子国变"中，被八国联军打得溃不成军。

光绪三十一年（1905 年）袁世凯奏请统一全国新军番号，并呈请将"所有常备军各镇拟即一律改为陆军各镇，以符名实而遵定制"，即全国各镇统一数字番号。第一批即以北洋、京旗两支常备军改编为"北洋六镇"。北洋六镇中，除第一镇由旗人组成，袁不能完全控制外，其余五镇全部是袁世凯的嫡系。其中二、四、六镇既是袁世凯的基本力量，又是北洋军的主力，装备最强，而驻扎在南苑（南海子）的第六镇尤为强中之强。

日伪时期营市街

从光绪二十五年（1899年）至光绪三十一年（1905年）仅六年的时间，南苑（南海子）已成了京畿地区最重要的军事训练营地。营地位于南海子中西部小龙河以南一个称"万字地"的地方。史料记载，当时这里驻军七个营，至今还留有七营房旧址和三营门、六营门的地名。

营盘的建立，引来了一些小摊贩做买卖，渐渐地，在营盘旁边就形成了一个小市场。随着营地的不断扩大，小市场也逐渐变成了一条营市街。

光绪三十二年（1906年），在北洋第六镇编制王士珍的请奏下，修建了一条京城至南苑的轻便铁路。史料记载：京苑轻便铁路于光绪三十二年（1906年）春动工，历时一年即建成通车，自永定门至南苑"万字地"。是年六月，又在南苑营地"建电房，设机器"，建起了电话局。史料记载，当时的电话采用的是磁石交换机制式，容量为一百门。京苑轻便铁路的通车和电话的开通，为南苑兵营提供了优越便利的条件，也促进了营市街的快速发展。特别是到民国二年（1913 年），袁世凯在营盘东侧成立了航空学校和飞机修理厂以后，使这里更成为国家极为重要的军事要地。因此，营市街也被带动得越来越繁华。商铺、饭店、旅馆、酒店、浴池、书场、烟馆、妓院等应有尽有。当时比较知名的店铺有南山堂药店、忠厚居饭店、翔文阁文具店、永兴合、利发成百货店、福合坊、四合坊肉铺、柳春园、同义厚、谦益杂货店、宏茂、久大油厂等。由于附近种植棉花较多，因此，镇上开设轧花、弹花、售棉花的厂店也较多。此外，还有双兴、复兴、胜利园等四家澡堂子，同丰裕、三义公等几家粮店，还有照相馆、理发店、大车店等。总之，从东到西，一街两巷，店铺林立，比比皆是。因而也就招来了一批又一批的买卖人、外地人在此落户。这里已成为京南地区最繁华热闹的地方，成为名副其实的"南苑镇"。从此，"南苑"既是整个皇家苑囿（南海子）的广义名称，又是南苑（镇）的狭义名称，被堂而皇之地绘制在京畿地图上。在《北京历史舆图集》上，初期的南苑镇，机场北部称北营市街，机场南部称南营市街。由于北营市街发展规模越来越大，成为后来的南苑镇；而南营市街发展规模较小，成为后来的南小营市街，即现在的"南小街"。

南苑机场

众所周知，南苑机场是中国第一座飞机场。其实真正的发祥地却不在这里，而是在距现在机场以东约五里远，一个历史上被称为"毅军操场"的地方。

这要从清朝末年说起——

宣统二年（1910年），以摄政王载沣、军谘府大臣载涛为首的权臣极力想发展航空，即召回在日本留学学习航空理论、研究飞机和飞艇制造的刘佐成、李宝焌回国制造飞机。地址即选定了毅军操场。

毅军操场的大致位置在庑殿（又称五里店）东南侧约里许。在一张绘于1923年的北京南郊地图上，在庑殿（五里店）的右下方划有一长方形地块，明确标记为"毅军操场"。而在另一张绘于1929年的北京南郊地图上，在同一个地方已被明确标明为"飞机场"。

据《中国大百科全书》记载：1910年8月，清政府拨款在北京南苑毅军操场建筑厂棚，修建了一条简易跑道。由刘佐成和李宝焌试制飞机。并购进一架法国"桑麻"式飞机为参观和仿制之用。1911年3月，李宝焌制造的"飞机1号"试制完成，但因机身装制有问题而没能试飞。同年4月，刘佐成制造的"飞机2号"试制完成。6月27日，刘佐成驾驶飞机从毅军操场简易跑道上起飞。升空不久，因发动机曲轴损坏而坠落在附近农田，刘本人身负重伤。虽然李宝焌、刘佐成试制飞机失败，但他们开启了中国飞机制造的先河。

毅军操场也成为了中国航空机场的发祥地。

清末的南苑机场

1913 年北京政府成立后，袁世凯采纳法国驻北京公使武官白理索"国防潜航"的建议，筹划成立航空学校培养飞行员，建设飞机修理厂。选址在毅军操场东南侧的南苑兵营，即现在的南苑机场和以东地区。这一地域因东高西洼，当地人便称东边为东高地，西边为西洼地。清代，因一支番号为"万字营"的部队曾长期驻扎在这里，因此又被称为"万字地"。万字营后来撤走后，仍被称为"东高地"和"西洼地"直到现在。

史料记载，新建起的机场和修理厂是原毅军操场的两倍。建房屋一百余间，搭建飞机棚二座。还有油库、打铁房、翻砂厂等。为确保飞机装配和维修、巩县等兵工厂以及南口、上海等地工厂和陆海军兵工厂调配而来。经技术培训，担负对飞机装配、修理、维护工作。并聘请法国技师四名。同时，由财政部拨款二十七万元，从法国购置"高德隆"式飞机十二架及航空器材和维修设备。

袁世凯之所以放弃在毅军操场而易址南苑兵营建飞机修理厂，其主要原因除面积大、交通好通铁路和距京城远近合适外，主要还是南苑兵营为袁世凯的嫡系部队北洋六镇营区，这样对其掌控空军部队更加方便。这才是他放弃庞殿毅军操场，重新选址南苑兵营的原因。成为我国最早的集机场、修理厂、航空学校构成一体化的航空军事基地，成为中国航空事业的摇篮。

1916 年 6 月，袁世凯病死，北洋军阀很快分裂为皖、直、奉三大派系。他们拥兵自重，为争夺北京政权，彼此间爆发了长达十年之久的混战。南苑航校及修理厂无疑是争夺重点。奉系军阀张作霖占领北京后，为了增强自己的军事实力，将南苑航校和修理厂主要飞行器材和修理设备运往东北，南苑航校虽仍在编制，但名存实亡。实际上，南苑飞机修理厂随航校一起被张作霖扼杀而被迫停办。1930 年，新军阀蒋介石控制了全国大部分地区。随着全国各地方势力分别建立自己的军用航空机构，南苑机场及修理厂显得不重要了。1933 年 5 月，国民政府设立了全国航空建设委员会，同时，中国三大航空公司（中国航空公司、欧亚航空公司、西南航空公司）相继成立。构筑起了民航基础干线网络。南苑飞机场和修理厂参与了此时期民航业的发展。为开辟"南京—北平"航线、"上海—北平"航线、"上海—北平—满洲里"航线、"北平—洛阳"航线、"北平—兰州"航线及后来又陆续开通的"平宁航线""平汉航线""平包航线"等发挥了巨大作用。

1937 年"七七事变"后的 7 月 28 日，日本侵略军突然攻占了南苑二十九军总部兵营及南苑机场，平津及察哈尔地区随之陷落。南苑机场及修理厂落入日军手中。为了占领整个华北和全中国，日军对南苑机场和修理厂进行了大规模扩建。将机场东、西扩宽八里许；南北扩长十余里，并新修了三条水泥跑道。后来又修了一条，但直到日本投降也未修完。

日军占领南苑大规模扩建南苑机场后，机场已可停放数百架军用飞机。为了防止飞机被炸，日军在机场周边约一公里即修建一座"飞机窝"。"飞机窝"的形状大致相同，但大小不一。大的高约 7 米，长约 45 米，宽约 40 米，占地约 3 亩，用于存放轰炸机。小的高约 4 米，长约 24 米，宽约 20 米，占地约 2 亩，用于存放战斗机。"飞机窝"均由钢筋混凝土浇铸而成，顶部覆盖有一层 1 尺多厚的黄土，上面长满杂草，形成伪装体。顶部设有通气孔及可容纳一人的岗楼。附近还建有半地上半地下的水泥小"碉堡"，约有一间房子大小，专存放汽油桶。在各飞机窝之间，筑有石子沙砾跑道，可以滑行或起降飞机。这些"飞机窝"都是日军以"征民夫"为由从附近村强征成百上千的中国农民修建的。

就这样，日本侵略者已把南苑机场打造成了日军侵华的战略要地。其中，日军将第十五野战飞机修理总厂部署在了南苑。相关史料称，该机构为一个联队编制，人数二千八百人，隶属日本东京第五航空师团。任务就是专门修理和装备飞机。除新装和修理受损的战斗机外，还负责对每飞过三百小时的飞机进行修理维护。史料记载，当时在修理厂日常停留各类飞机约 200 架。其中战斗机 80 余架、轰炸机 40 余架、侦察机 40 余架、教练机 10 余架。当时的南苑机场和修理厂成了日本侵略者屠杀中国人民，空运大规模杀伤性武器的地勤基地。

抗日战争胜利后，国民政府航空委员会临时组建的第十地区空军司令部进驻南苑机场。从此，国民党空军接管了南苑兵营和南苑机场，包括南苑飞机修理厂，属第十地区空军司令部管辖。成为国民政府在京津地区的最重要机场。蒋介石的专机在此降落，傅作义的专机在此起飞，许多国民党的军政大员曾在南苑机场登机。与此同时，国民政府开始制定战后民航发展计划，提出三年内建设甲等航站 19 个，其中包括南苑机场。1945 年 8 月，央航、中航分别利用南苑机场修理厂资源条件开辟了"上海—南京—济南—北平"和"重庆—西安—太原—北平"等四条航线。1947 年以后，又开辟了"北平—石家庄和北平—锦州—沈阳"等不定期军用航线。

1948 年 12 月 15 日，我东北野战军一部，以炮兵火力控制了南苑机场，迫使敌机不能起降，做好了攻打南苑机场的准备。

在攻打南苑的命令下达前夕的一天深夜，从南苑机场内传出一声巨响，机场的油库（亦说弹药库）发生了大爆炸，当时震如雷动，火光冲天，百里之外都能看到火光，几十里之内均能感到震颤。原来，这是我地下工作者高京甫为配合攻打南苑，解放北平而引爆的。

12月17日清晨，人民解放军某部七师二十一团奉命攻打南苑机场。在强大炮火掩护下，解放军战士强烈猛攻，奋勇冲杀。守敌九十四师抵挡不住，仓皇向广渠门方向败退。我军当天即占领了南苑机场，解放了南苑镇。北平守敌更加慌乱，一面在城内抢修简易飞机跑道，一面派重兵反扑，企图夺回南苑机场。史料记载，12月19日拂晓，敌九十二军五十六师两个团，在炮兵、坦克、骑兵的掩护下，分路向南苑机场阵地反攻。我二十一团一直奋战至黄昏，连续打退敌人的三次冲锋，最后，敌军扔下百余具尸体、十多辆坦克狼狈撤回北平城里，再也没敢出来，一直到北平和平解放。

1949年1月，北京宣布和平解放，中国人民解放军从南苑机场集结，从大营门出发，浩浩荡荡出大红门进永定门开进北京城。

1949年5月4日，不甘心失败的国民党派空军轰炸机六架，从东南方向飞抵南苑机场上空，投弹30余枚。炸死炸伤23人，房屋150余间。

1949年8月，中国人民解放军第一个飞行中队在南苑机场组建成立。

1949年10月1日，中国人民解放军空军飞行中队，从南苑机场起飞，飞越天安门城楼上空，圆满完成了中华人民共和国开国大典的飞行任务。

新中国成立后，南苑机场成为中国空军的专用机场。

1957年4月，毛泽东、刘少奇、朱德、周恩来等党和国家领导人亲自到南苑机场，迎接苏联最高苏维埃主席伏罗希洛夫访华。

1971年7月9日，美国国家安全助理基辛格秘密访华，降落在南苑机场。从此，打开了中美关系的大门。

如今，随着北京大兴国际机场于2019年建成起航，拥有百年历史的南苑机场也将成为历史。它的荣辱兴衰、沧桑经历和辉煌业绩将载入共和国的史册。

南
海
子
史
话

南苑保卫战

1937 年 7 月 27 日，"卢沟桥事变"后仅过 20 天，日军经过周密部署，又开始突然大规模进攻镇守南苑的国民革命军第二十九军军部营地。驻守南苑的中国军队，在毫无戒备的情况下奋起抵抗，与强敌展开了顽强而惨烈的"南苑保卫战"。

第二十九军的前身是冯玉祥创建的曾拥兵 40 万的西北军。但经过中原大战，西北军土崩瓦解，残部只剩几万人。后被南京政府改编为第二十九军，军长为著名战将宋哲元。经过整顿，二十九军又开始恢复元气。"七七事变"前，二十九军共辖有四个步兵师，一个骑兵师及一个特务旅和两个保安旅，总兵力约 10 万人，分驻于冀、察两省和平、津两市，军部即驻在南苑。

日军突袭南苑前，正是二十九军驻守力量最薄弱的时候。原来，"七七事变"爆发后，对日本人仍抱有避战求和幻想的宋哲元已将二十九大部撤到保定、石家庄等地，留守南苑的总兵力仅有 7000 余人。其中有三十七师一部和佟麟阁副军长率领的军部机关人员、军官教育团、特务旅两团及骑九师一个骑兵团。而在守军中还包括有"一二·九"运动后，由 1700 多名热血青年组成的"学兵团"。他们还都是些连枪都没摸过的来自北平和天津各大、中学的学生。

而日军突袭南苑却是周密策划，蓄谋已久的，目标就是占领北平城。当时日军已经从东、北、西三面合围了北平，只有南面尚未搞定。若要打开北平的南大门，必须首先解决驻守南苑的第二十九军。只要攻破南苑，北平即成了囊中之物。为此，日军集中了朝鲜二十师团和华北驻屯旅团约一万人，并调集了飞机、重炮等重型武器。更要命的是，因汉奸潘毓桂的出卖，日军早已掌握了南苑二十九军的底细。因此，南苑保卫战一开始，作战的天平即倾向了日军一边。

当二十九军军长宋哲元看出日军的企图为时已晚。七月二十五日，急命在河间驻防的二十九军一三二师师长赵登禹为南苑总指挥，急速开赴南苑。为了争取时间，赵登禹立即率一团火速兼程北上，于二十七日拂晓赶至团河，即遭到了大批日军的围截。因此，南苑保卫战是先从保卫团河打响的。当时，团河行宫内即驻有二十九军一个骑兵营和随军福利厂二百余名伤残军人。

当赵登禹将军率领一个团于二十七日拂晓赶到团河宫时，日军已经开始了对团河行宫的猛烈进攻。

血战南苑资料图

日军一个联队于7月27日中午从天津到达黄村火车站，即发往团河村附近的三合庄，摆开阵势向团河行宫中国守军阵地展开攻击。中国守军以丈余高的行宫围墙及其外围东南方土山修构的掩体阵地，进行顽强抵抗。战斗异常激烈，日军死伤惨重。一个少佐军官被打死。其后日军炮兵先头部队从天津赶到，立即投入协同作战。在日军炮火猛烈进攻下，中国守军损失惨重。接着，日军又一个联队从张家湾赶到马驹桥，向西北扑向团河。在团河村东集结兵力，对团河阵地的中国守军发起更为猛烈地进攻。团河内的中国守军终因寡不敌众，丢失了团河阵地。赵登禹将军被迫率部撤出团河阵地至南苑兵营。团河行宫一战，中国军队阵亡约 700 人，损失战马 150 余匹。

团河失守仅过几个小时，日军在重炮和飞机的掩护下，首先对南苑兵营南面防守最薄弱的学兵团驻地发起猛烈进攻。

学兵团，都是些刚刚到二十九军弃笔从戎的热血青年，以平津地区大学、中学学生为主。二十九军军长宋哲元非常重视这批学生，专门组成了军事训练团，是想将他们培养成二十九军未来的军事骨干。学员们爱国热情高涨，每天都想着杀敌报国。守卫战打响后，因军情紧急，给每位学员发了枪。大家兴奋异常，都抱着枪和衣而睡。当日军的火炮开始轰炸，学员们立刻被炸蒙，伤亡十分惨重。紧接着，日军发起了地面进攻，前面是坦克，后面是步兵，如狼似虎地向阵地扑过来。对于学兵团来说，不仅是第一次上战场，就连拿枪都是第一次。但战斗开始后，心里就只想杀鬼子、守阵地。从清晨到中午，日军发动了几次冲锋，都被他们击退，战斗进行得异常惨烈。就这样，学兵团拼命死战，伤亡者十倍于日军，近千名军训团学兵几乎全部战死，大部分牺牲在与日军的肉搏战中。当时的北平报纸刊登消息："二十九军训练团学生兵英勇抗敌，全军覆没，壮哉！"就连当时的日本战地记者在新闻稿中也不得不承认中国军队的英勇顽强："中国兵甚至负伤几次依然冲上来拼杀"，"面对面地死战也不肯退却"。"中国军的抵抗比我们预期要顽强得多"，"他们的伤亡显然很大，但是战斗精神依然旺盛，有的机枪手被打倒几次，依然带伤站起来射击"。"我们的伤亡也在不断上升，我的身边，已经有四十人战死……"

由于日军飞机和火炮的狂轰滥炸，南苑守军营盘几乎被夷为平地。中午时分，在南苑的前敌总指挥赵登禹将军和督战的佟麟阁副军长得到北平宋哲元军长的命令，放弃南苑，率部向北平方向撤退。

然而，令人万万没想到的是，南苑撤军的命令在还没有传达到南苑佟、赵二位将军之前，早已被隐藏在宋哲元军长身边的汉奸潘毓桂提前出卖给了日军。日军已在南苑守军撤退的必经之路大红门一带布下了伏击圈，专等二十九军官兵的到来。

28 日午后，二十九军撤退部队进入了敌人的伏击圈，埋伏在路旁高粱地里的日军一起开火。猝不及防的二十九军官兵，特别是最前面的骑兵纷纷中弹，队形立刻陷入混乱。但很快就反应过来，不但没有退却，而是与敌人进行顽强的奋战，边射击边向前猛冲，试图突出敌军阵地，却遭到日军机枪的密集射击。战斗中，赵登禹将军中弹牺牲，时年 39 岁。失去指挥的二十九军官兵，遭到日军近乎屠杀的攻击，有上千的中国军人阵亡。

另一位将军佟麟阁骑马率残部向永定门方向撤退，当撤到大红门附近时村时，同样遭到日军的伏击。佟将军从容地指挥部队突围。这时，两架敌机向他们俯冲下来疯狂扫射，佟将军右腿不幸中弹落下战马。他忍痛再次上马继续指挥部队突围。敌机再次俯冲下来，一颗炸弹正落在他的战马下，佟麟阁将军不幸头部中弹，当场牺牲，时年 45 岁。

就这样，南苑保卫战以失败告终。二十九军南苑守军阵亡将士达 5000 人之多。更严重的是，南苑的失守导致了北平已无力可守，宋哲元军长决定放弃北平，二十九军全线南撤。从此，南苑地区人民同全国人民一起，开始了艰苦的全面抗日战争。

值得一提的是，当二十九军败退南苑兵营后，南苑已成一座空营。日军因不明兵营内情，怕踩上地雷，所以没敢立即进入兵营打扫战场。也就在这时候，南苑附近许多穷苦百姓，出于不能便宜了日本鬼子的心理，自发地进行了一场被称为"抢南苑"的举动。成百上千附近村的老百姓都纷纷奔向南苑兵营，抢走营盘里所有能搬得走的东西。从马匹车辆，到手使工具，从大米白面到还没来得及吃的馒头都被抢走，特别是战后营盘里到处都是枪支子弹，也都被抢走落入民间，又都落到歹人手中。从此，海子里一带就闹起了土匪。从此，海子里的百姓，除了深受日寇、汉奸的双重压迫外，还要受土匪的欺凌，生活在水深火热之中。

南海子
史话

闹土匪

在南海子八十岁以上的老人中，一提起"二八年"还都记忆犹新。"二八年"即民国二十八年（1939年），这一年前后，南海子里闹土匪正嚣张一时，他们成帮搭伙到海子里"绑票""砸明火"，残害海子里的民户。从此，海子里的百姓，除了受日寇、汉奸的压迫外，还要受土匪的欺凌，真是民不聊生。

这些土匪，大都住在海子外，以东南海子墙外的马驹桥一带的村庄居多。他们当中，除少数土匪头子本来就是为非作歹的当地恶霸以外，大部分喽啰都是些游手好闲、不务正业又想发财的穷人。他们白天踩点，夜里行动，伤天害理，敲诈钱财。他们也有黑话，管组织土匪叫"插马子"；管加入土匪组织叫"上跳"；管报信儿叫"卖票"；上房叫"压顶"；撤退叫"放水"；管处死叫"撕票"等。之所以产生这一社会畸形怪胎，除了旧社会的暗无天日外，主要是日寇占领南苑（南海子）后，社会治安极度恶化，歹人当道，好人遭殃。特别是日军攻占南苑二十九军兵营时，许多枪支弹药散落民间，最后又都集中到这些不法之徒手中，成了土匪们的绑票武器。而海子里的庄子，大多都规模小，地处偏，不集中，也成为土匪容易得手的目标。开始，他们先是从小门小户的庄子下手，后来胃口越来越大，才把目标对准了实力较强的大庄园主。

鹿圈村西头有个姓王的寡妇人家，男人死后，留下了十亩地一头牛，日子还算富裕。守着一个五六岁的儿子过日子。一天，她的儿子突然不见了，找遍了整个村子也没找到。到了晚上，有人给捎来口信儿，说是她儿子已被土匪抱走了，要她拿钱去赎。她手头没钱，为了找回儿子，只好卖了耕牛。谁承想，土匪还嫌钱少不肯放人。王寡妇只好又忍痛卖了几亩地才把儿子赎了回来。

家住瀛景园小区已90岁高龄的张玉河老人，向笔者讲述了他家遭土匪绑票的经过：民国二十八年，他家住在永佑庙附近的公合庄，家有26亩地，好容易凑钱买了一头驴，结果被土匪给盯上了。一天夜里，从家里绑走了哥哥张玉海。家里人急坏了，赶紧按土匪指定地点与土匪谈洽。第一次土匪仅要了5打棉袜子。结果把袜子弄来了，土匪又要50斤猪肉。可送来猪肉后，他们又让送20双鞋。等鞋送到了，又提出非要两杆大枪不可，否则就撕票。家里人可犯了大愁，到处托人。最后卖了驴，总算弄来了两杆枪，这才把人赎了出来。就这样，张玉海在东海子墙外神树村北的地窖里，整整被关押了5天，差点被憋死。

笔者还曾走访过一位家住常庄子已98岁高龄的马老太太。她就亲身经历了其叔公马殿右丈夫马士杰、小叔马士书叔侄三人同被土匪绑走的事。那时爷仨被绑到海子外马驹桥东的一个村边野地里，被关进一个事先挖好的地窖里。由于地窖太小又不透气，差点把他们憋死。多亏家里及时交来了一头牛、一头猪和几袋粮食的赎资，父子三人才得救。类似这样的事例，当时的海子里几乎天天发生。

听老人说，地窖又潮又湿，又窄又矮，只能委缩在里边。窖口安有上了锁的小门，外边设有土匪看守。由于被绑人关在地窖里太久，要解决吃、喝、拉、撒问题，土匪就给地窖里放个尿盆，按时送点煮玉米棒子和一铁壶凉水。拉完屎就用玉米棒子骨擦屁股。有时，因关的时间过长，没人给送水送吃的，被绑人只能靠喝尿吃玉米棒子骨解渴充饥。在极度困苦中期盼着家人赎救。

天恩庄是个"老公庄子"，当初称"盛庄子"。民国时期转手倒卖给了河间府泥洞村暴发户王庄怀、王庆怀和王英怀三兄弟，并将"盛庄子"更名为"天恩庄"。为防土匪打劫，特意把庄子的土圈墙建得又厚又高，四角并设有岗楼，每天有庄丁站岗放哨。此外，还置备了必要的枪支弹药。就是这样，庄园主也不敢在庄子里过夜，一家子都住在北京城里。庄子里就雇用了一位叫闫文斌的管家来料理庄园。

有一天，庄园主王庄怀因故未走，留宿在庄子里。为了安全起见，特意让管家闫文斌陪他住在一起，并把防身的枪里压上子弹。谁承想，还是被人"卖了票"，让土匪知道了。半夜，土匪真的来了，目标当然是要绑庄子的主人王庄怀。

管家闫文斌为了庄主的安全，一直没敢合眼。到了半夜，突然发现房上已经有人"压顶"了。他赶紧叫醒庄园主，躲闪在墙旮旯里。这时，从房上跳下一个土匪，正要走到窗根儿时，被王庄怀"砰"的一枪打中倒地。这时，又从房上跳下两名土匪，王庄怀又一连开了两枪，感觉又打中了一名土匪。闫文斌知道，庄园主枪里的子弹已经打完。他清楚家里的子弹就藏在屋子八仙桌子底下的坛子里，就猫着腰往八仙桌旁移动。突然，窗外一声枪响，正打中了闫文斌。这时，听外边有人喊"放水"，土匪们就跑得无影无踪了。后来，闫文斌因伤势过重，死在了送往小红门就医的路上。这些，就是闫文斌之孙闫宝成先生讲给笔者的。

笔者还走访过一位叫李金普的老先生，他讲述了其外祖父——牛家场的主人牛临祥被土匪绑票，其外祖母深夜冒险到土匪指定的隆盛场村东穿心河旁交200块现大洋赎金救出丈夫的事。她外祖母亲一眼认出绑匪头子就是东海子墙外大羊坊村的钮玉山，并当场斥责了钮玉山。钮玉山竟在这位大家闺秀出身的牛夫人面前，被说得面红耳赤，哑口无言。其实，这已是牛家第三次进土匪了。前两次，一次牛临祥跳后院墙逃出，土匪从家里抢走了一件日产座钟和几件值钱的瓷器。另一次被绑走的一个本家男人，由于超过了土匪规定的赎人时间，惨遭土匪"撕票"。

由于海子里的土匪闹得越来越嚣张，甚至直接威胁到了日本占领军的利益和安全，日本人就以"抓马猴子"（日本人对土匪的称呼）为名到乡下"清剿"。其实，早有汉奸事先私下告知了土匪。其中一个姓金的日本翻译官就私通土匪，所以每一次"清剿"，除了扰民，没有对土匪起多大作用。更恶劣的是，土匪竟和伪保安团混在了一起。他们白天是保安团，名义上保卫地方安全。到夜里就拿枪外出绑票，天一亮又回到了保安团来"维持"社会治安。

从 1937 年到 1947 年的十年间（特别是 1939 年前后几年），可以毫不夸张地说，南海子内的大小村庄，大部分都被土匪"绑票"过。那真是暗无天日民不聊生的年月。

解放初期，那些罪恶累累、民愤极大的土匪头子都被当地人民政府镇压了。

南海子解放

1948 年 12 月 13 日，中国人民解放军四野三纵一部抵达牛堡屯、廊坊、马驹桥、青云店地区，歼灭了驻守青云店的敌人，隔断了平津铁路。15 日，又以炮兵火力控制了南苑飞机场，迫使敌机不能起降，封锁了国民党军的空中通道，使南苑机场变成死港。另一部开进南海子以东的老君堂、神树、王四营、南双桥和海子里的旧宫、鹿圈、太和、瀛海一带，迅速建立起阻击阵地，防止北平国民党守军向东南方向逃窜。

形势发展很快，北平解放在即。与此同时，中共华北局已经从各解放区抽调干部在当时的河北省良乡进行了集训，做好了接管北平郊区的准备。中共河北省大兴县委根据冀中十地委和十专署的指示，重新调整了部分辖区建制，将原海子区改建为第六区，由刘荫伍同志任区长；将南苑镇改建为南苑市，由赵建华同志为市长。准备接管南海子（南苑）地区旧政权，建立新的政权机构。

南海子地区在中共党组织的领导下，像其他解放区一样，组织当地老百姓踊跃送军粮，做军鞋、备担架，支援攻打南苑和围困北平城的前线解放军。

据大兴区史志资料记载：团河村的白玉善，瀛海庄的张海荣，南场村的肖文元，在解放军进驻的当天，就积极地为部队引路。怡乐村的冯天祥，积极地把村里群众组织起来推碾子推磨，昼夜给部队做军粮。鹿圈村的霍凤岐等 8 人，冒着敌人炮火，往 3 公里之外的吉庆庄给解放军送饭。西红门村党组织还组织了一百多人的担架队随部队支前。

另据家住原四海庄村的张洪军老人回忆，当时海子里各村住满了解放军，四海庄是后方医院。医院就设在村西头杨姥姥家等几户的平房里。不时的有在前线战斗中负重伤的战士被抬到这里救治。其中就有战士因伤势过重没被抢救过来，而牺牲在战地医院里。时任四海庄村长的于树良知道后，忙组织村里人到村西海晏坡挖坟坑，并找来门板、席子，含着眼泪把战士遗体抬到那里安葬。其间，先后有11名烈士被埋葬在了海晏坡。乡亲们为他们堆起坟头，并在每座坟头前竖起一块宽半尺，高一米的木牌，上面写着该战士的姓名、籍贯和部队番号。从此以后，四海庄的党、团组织每到清明节，都来这里为烈士们扫墓。

1948年12月17日，四野三纵七师二十一团，在强大炮火掩护下，猛攻南苑机场。驻守机场的国民党军九十四师，仓皇向广渠门方向败退。南苑机场被解放军占领，南苑镇和整个南海子地区宣告解放。

南海子解放后，已被任命为南苑市市长的赵建华带领干部立即从驻地采育镇出发，赶赴南苑镇进行接管工作。南苑镇是国民党大兴县政府所在地，伪县政府的官员早已于11月初南苑机场弹药库爆炸后就逃进了北平城里。此时的敌伪县政府，早已是人去衙空，各种文书档案也荡然无存。以赵建华为市长的接管工作组，首先从基本情况调查入手，清理国民党团特务组织，清理旧政权和反动会道门，收容散兵游勇，调查社情、敌情。同时，结合清查户口，宣传党的政策，安定民心。据丰台区党史资料记载，当时通过登记清查，南苑镇共有居民1952户，6986人。并收缴了大量的枪械、弹药、军需物品和敌伪公文档案等。

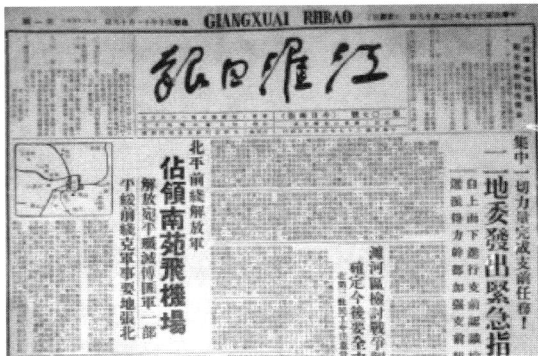

彼时资料

南海子史话

1949 年 1 月，中央决定成立中国人民解放军北平军事管制委员会。其管制地区范围是：东至通州、西至门头沟、南至黄村、北至沙河镇。军管会在北平市郊区分别设立西南分会、东北分会、西北分会和丰台分会。后来，又将黄村、门头沟、石景山及海子里（南苑）都划到了丰台分会，改称为军管会南区分会。南区分会的领导即是后来成为中华人民共和国首任驻美国全权大使的柴泽民。

黄村以北被划为北平市军管会南区范围，时属大兴县管辖的海子里区和南苑市合并划归北平市第二十三区，由张还吾任区长，麻建础任政委，赵建华任区委委员。张还吾等同志接到任命通知，即从良乡集训地出发，及时赶到军管会南区分会报到，开始了新区的建区工作。史料记载，刚建起的北平市第二十三区管辖范围是：东至东红门、石太；南至团河、南大红门；西至新宫、西红门；北至镇国寺、北大红门。全区共有 216 个自然村，8655 户，35263 口人，总耕地 185491 亩，区机关驻地设在南苑镇。

与此同时期，华北人民政府根据形势发展需要，组建起华北农业部机械垦殖管理处，由戎占峡任处长并负责接管包括南海子区域内的平南地区敌伪农场及军用土地等官地，筹建国营农场。主要成员还有吕福才、梁庆云、门一庭等同志，他们的工作地点即设在庑殿村一农民家里。把接收南海子里的官地和没收官僚资本家及部分地主庄园的土地先后建起了六合庄（五里店）、德茂庄、天恩庄、和义庄、钱庄子、南同顺、黄村（满牟）等七个小型国营农场。后来，于 1954 年合并为大型的国营北京市南郊农场。

南海子地区解放后，为了解除群众的思想顾虑，安定民心，新组建成立的区委领导即组成工作组，深入南海子地区以访贫问苦等多种形式，宣传党的政策，启发群众觉悟。在密切联系群众的同时，不断发现和积极培养骨干分子。又通过这些骨干串联，扩大基本群众队伍。在此基础上，工作组即着手建立农筹会等群众组织。仅一个多月的时间，南苑地区就成立了 14 个农筹会，其中南苑镇 4 个，所辖农村 10 个。

农筹会成立后，一致清醒地认识到，肃清旧政权下的残渣余孽，安定社会秩序，建立人民新政权是当务之急。因此，在宣传党的政策，继续发动群众建立更多的农筹会同时，进行社情、敌情的调查，深入了解在旧统治时期的国民党政府党团特务组织，反动会道门系统等情况；收缴散落民间的枪支弹药；勒令具有反动身份的人员登记自首。接着，农筹会进一步发动群众揭发清算伪保甲长的罪恶活动。经过诉苦说理、揭发控告、认罪服法、监督改造等方法，大部分伪保甲长都能够低头认罪，表示接受改造，并退出了所贪污的粮款。接着，由工作组代表人民政府宣布推翻伪保甲制度。广大群众感到大快人心，表示热烈拥护新政权。

伪保甲制度废除后，工作组当即发动群众提名推荐街、村新政权干部人选。经过工作组调查了解后，由农筹会提出名单交群众酝酿，在酝酿协商的基础上，公布候选人名单，再由群众直接选举产生。

据历史档案记载，截至 1949 年 5 月，全区共建起 10 个街政府，29 个行政村人民政权。这 29 个行政村是：团河、南同顺、西毓顺、南宫、瀛海、四海、四合、瑞合、太和、石太、西五号、大粮台、常庄子、广德庄、鹿圈、旧官、集贤、庑殿、怡乐庄、志远庄、南场、天恩庄、五里庄、四合及槐房、新宫、龙河、镇国寺、大红门等。

基层新政权的诞生，标志着南海子地区人民翻身当家做了主人。1949 年 10 月 1 日，上千名南海子地区的农民代表，兴高采烈地参加了在北京天安门广场举行的开国大典。他们敲着"瀛海大鼓"兴高采烈地通过天安门，欢庆人民翻身得解放！

接着，一场轰轰烈烈的土地改革运动又开始了。

南海子行政区域的沿革与变迁

南海子自明永乐十二年（1414 年）筑垣建囿，后来成为明、清两代皇家苑囿。直到清末招佃垦荒，再到民国期间的历史变革，它一直都在大兴县辖域范围内。

大兴县历史悠久，自先秦置县，至今已 2400 余年。金贞元二年（1154 年）始名大兴县，为金中都倚县；元至元九年（1272 年）为元大都赤县；明清两代为北京京县，隶属顺天府。中华民国时期，顺天府改为京兆地方，大兴县属之。1928 年，大兴县划归河北省管辖。其间，南海子始终在大兴县辖区内，直到新中国成立前夕。

1948 年 12 月，中国人民解放军开进南海子，解放了南苑镇和整个海子里地区。此时南海子隶属大兴县第六区。北平市军事管制委员会在这里设立了东南分会，对南苑地区实行了军事管制，并在南苑镇范围建立南苑市。从此以后的十年间，该地区的名称和管辖范围随着北京市区域调整，曾进行过频繁的变更。

1949 年 1 月，经华北人民政府批准，将河北省大兴县所辖的第六区（海子里区）和南苑市划归北平市管辖，不久建立了南苑区人民政府，并恢复南苑镇取代了南苑市。

1949 年 4 月，北平市人民政府把全市临时划分为 32 个行政区（城区 12 个、郊区 20 个）。当时的北平市南苑区改称为北平市第 23 区。据档案记载，当时全区所辖 1 镇，216 个自然村，8655 户，35263 人，建立起 29 个行政村人民政权。其中有团河、南同顺、南小街、西毓顺、南宫、瀛海、四海、四合、瑞合、太和、石太、西五号、大粮台、常庄子、广德庄、鹿圈、旧宫、集贤、庑殿、南红门、怡乐庄、志远庄、南场、天恩庄、五里店、槐房、新宫、龙河、镇国寺。

1949 年 6 月，北京市统一调整区划，把 32 个行政区调整为 26 个，将永定门外关厢地区的第 15 区与 23 区合并，改称为北平市第 14 区。

1949 年 10 月，北京市人民政府决定（1949 年 9 月 27 日，北平市改称北京市）将西红门镇划归第 14 区。这样，第 14 区有了南苑和西红门两个镇。

1950 年 5 月，经中央人民政府批准，北京市将城内原有的 12 个区合并成 9 个区，并决定将郊区名称做相应的变更。因此，北京市第 14 区又被更名为北京市第 11 区，其所辖范围不变。

1950 年 12 月，北京市第 11 区调整行政村建制，撤销太和、西毓顺、南宫、大粮台、天恩庄、五里店 6 个行政村建制，与附近的行政村合并。这样，全区有两镇（南苑、西红门）一厢（关厢）49 个行政村：团河、南同顺、南小街、瀛海、四海、四合、瑞合、石太、西五号、常庄子、广德庄、鹿圈、旧宫、集贤、庑殿、南红门、怡乐庄、志远庄、南场和槐房、新宫、龙河、镇国寺、右安门、马家堡、果园、时村、马村以及石榴庄、苇子坑、东铁匠营、成寿寺、分钟寺、小红门、十里河、西燕窝、老君堂、十八里店、西直河、张家店、南阳庄、杨家园、蒲黄榆、肖家村、左安门、龙爪树、吕家营、牌坊、马道。

1951 年 2 月，北京市政府决定将关厢地区划归第 9 区（崇文区）管辖。

1952 年 7 月，北京市人民政府决定，各行政区均以驻地地名命名。这样，北京市第 11 区改称为北京市南苑区。同时期，北京市委派出建立"农庄"工作组，到南海子中部地区的中立堂、钱庄子、姜家场、三槐堂四个自然村，协助当地农民建起了"红星集体农庄"，为北京市郊区农村创办高级农业合作社树立了样板。

1953 年 6 月，根据北京市委、市政府的指示，对南苑区的行政区域进行了一些调整，将龙河、苇子坑、四合庄、南场、马道五个行政村撤销，与附近的行政乡合并。这样，南苑区共有两镇（南苑镇、西红门镇）1 庄（红星集体农庄）46 个乡。

1954 年 5 月，根据北京市人民政府指示，南苑镇和东铁匠营乡改建为南苑和东铁匠营两个街道办事处，西红门镇改建为西红门乡。

1955 年 9 月，根据北京市人民政府指示，将怡乐庄乡与瀛海乡合并，组建成立红星乡。这时，南苑区辖有两个街道办事处（南苑、东铁匠营）和 44 个行政乡。

1956 年 3 月，根据北京市人民政府指示，对南苑区又进行了较大的行政区调整，除两个街道办事处不变外，将原有 44 个乡合并调整为 12 个行政乡。分别是老君堂乡、十八里店乡、龙爪树乡、小红门乡、马家堡乡、槐房乡、大红门乡、鹿圈乡、旧宫乡、红星乡、金星乡和西红门乡。

1957 年 11 月，经国务院批准，将 1956 年因国防需要而从河北省昌平县大水峪、小水峪、跳稍、水涧、鳌鱼、山铺、水峪台和五峪等 8 个村搬迁至时为河北省大兴县的新建乡，划归北京市南苑区，并入红星乡。

1958 年 1 月，根据北京市人民政府指示，南苑区人民政府决定撤销龙爪树乡和马家堡乡，并成立右安门和大红门两个街道办事处。至此，南苑区下辖 9 个乡 4 个办事处。

1958 年 3 月，国务院决定，将原属河北省的大兴县、通县等 5 个县一并划归北京市管辖。同年 5 月，经国务院批准，撤销南苑区建制。将原南苑区下辖的 9 个乡 4 个办事处分别划归丰台区、朝阳区和大兴县。其中南苑、大红门、东铁匠营、右安门 4 个办事处和槐房乡划归丰台区；十八里店、小红门和老君堂 3 个乡划归朝阳区；红星、金星、旧宫、鹿圈、西红门 5 个乡划归大兴县。至此，南海子里的南苑镇及大红门地区划归了丰台区；小红门地区划归了朝阳区；另外，东红门外海户屯虽归属通县马驹桥地区，但有少量海户地在海子里，除此以外，绝大部分均划归了大兴县。而占南海子面积相当大比例的南苑机场和首都机械厂（211厂）及所在的东高地地区被划在丰台区域内。南苑机场始建于清末，是中国第一个飞机场。首都机械厂的前身当时是清政府为南苑机场建的飞机修理厂。1913年北洋政府在此兴办航空学校，成为中国空军的摇篮。1922年，又曾做过时任陆军检阅使的冯玉祥将军的官署。新中国成立之初，成为首都机械厂（即211厂）。1958年3月，中央决定航天一分院及试制工厂在首都机械厂及东部地区兴建。从此，这里成了令国人自豪的中国弹道导弹和运载火箭研制基地。

新中国成立前后，几乎与南海子地区行政变革同时期，一支由华北人民政府委派的负责接管平南地区敌伪农场及军用土地筹建国营农场的工作队也于1949年1月驻进了南海子。工作地点即设在旧宫乡虎店村一农民家里。

1949年3月，首先接管了原国民党河北省建设厅直辖的"河北省南苑农场"。因其地处在南苑镇以北六合庄，故又称其"六合庄农场"。由于1947年后又曾被北平私立法勤、九三、大同三所中学共同承租经营过，因此又曾被改称"三校联合试验农场"，共有土地2060亩。随后又接管了地处旧宫村西北（后被称四分场地区）的原国民党军弹药库用地约5000亩。接管两地后，即作为筹建新国营农场的基地。同年秋季正式成立新农场，因农场办公地距南苑镇、北大红门和小红门均为5华里，因此被定名为"国营五里店农场"。

华北人民政府根据北平城市今后的发展需要，决定在南海子范围内已被没收的官僚资本家和部分地主庄园的土地上，再继续建立若干个国营农场。于1950年春，即先后组建成立了"德茂庄农场""天恩庄农场""和义庄农场""钱庄子农场""南同顺农场""合作农场"和"黄村农场"7个小型国营农场。其中，德茂农场有土地1985亩；天恩庄农场有土地1670亩；和义农场有土地2725亩；钱庄子农场有土地1500亩；南同顺农场有土地1740亩；合作农场有土地2000亩；黄村农场有土地2200亩。

1950 年 10 月，五里店农场改为中央农业部直属国营农场，为了便于管理，于 1951 年春将所辖六合庄范围的土地划归和义农场。

1952 年初，为了实行"精兵简政、增产节约"和加强对各农场的领导力度，京郊农场管理局决定对南海子内的部分农场实施合并。将钱庄子农场并入德茂农场；黄村农场并入南同顺农场；合作农场解体，其土地归并五里店农场；天恩庄农场撤销，其土地并入和义农场管理，成为该场下属的作业站。至此，海子里各农场经过合并、调整为五里店农场、和义农场、德茂农场和南同顺农场 4 个国营农场。其中，德茂农场于 1953 年 1 月改称为"南苑畜牧场"，成为以奶牛养殖业为主供应首都市民牛奶的国营农场。

1954 年 8 月，五里店农场改由北京市农林局管理。同年 10 月，北京市政府根据首都城市发展的需要，决定将五里店农场、南苑畜牧场、和义农场实施合并，建立起一个较大规模的国营农场——南郊农场。1955 年，经北京市政府决定，将原黄村农场划拨给市公安五处改为团河农场。1958 年 3 月，大兴县划归北京市管辖，南郊农场与海子里的红星、金星、旧宫、鹿圈、西红门五乡一同划归大兴县辖区内。同时，原属通县的南双桥、碱庄划入鹿圈乡。

早在 1957 年以前，南海子地区的五乡五社：红星集体农庄（红星乡）、晨光社（鹿圈乡）、曙光社（西红门乡）、金星社（金星乡）、旧宫社（旧宫乡）就与国营南郊农场建立起了密不可分的协作关系。他们通过鹿圈乡与南郊农场协作开挖东南郊灌渠（由朝阳区窑窝湖至常庄子）；和红星乡、旧宫乡与南郊农场联合兴建凉凤灌渠（引凉水河至凤河）等大规模水利工程，从中深刻体验到联合起来的巨大力量。大家认识到，场社联合可以更好地发挥各自的优势，加快实现社会主义农业四化（即机械化、电气化、水利化、高产化）的步伐。

1958 年 6 月，经过广大社员群众的充分酝酿，报上级各领导部门批准，海子里的五乡五社正式并入南郊农场。场社合并后，农场实行"国营带集体、以场带社"和"三统一"（即统一生产规划、统一基本建设、统一扣留比例）、"三不动"（即生产管理系统不动、包产合同不动、集体财产不动）的原则，仍依照原生产秩序进行生产活动，仍按劳动工分计酬，年终以各生产单位的生产水平进行分配。

1958 年 8 月，根据党中央《关于在农村建立人民公社问题的决议》及大兴县委《关于小社并大社升为人民公社的意见》指示，当月底即在场社合并后南郊农场的基础上，组建成立了红星人民公社。这样，农场办公地的大门两侧，同时挂起两块牌子："大兴县红星人民公社"和"国营北京市南郊农场"。1960 年 8 月，经中央外办，农业部和北京市委批准，将红星人民公社命名为"红星中朝友好人民公社"。

红星人民公社建立后，成为政社合一的全民所有制人民公社。全社实行统一领导、统一经营、统一分配，三级管理（公社、大队、生产队），分级核算，共负盈亏的原则。逐渐确定了"以粮为纲、农牧结合、多种经营、建成首都副食品基地"的经营方针。

公社成立初期，公社以下设 10 个大队：旧宫、瀛海、德茂、西红门、金星、太和、鹿圈、天恩、和义、新建。到 1959 年 3 月又调整为 6 个大队：旧宫（含和义）、瀛海（含德茂）、天恩（含鹿圈）、金星（含新建）、西红门、太和。1961 年底，又将天恩大队分为鹿圈大队和亦庄大队。1962 年 9 月，经北京市政府批准，海子外的孙村、桂村、李村、侯村、霍村、薄村、邢各庄、郭上坡、西磁 10 个村并入红星人民公社，成为公社下属第 8 个大队——孙村大队。后来，又将该地区的东磁、三间房、辛店、王立庄并入孙村大队。1963年初，经北京市政府决定，原属朝阳区十八里店人民公社的大羊坊村（南、北两个队）；小羊坊村和康村划归红星公社亦庄大队管理。到 1972 年 10 月，红星人民公社（南郊农场）又进行了较大的行政调整，将所属的 8 个集体大队改为 8 个农村分场（也称管理区）和 2 个国营分场（畜牧分场和工业分厂场）。

1983 年 10 月，经上级批准，正式取消红星人民公社建制。其行政机构设红星区公所，属大兴县的派出机构。自此，这里既称南郊农场又称红星区。到

南海子史话

1984 年 5 月，南郊农场所属的 8 个农村分场分别建立了乡人民政府机构。

1992 年，北京市政府决定，北京经济技术开发区在南海子东部，隶属于大兴县的亦庄乡破土动工兴建，因此又称北京亦庄开发区。经过十年的开发建设，至 2002 年，一期规划用地面积约 15 平方公里已基本建设完成，又经过一个十年建设，至 2012 年，开发区已拓展到约 60 平方公里。已有 4700 多家大中型企业进驻开发区，其中世界 500 强企业有 80 余家。成了令世人瞩目的北京现代制造业的核心基地。其所开发用地面积，几乎占历史南海子总面积的 30%。昔日五代皇家狩猎场，今朝一座新城落人间。

南海子古今区划示意图

1998 年，随着改革开放形势的发展需要，根据北京市委、市政府的指示，对包括南郊农场在内的市属 16 个国营农场进行了重大的场乡体制改革，相融共存长达 40 年的国营带集体、政企合一的特殊管理体制，正式结束了历史使命。9 月 2 日，大兴县委、县政府召开会议，正式接收南郊农场所属的西红门镇、旧宫镇、亦庄乡、金星乡、瀛海乡、鹿圈乡、太和乡和孙村乡归大兴县直接管辖。而隶属首农集团的国营南郊农场成了在大兴县辖区内的国营企业。

2003年3月，大兴区实施合乡并镇，原南海子内的金星乡并入西红门镇；孙村乡并入黄村镇；亦庄乡与鹿圈乡合并为亦庄镇；瀛海乡与太和乡合并为瀛海镇。加上旧宫镇，大兴区所辖南海子区域内形成西红门、瀛海、亦庄和旧宫四镇。而南海子西北隅的南苑、北大红门地区及北部的小红门地区仍按原行政规划，分别属丰台区和朝阳区管辖。

以上，便是南海子地区行政区划的基本沿革与变迁。

南海子
史话

编后语

　　这本《南海子史话》实际上已经是第三次印刷了，前两次都没有正式出版。而 2017 年出版《南囿秋风文丛》五本套书时，笔者认为此书稿中还存在许多需要修改和补充的内容，因此就没有一同出版，才有了这本经过修订后的《南海子史话》。其实，我很看重第一次内部印刷的版本，尽管写的并不咋样，但毕竟是我的处女作。

　　2009 年，我刚办完退休手续，就被筹备南海子公园的负责人牛占山叫去，请我帮忙搜集整理有关南海子地区的历史文化资料，以便在即将动工兴建的南海子公园规划设计中用于查阅参考。

　　我是土生土长的南海子人，又曾在红星公社（南郊农场）文化站主管文化工作近二十年。对南海子地区的历史文化，特别是这里曾是辽、金、元三代帝王狩猎场；明、清两代皇家苑囿的皇家文化，一直非常留心。让我参与这项工作，我当然很乐意。没想到年过花甲，还能派上用场，就爽快地答应成为南海子公园的"文化顾问"。

　　我很快就进入了角色，看书籍，搜史料，走遗迹，访专家，伏案写作。半年下来，竟写了厚厚的一摞笔记。为公园的景观设计提供了可参考的历史文化资料。请同办公室的年轻同事打印出几本，拿给文学造诣颇深的老朋友胡天培、陈长兴看，没想到受到他俩的高度评价，认为很有出版价值。我听了只是一笑了之。后来，又在他俩的撺掇下，我们一起又登门拜访几十年前就认识的老朋友,《北京晚报》原副总编,退休后任"中国晚报工作者协会副秘书长兼办公室主任"的李凤祥先生,让他再给看看书稿。他知道我们的来意后,很爽快地答应下来。仅过了十几天,凤祥先生就给我打来电话,对《南海子史话》也给了很高的评价,也同样认为很有出版价值。说实在的,从这时起我才有了出版此书的打算。

又过了几天,凤祥先生把我约到他家,将被他批改过的书稿递到我面前。令我没想到的是,他还为此书写好了"序"文,真让我有受宠若惊的感觉。回到家,我打开凤祥先生给我批改过的书稿,从每一页被红色笔写的密密麻麻批改上便可看出,凤祥先生是逐页逐句逐字极为认真审阅的。我们知道凤祥先生身体不大好,退休后又承担许多社会活动,而他对这本书稿大到史料引用,小到标点符号;从错字别字,到"得、地、的"的使用,凡错处都一一做了勘正,使我深受感动。

就这样,在天培、长兴等文化挚友的鼓励下,在凤祥先生的大力帮助下,《南海子史话》(第一稿)很快被南海子公园以内部资料的形式先后两次印出二千册,收到了很好的效果。这大大激起了我的写作热情,相继又写作完成了《南海子宸迹》《南海子探幽》《南海子轶事与传说》等南海子专著。这些书的文稿无一不是经过凤祥先生的认真校阅批改下完成的,他成了我写作的主心骨。

2015年8月,在一次凤祥先生本应到场的南郊老文友聚会时,他却因身体欠佳而没能到会。我知道,凤祥先生几年前即因患膀胱癌而动过手术,这些年来一直是带病参加各种社会活动的。我担心他的身体,第二天就到他家探望,发现他的精神状态还蛮好。他问我现在正忙什么,我就把编写《南海子春秋》一书已基本完成的情况说给了他。他听了很高兴,嘱咐我,写完就把书稿给他送来。就在我临走时,他老伴儿趁他上卫生间的功夫偷偷告诉我,凤祥先生的旧病复发了,需要每天到医院化疗。我听了,心里咯噔一下,令人担心的事还是发生了。

南海子史话

半个月后，我带着托人从山东购来的阿胶和黄芪等补品再去看望凤祥先生，他的身体状况已大不如前。见我来了，勉强动了动靠在沙发上的身子，我赶忙上前握住了他的手。他有气无力地说："你是不是给我送书稿来了？"我鼻子一酸，差点掉下泪来，只好说："等您病好些了，一定把书稿给您拿来。"心里却在说，您都病成这样了，我怎么还忍心让您看书稿呀。当我告诉他，经他介绍张桂兴先生（中华诗词学会副会长、北京诗词学会会长）已为我编辑的《南海子古诗选》作了"序"时，他露出了微笑。他老伴儿说，这是近些天来所看到他的少有的笑容。

2015年11月13日早晨，传来了凤祥先生病逝的噩耗。我为失去这样一位良师益友而感到万分悲痛。

现在，重新修订的《南海子史话》快要出版了，我不禁又想起凤祥先生。我决定仍用他九年前给此书写的"序"，以表对他的怀念之情。最后，用凤祥先生在"序"中写的一段话作为本"编后语"的结尾：

"由于友才不是学历史的，不是专门搞研究的专家学者，这使他与专家学者们比起来，又有一定的不足。""尽管此书中仍然可能存在着某些疏漏或不足，但我仍然坚定地认为：这是一部填补北京史研究空白的好书，它是开启人们认识南海子（南苑）、了解南海子（南苑）的一把钥匙。"

谨此，对出版《南海子史话》提供支持的北京南海子投资管理有限公司及在我写作过程中提供帮助的所有同人表示衷心的感谢！

张友才

2019年7月1日